古代歷史文化研究輯刊

二五編

王明蓀 主編

第6冊

十六國時期華北地區霸權興衰及其綜合國力比較研究（上）

宋啓成 著

國家圖書館出版品預行編目資料

十六國時期華北地區霸權興衰及其綜合國力比較研究（上）
／宋啓成 著 -- 初版 -- 新北市：花木蘭文化事業有限公司，
2021〔民 110〕
序 2+ 目 6+182 面；19×26 公分
（古代歷史文化研究輯刊 二五編；第 6 冊）
ISBN 978-986-518-308-0（精裝）
1. 五胡十六國 2. 中國史
618   110000149

ISBN-978-986-518-308-0

古代歷史文化研究輯刊
二五編 第六冊   ISBN：978-986-518-308-0

十六國時期華北地區霸權興衰及其
綜合國力比較研究（上）

作　　者　宋啓成
主　　編　王明蓀
總 編 輯　杜潔祥
副總編輯　楊嘉樂
編　　輯　許郁翎、張雅淋　美術編輯　陳逸婷
出　　版　花木蘭文化事業有限公司
發 行 人　高小娟
聯絡地址　235 新北市中和區中安街七二號十三樓
　　　　　電話：02-2923-1455／傳真：02-2923-1452
網　　址　http://www.huamulan.tw 信箱 service@huamulans.com
印　　刷　普羅文化出版廣告事業
初　　版　2021 年 3 月
全書字數　310517 字
定　　價　二五編 15 冊（精裝）台幣 45,000 元

十六國時期華北地區霸權興衰及其綜合國力比較研究（上）

宋啓成　著

作者簡介

宋啓成，1967 年生，先後就讀於中正理工學院、國防大學戰略與國際事務研究所，2020 年獲國立中正大學歷史研究所文學博士學位。曾服務於國軍基層單位，歷練排、所、營長，及國防大學戰爭學院戰略教官等職務；現任教於國防大學、世新大學。治學原以國家安全、區域安全、野戰戰略、軍事史與中國近現代史為主。自 2013 年師從雷家驥教授以來，又將觸角擴及中國中古史，曾多次運用過去所學重新詮釋古史，期跳脫既有窠臼，發展出新觀點。本書即筆者就十六國史，結合現代工具與古籍、出土史料等之重新詮釋作品。

提　　要

　　自古以來，在中國大陸華北地區週邊，住著許多游牧民族。他們受地理形勢阻隔，發展出多種族系與文化；也為生活需要，對中國進行劫掠，經常是中國國家安全的重大威脅。自西漢以來，他們因中國掃蕩或內爭而依附中國，也協助中國展開邊境作戰，之後又捲入中國內戰。迄西晉初年，他們已深入華北地區，使當地種族分布極為複雜。於是在西元 304 至 439 年間，開啟一段史稱十六國時期的戰亂年代。

　　這段時期正因胡漢交融，成為中國歷史上承秦漢與下啟隋唐的轉捩點。然而，受傳世史料不足所限，歷代史家對這段時期多以個案研究居多，整體性的論述較少且大同小異。有鑑於此，筆者欲以既有史料為基礎，運用社會科學工具，循布里辛斯基之大棋盤概念，將當時的華北地區化約成七場主要戰爭，從比較雙方的綜合國力切入，並結合其傳統文化，進行國家戰略層級的研究，以瞭解其在七次主要戰爭中的綜合國力對比及影響勝負的關鍵因素。

　　儘管史書對當時的記載多以主政者的作為為重心，對各國興亡盛衰也多偏重在戰爭結果；難免有國家興亡僅繫於主政者英明與否，及戰爭是否勝利，反倒容易忽略較細微的文化層面，與支持戰爭進行的其他因素。

　　回顧曾居華北地區霸主寶座的北魏、前秦與後趙，最後由北魏長期勝出的原因，與建國之初即確立一套貫穿全程的戰略目標，且不斷創機造勢、切實施行；及延續其長年在華北地區外圍面臨艱困環境，形塑出的傳統文化與集體記憶有關，恰為前秦與後趙所欠缺者；或許可為前秦敗於淝水即一蹶不振，後趙因石虎一死即內亂國亡，連帶牽動地區戰略形勢變化，留下適當的註腳。

自　序

　　筆者弱冠從軍，服務軍旅近三十載，尤其在最後十年任教國防大學戰爭學院，鑽研國家戰略、區域安全與野戰戰略，恰決定為學方向與觀察重點。自 2013 年初考取國立中正大學歷史研究所博士班後，即師從雷家驥教授研習中國中古史；在雷師「史無常法」的教誨下，遂結合過往與新近所學，完成博士論文。本書乃筆者重新審視論文內容，就錯誤與疏陋之處，再予補充、修訂而成者，或可曰十六國史之跨領域之作，然不足者仍在所難免，期能質正於方家。

　　由於兩晉南北朝可謂國史之承先啟後階段，受傳世史料有限之影響，過往所見多屬個案研究，全面性的認識不易獲得；筆者過去在準備報考博士班時，即深為這段歷史所困，故欲從國家戰略角度切入，以求一鳥瞰式結果。乃依循布里辛斯基之大棋盤概念，將當時的華北地區分割成四個區塊，並以霸權觀點論析各主要政權活躍於此之勝敗關鍵。本書即先嘗試以兩晉南北朝最混亂的十六國時期為對象，將其化約成七次主要爭霸，以作為日後全面回顧兩晉南北朝近三百年歷史之基礎。

　　欲求嚴謹，本書綜合攻勢現實主義、文化人類學與國軍野戰戰略概念，將研究所得彙整於克萊恩的「綜合國力衡量公式」，並參酌金觀濤於〈數學模型和王朝壽命研究〉一文的研究成果，求取一種將各霸權綜合國力之比較予以形象化的概念，藉以判別高下。

　　在撰寫本書期間，承蒙雷家驥教授的不斷鞭策。由於筆者並非歷史科班出身，不少歷史系學生不易觸犯的錯誤在所難免，加上桃園－嘉義二百多公里路程往返之勞頓，曾不時浮現放棄念頭，但雷師仍不厭其煩地盡力指導，

才使筆者終能咬緊牙關，堅持到底，讓本書得以較穩健的面貌呈現。雷師的指導、提攜之恩，沒齒難忘！期待能以本書作為往後研究中國中古史的開端，發揚源於雷師之所學，報答師恩。

宋啓成謹誌於桃園八德　2020 年 7 月 30 日

目
次

圖次

表次

第一章　緒　論

一、研究動機與研究目的

（一）研究動機

晉武帝太康元年（公元 280 年，以下之公元年，均以阿拉伯數字註記，不再加註「公元」二字），天下復歸一統，然為時不久，即因內亂招致外患：晉惠帝永興元年（304 年），匈奴人劉淵建立漢國，於華北揭開胡夷爭霸序幕，迄宋文帝元嘉十六年（439 年），北魏統一華北。這一百三十六年間的華北地區歷史，除《魏書》外，史家皆用「載記」或「列傳」的模式記述，以凸顯位在長江、淮水以南的東晉及南朝宋實乃中國歷史上的正統王朝，藉以發揮傳統史學的褒貶功能，增添本朝開立國家的光明面。〔註 1〕之所以如此，多少也與當時的混亂形勢有關。

這種混亂，實如《魏書》「時逢喪亂，異類羣飛，姦凶角逐，內難興於戚屬，外禍結於藩維……各言應曆數，人謂遷圖鼎。或更相吞噬，迭為驅除；或狼戾未馴，俟我斧鉞」之所述，〔註 2〕不時伴隨著幾萬乃至幾十萬人集體死亡、奴役、饑凍，與被迫流亡、遷徙他處等，整個華北宛如人間煉獄。

〔註 1〕唐高祖有鑑於隋祚短促，應妥切解決本朝正統淵源諸問題，故一方面下令重修《魏書》，以明本朝承魏、周曆數，以免華北臣民疑惑；另大舉修周、齊及梁、陳四史，以承民間乃至官方原已存在的南、北朝互相承認及交聘，所代表之調和與兩認趨勢。但對本文所論之十六國時期的其他政權，因與隋、唐無正朝相因之關連，故均不以正統王朝視之，這與唐高祖當時的國家需要有關。參閱雷家驥，《中古史學觀念史》（臺北：臺灣學生書局，民國 79 年 10月），頁 598～600。

〔註 2〕〔北齊〕魏收，《魏書》卷九十五〈匈奴劉聰列傳〉（北京：中華書局，1974年 6 月），頁 2042。

　　然隨著胡夷入主於此，加上數不清的大小戰爭，卻也打破過去各族聚族而居的狀態。各大小勢力對人口的爭奪，恰恰破壞原先的社會結構，衝破民族界限藩籬，加速不同民族混居，促成各民族的大融合。〔註3〕此其間，伴隨不同民族的接觸，彼此相互吸收或借用其某些文化原素，而併入本文化，造成「漢化」與「胡化」之雙向影響，及不同民族文化同時並存共生的現象。〔註4〕對開啟往後的隋唐盛世，影響甚鉅。

　　不過對於這段歷史，既有的研究成果大多圍繞在某幾個族群或某方面的議題，或僅就史籍記載，行概略式的論述，較全面且站在更高處觀察的鳥瞰式研究則不多見。由於筆者在大專時學的是理工，研究所是研習戰略與國際事務，在準備報考國立中正大學歷史所博士班時，即深感這段歷史之複雜難懂，卻也勾起探索的好奇心。有鑑於十六國時期華北地區各國的興衰，多與戰爭勝負密切相關，而大國之間的戰爭又往往對整個區域形勢影響深遠。遂打算以過往從事戰略與軍事研究的經驗為基礎，撰寫一篇聚焦於大國爭霸，來觀察十六國歷史的論文，因而觸發最初的研究動機。

（二）研究目的

　　筆者曾在國防大學戰爭學院講授十餘年的野戰戰略課程，對戰爭、戰略及野戰用兵等，皆有一定之基礎概念，且長年在國軍後勤單位服務，深知持續戰力對戰爭的影響，加上就讀國防大學戰略研究所期間，鑽研國際關係與區域安全，瞭解國際形勢演變之大要。故欲結合所學，以宏觀的視角出發，運用國際關係攻勢現實主義（Offensive Realism）觀點，探究十六國時期牽動華北地區戰略形勢的主要政權，即本文所謂之「霸權（Hegemony）」，由其與敵對政權的綜合國力比較中，探究其興衰的主要因素，此乃研究目的之一。

　　研讀史籍對當時各霸權所屬族系的早期歷史記載，發現與賈德・戴蒙（Jared Diamond）「人類社群的文化表現，反映了社群成員的生物演化階段」之說吻合。〔註5〕因此，各族系既有不同的生物演化階段，所表現出的文化傳統必定不同。故擬以雷家驥師講授「五胡治華專題」時，所揭櫫之草原、森

〔註3〕陳琳國，《中古北方民族史探》（北京：商務印書館，2010年4月），頁5。

〔註4〕雷家驥，〈關於漢化問題：以五胡史為例〉，《中國中古史研究》，第13期（2013年12月），頁3。

〔註5〕〔美〕賈德・戴蒙（Jared Diamond）著，王道還等譯，《槍炮、病菌與鋼鐵——人類社會的命運（Guns, Germs, and Steel: The Fates of Human Societies）》（臺北：時報文化，1998年10月），頁13。

林、山地民族概念；結合諸史有關胡羯、鮮卑、氐羌族系的歷史源流，藉文化人類學（Cultural Anthropology）角度，研究傳統文化對霸權興衰，及綜合國力的影響，此乃研究目的之二。

　　然而，以筆者有限的學力，欲完整掌握這段時期的各國歷史，恐力有未殆。有鑒於雷師博學多聞，曾在課堂多次以「史無常法」勗勉學生，杜維運亦曾提出「歷史也有其科學性，在變化中有其大脈大絡」及「史學家博採科學方法，是極端必要」之說。〔註6〕因此，筆者認為或可運用現代社會科學相關理論，結合雷師「廣搜史料」、「考證事實」、「稽論道理」之三段法，〔註7〕並從楊維真師於課堂講授中國現代史與軍事史之概念中找尋靈感，進一步整理、思考與運用多方資料，由霸權決勝前的綜合國力比較切入，瞭解其興亡盛衰關鍵，藉以審視十六國時期歷史。故擬依循此思維，進行研究。

二、問題意識的提出

　　套用現代國際關係術語來看十六國時期各族群、各大小勢力的混戰，可將之概稱為一種「無政府狀態（Anarchy）」。〔註8〕這主要反映在當時的華北地區因西晉覆亡，失去司馬氏作為共主；處在其中的各大小勢力，或多或少皆有自保或取而代之的企圖。因此而引爆的戰爭就彷彿是原始部落的交戰——部落中不分男女老少，人人都是戰士。戰爭勝負往往伴隨部落與全體成員存亡，故皆全力應戰；戰爭因而兼具「無限戰爭」與「總體戰（Total War）」性質。〔註9〕換言之，這時期的戰爭勝敗固然決定於軍事作戰，但實

〔註6〕杜維運，《史學方法論》（臺北：三民書局，2003年2月），頁62。

〔註7〕雷家驥，《中古史學觀念史》，頁6。

〔註8〕按照美國政治學者約翰・米爾斯海默（John Mearsheimer）的說法，當今的國際體系事實上就是一種「無政府狀態」。他提出此觀點旨在強調國際體系雖由眾多獨立國家組成，但不存在任何凌駕於這些獨立國家之上的中央權威機構；正因缺乏一個更高的統治機構來主宰整個國際體系，身處其中的各國遂不得不為保障自己的利益而防患彼此，並致力於戰爭準備，國際體系因而時時籠罩在戰爭的陰影下，故以「無政府狀態」稱之。這種現象恰與西晉覆亡，司馬氏政權實已播遷至江、淮以南，對華北地區的掌控可說已名存實亡，各大小勢力間的混戰恰凸顯失去中央權威機構後，華北地區的整體情勢。筆者認為這與前揭之「無政府狀態」近似，故將整個十六國時期的華北地區用這個詞語形容。參閱〔美〕約翰・米爾斯海默（John Mearsheimer）著，王義桅等譯，《大國政治的悲劇（The Tragedy of Great Power Politics）》（臺北：麥田出版，2014年7月），頁77～79。

〔註9〕自古以來，戰爭即有「有限戰爭」與「無限戰爭」之別。按《國軍軍語辭典》

繫於政治、經濟、心理乃至技術等方面的支持，戰爭當屬國家戰略與綜合國力層面問題。〔註 10〕而從綜合國力的比較中，不僅能一窺勝負雙方的差距究竟如何，亦可洞悉造成此形勢的關鍵因素。

這種綜合國力較量，對照十六國時期的歷史，即如《晉書‧載記第一》所形容的：「莫不龍旌帝服，建社開祊，……或篡通都之鄉，或擁數州之地，雄圖內卷，師旅外并，窮兵凶於勝負，盡人命於鋒鏑」。〔註 11〕其中，「莫不龍旌帝服，建社開祊」說明各政權皆有代晉而興之志；「雄圖內卷，師旅外并」意指各政權皆由內政與軍事著手；「窮兵凶於勝負，盡人命於鋒鏑」乃形容戰爭的殘酷與戰敗者的下場。

儘管當時的情勢是如此混亂，然回顧現有研究成果（後述），研纂者多半只做大體的論述，〔註 12〕研究難免聚焦在某些方面。例如錢穆曰：「胡人所以能統治北方中國者，……諸胡雜居內地，均受漢族相當之教育，……北方世家大族未獲南遷者，率與胡人合作，……諸胡以客居漢地而自相團結」，〔註 13〕陳寅恪也說：「其時種族複雜，非藉高深之漢化，無以收統治融洽之效」。〔註 14〕兩位大師所論皆以漢化、民族融合與胡漢合作等概念，來凸顯這段歷史對後世的影響。然細究《晉書》、《魏書》與《資治通鑑》這三部記載十六國歷史最重要的傳世史料，事實顯然未盡如此。換言之，當時的戰爭

的解釋：前者係追求有限目標，投入一定限度的武力，於有限時空範圍內所進行的作戰；後者乃為達目的，盡一切手段，所遂行的戰爭。而「總體戰」則是動員全民力量，對敵展開全面作戰，以獲致戰爭勝利之謂。可見，所謂「無限戰爭」概指戰爭已淪為「存」或「亡」的零和境地，與「有限戰爭」僅達成預期目標（如攻佔某一地或迫使敵人接受己方條件，但不包括併吞整個敵國，均屬之），戰爭即可結束截然不同。參閱〔英〕富勒（J. F. C. Fuller）著，鈕先鍾譯，《戰爭指導（The Nine Principles of War）》（臺北：軍事譯粹社，民國 70 年 6 月），頁 24；國防大學軍事學院，《國軍軍語辭典（九十二年修訂本）》（臺北：國防部，民國 93 年 3 月），頁 2-1, 2-5。

〔註 10〕雷家驥，〈隋平陳之戰析論——周隋府兵改革成效的一個觀察〉，《中國中古史研究》，第 11 期（2011 年 12 月），頁 96～97。

〔註 11〕〔唐〕房玄齡等，《晉書》卷一百一〈載記第一〉（臺北：鼎文書局，民國 92 年 1 月），頁 2644。

〔註 12〕雷家驥，〈隋平陳之戰析論——周隋府兵改革成效的一個觀察〉，頁 97。

〔註 13〕錢穆，《國史大綱（上冊）》（臺北：臺灣商務印書館，1995 年 7 月），頁 254～261。

〔註 14〕陳寅恪，〈五胡問題及其他〉，《陳寅恪先生論文集補編》（臺北：九思出版社，民國 66 年 9 月），頁 28。

既動輒數萬乃至數十萬人的死亡或被迫遷徙，〔註15〕進入華北的諸胡夷，也不時自相殘殺，應該不會有多少「客居漢地而自相團結」機會，「統治融洽」也非隨時可見。

筆者認為，錢、陳二氏的論述似在便利讀者，對十六國歷史提供傾向某方面的概覽。欲如研究動機與研究目的所述，去撰寫一篇自己所期望的十六國史，或許可以布里辛斯基（Zbigniew Brzezinski）所揭「歐亞大陸是爭奪全球霸業的大棋盤」與「積極的地緣戰略玩家是具有能力及國家意志在其國境之外運用其實力或影響力，去改變現有地緣政治事務的國家。它們有潛力及傾向，造成地緣政治動盪不安」之觀點，〔註16〕來看待十六國時期的歷史，將當時的華北地區視為一座大棋盤。其中，具備「潛力及傾向」，足以「造成地緣政治動盪不安」，亦即可改變華北地區戰略形勢者，大概只有漢趙、〔註17〕後趙、夏國、前燕、後燕、北魏、前秦與後秦這八個大國；他們不僅在這座大棋盤佔過一席之地，且為擴大所控領之地域、消滅同時存在的強敵，又需不斷發動戰爭，使各國在這座大棋盤的分佈經常處在變動之中。當中又以牽動這八個大國興衰的七次戰爭影響最大，可視為十六國歷史的重點，即：（1）325至328年之兩趙（漢趙—後趙）爭霸、（2）350至352年之趙燕（後趙—前燕）爭霸、（3）369至370年之燕秦（前燕—前秦）爭霸、（4）384至394年之兩秦（前秦—後秦）爭霸、（5）395至398年之燕魏（後燕—北魏）爭霸、（6）407至416年之夏秦（夏國—後秦）爭霸，及（7）426至429年之夏魏（夏國—北魏）爭霸。這七次爭霸最後皆造成當中一個大國衰敗或滅亡，及其對手國的興盛。儘管戰爭勝負可謂是決定這種形式之「壓倒駱駝的最後一根稻草」，但這類具總體戰性質的戰爭結果往往不是單一軍事面向所能決定，故以「爭霸」，而非軍事色彩較濃的「戰爭」，來稱呼兩大國間的興衰之爭；旨在含括大國在改變這座大棋盤的分佈時，所進行的軍事與非軍事諸般作為，這些作為亦與上述大國的興亡盛衰密切相關，甚至有部分屬關鍵因素者。

〔註15〕唐長孺，〈晉代北境各族「變亂」的性質及五胡政權在中國的統治〉，《魏晉南北朝史論叢》（北京：三聯書局，1955年7月），頁157。
〔註16〕〔美〕布里辛斯基（Zbigniew Brzezinski）著，林添貴譯，《大國政治（The Grand Chessbaord）》（臺北：立緒文化，民國87年4月），頁36，48。
〔註17〕本文所謂之「漢趙」，係劉淵於304年所建立的漢國，與319年劉曜改國號為趙，史稱前趙的合稱。

　　應當說明的是，爭霸的勝利者固然改變大棋盤中的格局，甚至有成為最大國，亦即本文所謂「霸主」的可能時，卻往往在下一次爭霸中又敗於另一對手，使這座大棋盤時常出現較大的變動；儘管這七次爭霸未必有太多直接關連，但欲從戰略形勢瞭解十六國歷史，筆者認為仍應將七次爭霸一併研究，方有助於瞭解其變動全貌。

　　此外，由《荀子‧王霸篇》所揭櫫之「鄉方略，審勞佚，謹畜積，脩戰備，齷然上下相信，而天下莫之敢當」的觀點中，〔註18〕可知戰爭準備對戰爭勝負乃至國家興衰的影響，這種影響或可反映在戰前對交戰雙方的綜合國力比較。故嘗試以攻勢現實主義與文化人類學所揭櫫的「權力極大化」及「傳統文化」為切入點，結合國軍野戰戰略之優劣形勢衡量概念。從探究當時華北地區各主要族系的源起與傳統文化特色著手，置重點於相互敵對大國在決戰前的綜合國力比較，俾瞭解爭霸全貌及造成興衰的關鍵因素。例如：來自本族的奧援極微，僅以少數盜匪起事的石勒，為何能擊敗周遭對手，最後甚至併滅前趙，幾乎統一整個華北，卻又只維持約一個世代，即崩潰覆滅；除石虎在施政上的倒行逆施外，是否還有其他因素？長年位在中國大陸東北的慕容鮮卑，既得到眾多漢人之助，於立足關東，有進一步朝併吞東晉與前秦之路邁進時，為何在前秦兩次入侵之後，旋即滅亡？曾經稱霸整個華北的苻堅為何敗於淝水，引爆域內諸多部族反叛後，為何還能維持將近十年的國祚？匈奴、鮮卑、羯、氐、羌、漢族既建立了如此多的政權，當中也有不少具備統一整個華北，甚至全天下之潛力者。為何到最後卻是由長居塞北，實力不強且曾遭外敵滅亡與一分為二的北魏統一華北，而非其他更具優勢的政權。是什麼因素造成這種結果？

三、史料與現有研究成果

　　本文屬十六國時期華北地區，具戰略研究性質的個案分析。目前與本文研究性質最相近者，有雷家驥師曾發表過之〈隋平陳之戰析論──周隋府兵改革成效的一個觀察〉與〈隋平陳、晉平吳兩戰較論〉二文；其他論著雖具參考價值，但較為片斷。此外，本文所涵蓋的魏晉南北朝儘管曾是熱衷寫史的時代，光是寫十六國歷史就有三十一家之多，〔註19〕然迄今存世者，除北魏

〔註18〕〔東周〕荀況，《荀子》卷七〈王霸篇〉（臺北：中國子學名著集成編印基金會，民國 67 年 12 月），頁 178。

〔註19〕杜維運，《中國史學史（第二冊）》（臺北：三民書局，民國 96 年 10 月），頁 3～4。

崔鴻所著《十六國春秋》之補輯本，〔註20〕及唐初史官據《十六國春秋》等，編撰而成的《晉書》外，僅北齊魏收所撰之《魏書》。其他可供參照、補充者，尚有後世史家所編纂、彙集成之《水經注》、《通典》、《元和郡縣圖志》、《冊府元龜》、《太平御覽》、《資治通鑑》、《讀史方輿紀要》、《十六國疆域志》等，以彌補正史的不足；而《史記》、《漢書》、《三國志》、《後漢書》、《宋書》、《南齊書》等正史，亦可對十六國歷史的研究，提供與源起及後續發展有關之素材，有助於擴大論證的廣度與深度。然就傳世史料數量與其他朝代比較，相對較少，益增研究難度；但使筆者反而有更寬廣的想像空間，循雷師「史無常法」，及對筆者多加活用過往學自其他領域之研究工具等指導，以既有史料、文獻為基礎，或有助於另類的嘗試與發揮。

　　由於本文研究內容，涉及構成綜合國力之人口、族群、領土、政治、經濟、軍事、戰略、文化、心理等方面，必須從傳世史料與研究文獻萃取所需材料，以找尋霸權決勝時之綜合國力比較與勝敗要因。除以上述史書為依據外，另就以下各類研究成果，作為本文之論述基礎：

（一）人口方面

　　人口之於十六國時期各國的綜合國力，主要在經濟生產、國家建設所需之勞動力，及軍事作戰之兵力來源。與本文有關者，乃其所賦予之「人群」含義，目前能找到的最早例證是西晉江統《徙戎論》「今五部之眾，戶至數萬，人口之盛，過于西戎」之說。〔註21〕然受史料相關數據缺乏影響，只能結合前後代之史籍，〔註22〕就其所載數據、論說、比喻，行概略之推論。

　　在近人論著方面，葛劍雄《中國人口史（第一卷）》，揭示當時人口調查概況與十六國時期人口數量變化特點，可作為粗略估算當時人口之指引；梁方仲《中國歷代戶口、田地、田賦統計》，收錄《晉書》有關晉平吳與前秦滅前燕後之人口統計，並據以估算每戶平均口數；〔註23〕袁祖亮〈十六國北朝

〔註20〕所謂補輯本係《十六國春秋》已佚，存本乃〔明〕屠喬蓀偽撰，其後由〔清〕湯球刪訂，故內容難免有可議之處，筆者引用者乃收入鼎文書局於民國92年1月出版的《新校本晉書并附編六種》之第六冊。

〔註21〕葛劍雄，《中國人口史（第一卷）》（上海：復旦大學出版社，2005年1月），頁5；《晉書》卷五十六〈江統傳〉，頁1534。

〔註22〕這些包括東漢班固所撰之《漢書·地理志》、劉宋范曄所撰之《後漢書·郡國志》及唐代杜佑所撰之《通典·食貨典·歷代盛衰戶口》等。

〔註23〕梁方仲，《中國歷代戶口、田地、田賦統計》（北京：中華書局，2008年11月），頁8。

人口蠡測——與王育民同志商榷〉分就十六國前、後期北方人口概況,及部分政權之戶、口數進行估計;﹝註24﹞程有為〈十六國人才問題管窺〉則分析當時的人才選拔、運用得失;﹝註25﹞金發根《永嘉亂後北方的豪族》分就文、武大姓論析其活動,兼論華北人口遷徙,及關東、關中、遼東、涼州等之豪族概況。他們有的成為胡夷各主的宗師,有的基於長久之社會勢力,建立一個個兼具軍事、政治與生產功能的塢堡,成為諸政權之士兵與作戰物質來源;﹝註26﹞馬志冰〈十六國時代塢堡壘壁組織的社會職能〉則就《晉書》諸載記有關當時人口多聚集於塢堡之現象,論述其在軍事、政治與經濟三方面之職能;﹝註27﹞周一良〈乞活考——西晉東晉間流民史之一頁〉,論述當時的流民及其在異地生存的經過;﹝註28﹞池田溫《中國古代籍帳研究》,內闢一節專論十六國時代戶籍,強調在「各外族相繼侵入支配,政治的混亂時期」,「卻厲行戶籍登錄」。﹝註29﹞皆為筆者重要的參考資料。

(二)領土與歷史地理方面

領土為國家構成要素之一,亦是發展與擴張的重要憑藉。在十六國時期,活躍於華北各主要政權多有成為地區霸主的企圖,攻城略地、擴大領土乃競逐霸權所必須;故掌握各政權之領土變化,乃研究時所不可或缺。由於這段時期戰火不斷,大小政權與勢力興滅頻繁,領土亦經常變化;再加上當時族群分布複雜,為滿足戰爭與綏靖需要,各政權有特置多種行政區之情況。

有關這方面的研究,在清代以前,除北魏酈道元所撰的《水經注》詳述古代中國一千多條大小河流及相關史蹟、神話傳說外,其他與十六國時期有

﹝註24﹞袁祖亮〈十六國北朝人口蠡測——與王育民同志商榷〉,《歷史研究》,1991 年第 2 期(1991 年 2 月),頁 95~99。

﹝註25﹞程有為,〈十六國人才問題管窺〉,《許昌師專學報(社會科學版)》,1990 年第 1 期(1990 年 1 月),頁 22。

﹝註26﹞金發根,《永嘉亂後北方的豪族》(臺北:中國學術著作獎助委員會,民國 53 年 9 月),頁 180,183。

﹝註27﹞馬志冰,〈十六國時代塢堡壘壁組織的社會職能〉,《許昌師專學報(社會科學版)》,1991 年第 3 期(1991 年 3 月),頁 16。

﹝註28﹞周一良,〈乞活考——西晉東晉間流民史之一頁〉,《魏晉南北朝史十二講》(北京:中華書局,2010 年 7 月),頁 33。

﹝註29﹞〔日〕池田溫著,龔澤銑譯,《中國古代籍帳研究》(北京:中華書局,1984 年 8 月),頁 94。

關的著作並不多。直至清初顧祖禹撰《讀史方輿紀要》，與之後洪亮吉撰述《十六國疆域志》，方開啟此議題之研究先河。〔註30〕然前者有關十六國時期之論述，僅散見於各卷之中，後者則只論及漢趙、後趙、前燕、前秦與夏國，不足之處仍多，故以近人論著為主。

　　對此，筆者主要參考的論著有：嚴耕望的《中國地方行政制度史乙部——魏晉南北朝地方行政制度》，雖側重南朝方面的研究，但對十六國時期的有限成果，則發揮了提示效果，為後來的研究者提供不少啟發；譚其驤主編之《中國歷史地圖集》第三、四冊，以地圖方式呈現三國迄南北朝之各國疆域，內容豐富，惟僅定格某一時間的疆域，欲瞭解不同時期的變化仍不可得；牟發松等人所著之《中國行政區劃通史：十六國北朝卷》，除論及各主要政權之疆域變化外，亦專編探討領民酋長、地方護軍、軍鎮等，為本文研究領土變化之重要參考。

　　在歷史地理方面，筆者著眼於軍事相關者，目的在對戰場及周邊地區進行分析。水系部分以《水經注》為主；陸地與山系，特別是陸路交通，則以嚴耕望之《唐代交通圖考》為主，該書開宗明義強調：「蓋無論政令推行，政情溝通，軍事進退，經濟開發，物資流通……皆受交通暢阻之影響」，〔註31〕分析唐代及以前各代史料，將中國各地水陸交通詳予研究且繪製多幅「驛程圖」。結合《水經注》，可對十六國時期華北各地之水陸交通、地理地勢及軍事攻防作更深一層的研析；饒勝文在《布局天下：中國古代軍事地理大勢》一書強調中國地理格局如同一不規則的圍棋盤，〔註32〕其據此形勢將中國大陸華北地區劃分成中原、關中、山西、河北之四個主要區塊，恰完整涵蓋華北核心地區；此與前揭布里辛斯基將歐亞大陸（Eurasia）劃分成西邊、東邊、中央及南邊，將其視為大國之遊戲場景的概念相仿。〔註33〕按十六國時期之歷史，曾同時據有這四個區塊者，僅後趙、前秦及北魏，或可作為界定華北地區霸主的標誌；廖幼華師在《中古前期河北地區胡漢民族線之演變》一文，揉合

〔註30〕牟發松等，《中國行政區劃通史：十六國北朝卷》（上海：復旦大學出版社，2016年12月），頁3。
〔註31〕嚴耕望，《唐代交通圖考》（臺北：中央研究院歷史語言研究所，民國74年5月），頁1。
〔註32〕饒勝文，《布局天下：中國古代軍事地理大勢》（北京：解放軍出版社，2006年5月），頁1。
〔註33〕布里辛斯基，《大國政治》，頁40。

歷史與地理學科，探究氣候影響所造成的「農牧分界線」南移與胡夷遷徙現象，其有關氣候因素的影響，〔註34〕有助於對自然與人文狀況的瞭解。

（三）族群與有關政權之興亡

十六國時期乃北亞游牧民族活躍於華北地區的年代，相關族群及其所建政權之歷史皆屬重要研究資料。除需以前述正史、編年體史書等為論述依據外，後人的整理、研究，均有利於筆者分析、歸納與思考。這類論著有：雷家驥師〈從漢匈關係的演變略論劉淵屠各集團復國的問題〉、〈漢趙國策及其一國兩制下的單于體制〉、〈後趙文化適應及其兩制統治〉、〈慕容燕的漢化統治與適應〉、〈氐羌種姓文化及其與秦漢魏晉關係的發展〉、〈漢趙時期氐羌的東遷與返還建國〉、〈前後秦的文化、國體、政策與其興亡的關係〉及〈關於漢化問題：以五胡史為例〉等文，係結合不同族群之特性，由其所建政權之國家安全或發展角度出發，探究其政體、制度演變與盛衰興亡經過。例如對前秦政權性質的分析，強調「宜從政、軍體制及其人事結構，以及民族意識和政策各方面去觀察」，並提到其國家戰略在併滅前燕後，「始採主動的、擴張的戰略」，〔註35〕筆者認為此概念所涉及之國力要素的分析方法，及採擴張戰略等於追求權力極大化，適足以結合攻勢現實主義，做更進一步的探討；劉學銚《五胡史論》與《北亞游牧民族雙軌政制》，則分論各族源起、所建政權興亡，及其在不同時期行「胡漢分治」之特色等；唐長孺〈晉代北境各族「變亂」的性質及五胡政權在中國的統治〉，係從晉代北方各游牧民族與漢族之矛盾切入，論述各族所建政權之成因與特色；谷川道雄《隋唐帝國形成史論》，則從「五胡十六國既是秦漢帝國發展的終結，同時也是下面一個大帝國時代亦即隋唐帝國的起點」之思考出發，〔註36〕由胡漢交融、影響，及統治者與被統治者之相互關係論析漢國、兩趙、兩燕、前秦與北魏歷史。此外，三崎良章《五胡十六国——中国史上の民族大移動》，除論述各族源起、所建政權興亡外，亦論及其國際關係與人口之移動、融合等。皆可與雷師所撰諸文相互補充。

〔註34〕廖幼華，《中古前期河北地區胡漢民族線之演變》，臺北：中國文化大學博士論文，民國 79 年，頁 1。

〔註35〕雷家驥，〈前後秦的文化、國體、政策與其興亡的關係〉，《國立中正大學學報（人文分冊）》，第七卷第一期（1996 年 12 月），頁 229～230。

〔註36〕〔日〕谷川道雄著，李濟滄譯，《隋唐帝國形成史論》（上海：上海古籍出版社，2011 年 6 月），頁 19。

　　除上列兼及各族群的論著外，專門針對某一族群的論著亦不可缺：劉學銚《匈奴史論》、《鮮卑史論》，較前揭之《五胡史論》，更深入論述匈奴與鮮卑族系之不同時代的歷史與分布；吳洪琳《鐵弗匈奴與夏國史研究》，聚焦於鐵弗匈奴，論述其早期活動、夏國興亡、政治、軍事制度，與經濟、社會生活等；唐長孺〈魏晉雜胡考〉，論述與匈奴有關之屠各、盧水胡、羯胡、烏丸、稽胡之由來、分佈與在華北發展的經過；船木勝馬《古代遊牧騎馬民の国——草原から中原へ》，係聚焦鮮卑族系，由東胡史論起，依時序分論烏桓、鮮卑、拓跋部之發展；馬長壽《烏桓與鮮卑》與《氐與羌》、田餘慶《拓跋史探》、蔣福亞《前秦史》、洪濤《三秦史》，及俄瓊卓瑪《後秦史》，則分論鮮卑及氐羌族系之源起、發展、所建政權興亡，及對後世之影響等，均為研究之重要參考。

　　此外還有李海葉《慕容鮮卑的漢化與五燕政權——十六國少數民族發展史的個案研究》、張繼昊《從拓跋到北魏——北魏王朝創建歷史的考察》、內田吟風《北アジア史研究——匈奴篇》、《北アジア史研究——鮮卑柔然突厥篇》，及江上波夫〈匈奴の経済活動——牧畜と掠奪の場合〉等，筆者亦皆加以參考。

（四）戰爭、戰略及軍事方面

　　由於十六國時期幾乎是一個無歲不戰的年代，無論是戰爭進行、軍事體制、野戰用兵、戰術戰法，乃至各層次的戰略等，既是構成綜合國力之軍事能力的一部分，亦是分析其興亡盛衰肇因的重要參考。其中，有關戰爭史的論著在臺灣與中國大陸出版甚多，但多屬史料堆砌性質，雖有助於古今地名查考，能引用之處不多，[註37]但所揭示的論點，或可作為深入鑽研之啟發。這類論著筆者引用的有：陳致平著《中華通史》第三冊、中國歷代戰爭史編纂委員會編纂之《中國歷代戰爭史》第五、六冊、王仲犖《魏晉南北朝史》、呂思勉《兩晉南北朝史》、范曉光主編之《中國古代戰爭動員》，與郭建《金戈鐵馬——中國古代軍事發展史》等。

　　戰略對一個國家而言，猶如建築之藍圖，所需資材、結構、建築順序等，均需嚴格規劃。因此，戰略不應只侷限於戰爭與軍事層面的探討，戰爭實乃爭霸之最後總考驗，勝負決於平時各項準備。所關注者，當包括整個國力範

―――――――――――――

〔註37〕何世同，《中國中古時期之陰山戰爭及其對北邊戰略環境變動與歷史發展影響》（臺北：花木蘭文化出版社，2010 年 3 月），頁 16。

圍。除前揭雷師之論著外，何世同師之《中國戰略史》，揭示「胡人大舉入侵」與「世族階級興起」建構下的戰略環境，〔註38〕有助於全面思考此時期之戰略發展。

此外，相關戰略、軍事理論儘管屬原則性之通觀通識概念，但其論述則可發揮提綱挈領效果，有助於支撐筆者論點。這部分包括較偏向軍事性質的戰略論著與國際關係理論，筆者引用的主要有：屬戰略、軍事性論著的李德哈特（B. H. Liddell Hart）《戰略論：間接路線》、薄富爾（Andre Beaufre）《戰略緒論》、富勒（J. F. C. Fuller）《戰爭指導》、《中國軍事史》編寫組《中國軍事史》之第三卷兵制、第四卷兵法、范健《大軍統帥之理論與例證》與何世同師之《戰略概論》及《殲滅論》等；屬國際關係理論權力概念的有約翰·米爾斯海默（John Mearsheimer）《大國政治的悲劇》、摩根索（Hans J. Morgenthau）《國家間政治》、Paul Kennedy《霸權興衰史——1500 至 2000 年的經濟變遷與軍事衝突》，與包宗和《爭辯中的兩岸關係理論》等。

有關軍事體制的論著，除高敏《魏晉南北朝兵制研究》與《魏晉南北朝禁衛武官制度研究》屬魏晉南北朝史之主題式論著，就十六國時期各霸權之軍制而言，略嫌不足；僅雷師所撰〈五胡軍事制度研究——以胡、羯所建前、後趙為例〉，及吳洪琳之《鐵弗劉虎與夏國史研究》，論述較廣且深入，但僅分別聚焦於前、後趙與夏國而已。其他論著則以節或目之篇幅，約略探討軍事歷史，或未列專節，或以專目等方式，於內文兼論之：如肖愛民《中國古代北方游牧民族兩翼制度研究》、林幹《匈奴史》與馬長壽的《烏桓與鮮卑》則屬「於內文兼論」者；蔣福亞《前秦史》以兩節篇幅，探討軍事殖民與淝水之戰；洪濤《三秦史》則各以一目，臚列前、後秦之作戰經過；俄瓊卓瑪《後秦史》則以一目彙整史籍有關中央、地方將領之官制。仍需就有關之記載，萃取研究所需材料，並匯集到相關之分析項目。

（五）民族及傳統文化方面

賈德·戴蒙對中國大陸華北地區四週之地理形勢及影響，於《槍炮、病菌與鋼鐵——人類社會的命運》一書中，提到「中國幅員廣大，生態複雜，各地發生了許多地域性文化，各不相屬。這在考古學資料上表現得很清楚」。〔註39〕

〔註38〕何世同，《中國戰略史》（臺北：黎明文化，民國 94 年 5 月），頁 115。
〔註39〕賈德·戴蒙，《槍炮、病菌與鋼鐵——人類社會的命運》，頁 364。

顯然自古以來，上述狀況已使身處在此的族群有所區隔，此說可用以支撐雷師所揭示的草原、森林、山地民族概念。

　　自西漢以降，他們不斷進入華北；東漢末年的戰亂，又使他們捲入其中。結果到了三國後期，胡羯、鮮卑、氐羌族系因不斷內徙，分布幾乎遍及整個華北；無論是遭主政者強迫遷徙，或是避難而來，他們多少都曾接觸過漢文化。各族群儘管在十六國時期建立過規模不一的政權，甚至有成為華北地區霸主者。但他們既處漢地，無法逃避傳統游牧文化與在地漢文化的衝擊，只有揉合這兩種文化，進行統治，方符合實需。不過，他們仍不時受到傳統文化左右，此現象或成為爭霸的絆腳石，或加以活用而轉為助力，不一而足。因此，掌握各族系之源起、發展及傳統文化，乃不可或缺。對此，筆者除由《史記》、《漢書》、《後漢書》、《三國志》、《晉書》、《魏書》、《資治通鑑》等史籍與前揭諸文獻，找出各族系相關內容，以作為論述十六國諸霸權之基礎外。下列論著所揭示之概念，將有助於研究進行：

　　王明珂於《游牧者的抉擇：面對漢帝國的北亞游牧部落》一書中，結合環境生態、動物性、動物行為與相關考古研究，從世界各地的游牧經濟與游牧社會切入，探究中國北方游牧民族的形成，依其生存環境與形塑出的游牧經濟、社會特性，將其區分為「草原」、「高原河谷」與「森林草原」游牧民族，〔註40〕並從整個中國歷史的廣度綜觀其與中原北疆歷史的關連，研究的角度較傾向生物學、文化人類學範疇。而該書對上述三種游牧民族的論述，恰可將十六國時期建立霸權諸族歸類為：一、草原游牧民族：匈奴、羯；二、山地游牧民族：氐、羌；三、森林游牧民族：鮮卑。這樣的分類，將有助於筆者研究時，在微觀面向的思考。

　　按史籍記載，這些游牧部落多少皆有因循與天命、族源等有關之傳說，形成專屬本族或本部落的「集體記憶」，此係所處時、空及諸多習俗文化作用所形成者，有時會被統治者視為掌握權力的一種工具。〔註41〕基於此所衍生出的「歷史記憶」，王明珂則將之界定為「詮釋或合理化當前的族群認同與相對應的資源分配、分享關係」，且經常用來強調一民族、族群或社會群體的「根

〔註40〕王明珂，《游牧者的抉擇：面對漢帝國的北亞游牧部落》（臺北：中央研究院、聯經出版，2009 年 1 月），頁 13。

〔註41〕龍如鳳，〈轉接的文本——從他者的文字到我族的歷史記憶——以《後漢書・烏桓鮮卑列傳》、《三國志・烏丸鮮卑東夷傳》與《魏書・序紀》試析魏收的祖源書寫〉，《中興史學》，第 17 期（2016 年 3 月），頁 101～102。

基性情感聯繫（Primordial attachments）」。目的在模仿或強化成員同出於一母體的同胞手足之情。〔註42〕換言之，他們為求部落穩定與成長，既需仰賴暴力統治，也需要柔性的權威來實現各種運作。儘管沒有自己的文字作工具，但可藉口耳相傳其族群起源，以形塑「集體記憶」等方式，凝聚共同信念，進而發展出「歷史記憶」。〔註43〕具體而言，則如田餘慶對《魏書・序紀》載之「世事遠近，人相傳授，如史官之記錄焉」所做的進一步論析：「所謂人相傳授，當是有言有歌，基本上都是口述的拓跋歷史資料」，〔註44〕這些作為原始材料的「集體記憶」既能「如史官之記錄」，當有可能在史官的增、刪、修改下，形成符合統治者意圖的「歷史記憶」。就此而言，妥當運用集體記憶等因素，當有助於提振整體意志。

此外，王明蓀之《中國民族與北疆史論——漢晉篇》則以「漢晉之夷夏觀與民族關係」另闢專章，論述漢晉時漢人對胡夷的看法與胡夷在漢地之生活等，有助於瞭解其進入中原之早期歷史；林幹則以歷史唯物主義觀點，撰《匈奴史》一書，對匈奴的經濟生活、社會結構、政權組織、文化習俗、部族興衰、政治演變，及與其他各族，特別是漢族的關係，進行全面論述；且特別分章論述漢國、兩趙、北涼與夏國的興亡史，惟對其兼採胡漢體制及經過僅依時序一筆帶過，未就不同主政者處置之差異及後續影響等做更細緻的分析，是較不足者。然其引用出土資料論析匈奴經濟，可補充史書較為缺乏的經濟史料。村上正二在〈征服王朝〉一文中，細分東亞地區的地理、生態環境，並結合北亞史，將游牧民族的興起按「原始游牧部族」、「形成農牧併有型社會」、「文化語言統一，產生民族統一意識及強化對農業社會對立」、「建立根據地，形成游牧都城文化」、「因民族優越意識，出現民族國家」之階段行之的說法，〔註45〕均可補充各游牧民族發展歷程與文化因素之分析。

〔註42〕王明珂，〈歷史事實、歷史記憶與歷史心性〉，《歷史研究》，2001 年第 5 期（2001 年 10 月），頁 138。

〔註43〕胡鴻，〈草原政權的「正統觀念」與歷史記憶——以北族記憶中的匈奴為例〉，《民族研究》，2007 年第 3 期（2007 年 5 月），頁 67。

〔註44〕《魏書》卷一〈序紀〉，頁 1；田餘慶，《拓跋史探》（北京：三聯書局，2019年 1 月），頁 205。

〔註45〕〔日〕村上正二撰，鄭欽仁譯，〈征服王朝〉，《征服王朝論文集》（臺北：稻鄉出版社，民國 88 年 1 月），頁 112～120。

另從《後漢書‧烏桓鮮卑傳》載：「和帝永元中……北單于逃走，鮮卑因此轉徙據其地，匈奴餘種留者尚有十餘萬落，皆自號鮮卑」觀之，〔註46〕鮮卑轉徙北匈奴故地，匈奴餘種留者皆改號鮮卑。這「十餘萬落」起碼就有五十萬人，似不大可能為鮮卑侵略或迫害的結果，畢竟在當時的內蒙古地區，如此龐大的人群絕非輕易控制得了。換言之，區別雙方的主要因素應該是文化，而非血源。恰好匈奴與鮮卑生活方式近似，雙方早就相互往來，且曾在東漢初年共同「寇抄北邊」，〔註47〕必定在文化上有其共通或相近之處。相信這類現象應不只發生在匈奴與鮮卑，凡處在類似環境者，應該或多或少都會出現因文化交融，而減輕彼此隔閡的現象。因此，用民族概念來界定各勢力，恐怕無法說明清楚此等現象。應該是自然環境影響在先，才會型塑後來各自不同的民族性，〔註48〕並反映在文化上。

從兼容政、經、軍面向的文化觀點出發，近年來常被提出的「漢化」、「胡化」研究，雖反映雷師針對魏復古（Karl A. Wittfogel）揭示的「征服王朝（Dynasties of Conquest）」與「滲透王朝（Dynasties of Infiltration）」學說之疑問，將五胡諸國細分為「二元統治」、「全盤漢化」、「胡漢混合」與「變相部落」之四種類型：涉及到各霸權入主華北前之所在、接受漢文化程度之高低，與有無可供回旋之文化腹地等。〔註49〕然這些霸權之所以會有接受或排斥漢文化的機會，及出現文化腹地之需求，或有無文化腹地等，筆者認為這與當時所處的戰略環境有關，也可視為一種戰略問題。

（六）經濟方面

十六國時期延續漢末以來的長期戰亂，使當時的經濟倒退到以塢、堡、壁、壘、屯等為主體的自給自足型態，〔註50〕「比屋不見火煙，飢人自相啖食」更是一種常態。〔註51〕當時的華北地區，儘管軍事作戰攸關各勢力的崛起衰亡，但滿足持續戰力與人民生計的經濟面向，實扮演了極重要角色。

然而，在傳世史料有限的情形下，欲獲得與此相關的資料實屬不易。有鑑於陳登原《中國田賦史》「自東晉南渡以後，北方尚有諸異族者，僭號稱制。

〔註46〕《後漢書》卷九十〈烏桓鮮卑列傳〉，頁2986。
〔註47〕《後漢書》卷九十〈烏桓鮮卑列傳〉，頁2985。
〔註48〕錢穆，《中華文化十二講》（臺北：東大圖書公司，民國76年5月），頁55。
〔註49〕雷家驥，〈關於漢化問題：以五胡史為例〉，頁9～10。
〔註50〕侯家駒，《中國經濟史（上）》（臺北：聯經出版，民國94年），頁294。
〔註51〕《晉書》卷二十六〈食貨志〉，頁783。

雖史缺有間，而其賦稅之制，固不可無考云」之說，所舉雖僅前燕主慕容皝「混私租以入公賦」之例。〔註52〕但對筆者而言，或可從史籍有關主政者對經濟生產的重視程度、命令頒布、政策推行與成效，〔註53〕及出土史料中的隻字片語找尋材料著手，或可拼湊、推論出一個大概。此外，筆者也將參考下列論著，以彌補第一手史料的不足：

札奇斯欽《北亞游牧民族與中原農業民族間的和平戰爭與貿易關係》一書，所論雖以唐、明兩代為主，但其在〈緒論〉中，對游牧民族之所以形成國家、侵擾中原，實肇因於單一氏族力量有限，需加以聯合，「作集團的保衛，或是侵奪他族的牧場、家畜，進而從事戰爭。這是草原上諸游牧國家形成的第一個步驟」。〔註54〕換言之，北亞游牧民族之所以入侵中原，實源於滿足日常需求，而隨著當地諸政權的統一，對游牧民族的阻礙乃愈漸增強，或許與匈奴王國的形成有關。

閻守誠在《中國人口史》一書中，以極有限的十六國時期戶口數據（如南燕慕容德據青州時，括出蔭戶占國家編戶近二分之一等），結合各級政府清查隱匿人口狀況進行估算、推論之邏輯，及所提之「被世家大族蔭占的戶口最少大約可占國家編戶的一半，最多可與國家編戶持平或略高一點。超過國家編戶數倍，似不可能」說法，〔註55〕將有助於估算各政權經濟力。

朱大渭等主編之《中國歷代經濟史（二）》，雖就魏晉南北朝時期（220至589年）之經濟開闢專編探討，但屬通史性之概論。有關十六國時期者，雖僅偏重人口變化與畜牧業之發展，但有益筆者瞭解華北之畜牧生產基地。陳琳國在《中國北方民族史探》以一章的篇幅，論述塢堡壁壘與漢人大姓豪族經濟、軍封營戶與依附關係、關東地區的社會經濟、前秦勸課農桑與社會經濟。儘管仍不夠全面，但其對《晉書》各載記相關記載之整理，已能提供不少助力了。

〔註52〕陳登原，《中國田賦史》（臺北：臺灣商務印書館，民國64年11月），頁78。
〔註53〕如《魏書·釋老志》記載當時平民除因戰亂庇蔭豪族外，「假慕沙門，實避調役」之人亦在不少，故北魏太武帝曾下詔「有造寺者，限僧五十」。就提振經濟生產之角度言，管制寺廟僧眾人數有助於使多餘人口回歸政府管控，對增加勞動力、兵源與擴大稅收基礎，皆有正面助益。參閱《魏書》卷一一四〈釋老志〉，頁3041。
〔註54〕札奇斯欽，《北亞游牧民族與中原農業民族間的和平戰爭與貿易關係》（臺北：國立政治大學出版委員會，民國62年1月），頁3。
〔註55〕閻守誠，《中國人口史》（臺北：文津出版社，民國86年8月），頁112。

　　此外，吳洪琳《鐵弗匈奴與夏國史研究》、李則芬《兩晉南北朝歷史論文集》、萬繩楠《陳寅恪魏晉南北朝史講演錄》、俄瓊卓瑪《後秦史》等，皆有對當時的經濟情況進行論述，亦屬筆者對此方面之參考來源。

（七）出土史料方面

　　近年來，隨著出土文物的陸續發掘，對解答過往無可考證的史事有諸多助益。例如大陸考古學者於 1980 年 7 月，在大興安嶺的嘎仙洞中，發現北魏太平真君四年（443 年），太武帝派遣中書侍郎李敞致祭時所刻之祝文，從而確認拓跋鮮卑祖先乃出於此地，為研究東胡系諸部族的地理、歷史等問題，提供了正確的解答；〔註 56〕1956 年 5 月在遼寧省西豐縣發掘的「匈奴西岔溝文化」古墓群，則可以從這一位處山區、平原及草原地帶，對照史冊，一探匈奴的生活方式變化，特別是受漢文化的影響程度。〔註 57〕然就目前的考古發掘成果觀之，自十六國迄北魏前期近二百年的時期中，中原地區的墓葬幾乎是一片空白，反映當時的政治核心地帶遭嚴重破壞的事實。〔註 58〕欲求顛覆、推翻史籍記載的文物恐不可得，充其量僅能輔以中原以外地區之出土文物，對本文之研究，或許能增添些許較細緻的補充。

（八）研究成果的檢討與思考

　　綜上所述，儘管可供參考的文獻不少，然大多圍繞在某族系或某方面的議題，不易看到全面且站在更高處觀察的研究成果；特別對決定本文所述各霸權興衰的關鍵，儘管可從史籍找到一些線索，但究竟主要因素何在？造成優勝劣敗之綜合國力比較究竟如何懸殊？非進行更深入的研究，恐不可得。

　　由於華北最後由北魏統一，在此之前是諸多勢力競逐的局面，此與布里辛斯基將歐亞大陸這座大棋盤形容是「不僅只有兩個棋手，而是有好幾位，……

〔註 56〕米文平，〈鮮卑石室的發現與初步研究〉，《文物》1981 年第 2 期，頁 1。

〔註 57〕孫守道，〈「匈奴西岔溝文化」古墓群的發現〉，《文物》1960 年第 8、9 期（1960 年 9 月），頁 25～32。儘管西岔溝文化發掘當時，判定屬匈奴文化系統的古墓群，但此一結論卻不斷遭到質疑，論者對此有烏桓說、夫餘說、鮮卑說等，諸說各有短長，迄今尚無定論。參閱范恩實，〈論西岔溝古墓群的族屬——兼及烏桓、鮮卑考古文化的探索問題〉，《中國社會科學網》，網址：http://www.cssn.cn/zgs/zgs_zggds/201310/t20131025_545470.shtml，查詢日期：2020 年 1 月 11 日。

〔註 58〕李梅田，《魏晉北朝墓葬的考古學研究》（北京：商務印書館，2009 年 8 月），頁 161。

主要棋手位於棋盤的西邊、東邊、中央及南邊」之說法相仿。〔註59〕本文欲探討的八個霸權，正是布氏所謂的「主要棋手」。他們的興亡盛衰與爭霸構成了十六國史的重要部分，而圍繞在霸權周邊的較小政權，無論他們對霸權抱持「扈從（Bandwagoning）」還是「抗衡（Balancing）」政策，〔註60〕有僅臣服一個或同時臣服多個政權以求自保的現象。這種現象也使十六國時期的歷史呈現出小國與小國、小國與大國、大國之間，或幾個國家互成集團之四種爭霸面貌，與二十世紀的美蘇兩大陣營對抗有著本質上的不同：因為捲入美蘇對抗的扈從者幾乎沒多少首鼠兩端的機會，且小國恆為小國，只有作為大國的美國或蘇聯當中的任何一員瓦解或消滅，此對抗現象纔告消失（蘇聯瓦解後，兩大陣營對抗即告結束）；但十六國時期卻恰恰相反：原本勢力較小的一方，往往一有機會即勇於抗衡霸主，甚至併滅相鄰的霸權，而成為另一個新霸權。前燕在 352 年滅冉魏、後秦在 394 年滅前秦，與北魏在 398 年將後燕逐出今之河北、山西等均可為例。

結合上述文獻，這些均有如現代國家之間在政治、經濟、軍事、戰略目標與意志方面的全面競逐。將各方面競逐結果予以整合並相互比較，可呈現霸權間之爭霸結果。由於十六國時期華北地區族群分布複雜，建立政權之數量又多，欲集中探討恐篇幅過大；故擬區分為三章，依序探討屬有形國力之軍事、政治與經濟，及屬無形國力之戰略目標與意志。最後在結論時進行整體之綜合國力比較，並解釋造成霸權興亡盛衰的關鍵因素。

四、研究方法

就本文研究目的言，涉及的研究方法概分兩類：一為蒐集、分析與十六國時期華北地區各霸權國家之盛衰興亡歷史相關史料的「一般研究方法」；一為分析霸權綜合國力、所屬族群之文化傳統，及判斷霸權間之爭霸優劣形勢的「特殊研究方法」。此外，為避免年號混淆，統一以公元年註記，另調製「年號對照表」，俾供核對。

〔註59〕布里辛斯基，《大國政治》，頁 40。

〔註60〕「抗衡（Balancing）」與「扈從（Bandwagoning）」概念係 Stephen M. Walt 於研究聯盟起源時所提：前者是指小國藉增強自身實力或透過聯盟運用外力以抗拒大國要求小國屈服的壓力；後者則是小國單方面限制自身行為以避免和大國核心利益相衝突。參閱包宗和等，《爭辯中的兩岸關係理論》（臺北：五南出版，1999 年 3 月），頁 10。

（一）一般研究方法

1. 文獻分析法

文獻分析法又稱歷史文獻法，是一種系統化的客觀界定、評鑑與綜合證明的研究方法，以確定過去事件的真實性。其意義在於研究者可在分析、處理文獻資料後，進行因果關係研究，〔註61〕是社會科學研究中不可或缺的方法。本文將運用此法，對正史、史書與研究論著，分別針對政治、經濟、軍事、戰略、心理等面向，進行分析、推論，以掌握構成綜合國力之各要素；另結合相關出土史料及研究報告等，予以補充。

2. 歸納法

歸納法係從個別或特殊材料中，概括出一般性原理、原則的思維方式。〔註62〕若將此法運用到歷史研究，則需儘可能使資料時間跨度拉長、出處愈原始、數量愈多，愈有助於提出最審慎的結論。〔註63〕由於本文研究涵蓋十六國時期之一百三十六年歷史，這段時期的霸權皆源於傳統部落，進入華北後多有攻滅敵對勢力、主宰整個地區的企圖，具一定共同性，有助於歸納其各項作為。因此，本文將循雷師之草原、森林、山地民族概念，歸納源於同一類型民族之各霸權傳統文化，進行微觀層面的研究；另以國際關係理論的權力概念為核心，歸納前述政治、經濟、軍事、戰略、心理等方面的作用，用以比較爭霸雙方在爆發戰爭直前的綜合國力，從中找出落差較大的分項，以作為優勝劣敗的關鍵因素。

（二）特殊研究方法

特殊研究方法係藉社會科學相關理論，以利問題選擇與資料運用，既與研究者分析的層次、著眼點與入手處有關，〔註64〕也可幫助我們認識欲研究的對象。即使不能做到像暗室燭光般照亮每個角落，它在大部分時間仍是引導人們穿越黑暗的極佳工具。由於本文結合國力概念，探究霸權在華北地區興起以至衰亡，及其競逐霸主地位的過程，涉及區域與國家層次，擬以國際

〔註61〕國防大學軍事共同教學中心，《軍事研究方法論之建構》（桃園：國防大學，民國99年11月），頁124。

〔註62〕方寶璋，《社會科學應用方法論》（北京：經濟日報出版社，2008年9月），頁42。

〔註63〕杜維運，《史學方法論》，頁68。

〔註64〕朱浤源，《撰寫博碩士論文實戰手冊》（臺北：正中書局，1999年11月），頁182，184。

關係理論中的攻勢現實主義解釋相關問題;另基於雷師之草原、森林、山地民族概念,將當時參與爭霸之民族,按發源地類型,分成胡羯、鮮卑、氐羌族系,運用文化人類學概念對其傳統文化做更細緻的表述。此外,十六國時期既是戰火不斷的年代,戰爭結果又往往造成國家興亡,影響既如此重大,故擬運用國軍野戰戰略分析戰爭直前,雙方優劣形勢的概念,以深入霸權間之綜合國力比較。

1. 攻勢現實主義

誠如國際關係現實主義最重要的代表者漢斯‧摩根索(Hans J. Morgenthau)所說,要在浩瀚的國際政治領域中找到方向,要依被定義為權力或實力的所謂利益來思考與行事。其中,構成權力的要素有地理環境、自然資源、工業生產力、戰備(包括統帥的領導力、軍隊的數量與質量等)、人口、民族性格、國民士氣,以及政府與外交的質量。〔註65〕

不過在十六國時期的華北地區,各地大小戰爭不斷,各大小政權或勢力都有一共同趨向,就是保衛自己的生存權。《晉書》各載記與《十六國春秋》皆只記述其起事與盛衰興亡經過,並未具體點出當中的關鍵因素,需要研究者自行從史料中找出答案。現實主義強調的國際無政府狀態與追逐權力以謀取利益的概念,恰給予我們較明確的思考方向:唯有爭取到足夠的權力,才能保障生存。然在國際體系中,各方追逐權力的行為不一定全無交集,此亦凸顯上述古典現實主義(Classical Realism)概念的不足。因此,筆者擬以修正古典現實主義的攻勢現實主義,所強調之「國際體系為國家犧牲對手以獲得權力創造了巨大的誘導因素」及「一國的終極目標是成為體系中的霸主」等概念,結果將造成某幾個政權或勢力取得相對優於敵國的形勢,並引發另一方快速追趕,彼此間藉戰爭、建立均勢,或拉攏有共同危機感的伙伴一起對抗強敵。此種國際體系,最後將出現一個能控制整個地區之權力最大者,即本文所欲探討的華北地區霸主。〔註66〕

〔註65〕〔美〕漢斯‧摩根索(Hans J. Morgenthau)著,肯尼斯‧湯普森(Kenneth W. Tompson)改寫,李暉等譯,《國家間政治(Politics Among Nations)》(海口:海南出版社,2008年9月),頁5,129~185。

〔註66〕約翰‧米爾斯海默之所以提出如此論述,係基於其觀察國際體系,所建立的五大基本命題:一、國際體系處於無政府狀態;二、大國本身具備某些用於侵略擴張的軍事力量;三、國家永遠無法把握其他國家的意圖;四、生存是大國的首要目標;五、大國是理性的行為體。當這五大基本命題同時具備時,

　　而為具體論析霸權的權力對比，筆者擬以克萊恩（Ray S. Cline）基於「國力實為一個由戰略、軍事、經濟、政治力量和弱點所組成的混合體」觀點，所提之速記符號或指標系統，用來代替文字及判斷，建構而成的「綜合國力衡量公式」：

　　Pp＝（C+E+M）×（S+W），以作為本文研究架構的基礎。

　　其中，Pp（Perceived Power）係有感力量——即可察知或感覺得到的力量；C（Critical Mass）即重要實質，由人口與領土構成；E 為經濟能力、M 為軍事能力、S 為戰略目標、W 為追求國家戰略的意志——即作戰意志。[註67]如何將這套公式運用在古代史研究，雷家驥師在〈隋平陳之戰析論——周隋府兵改革成效的一個觀察〉一文，估算 280 年，隋平陳之戰前，雙方綜合國力之比為 12：1，[註68]分析時所運用到的各種思維，皆可納入比較各霸權綜合國力之參考。

　　而關於克氏「綜合國力衡量公式」之各分項資料取得，筆者擬以齊錫生對《中國的軍閥政治（1916～1928）》一書之架構，所揭示的構想為基礎：[註69]

> 本書就是要把研究的視野從個別的軍閥政權內部與周圍無聯繫的政治現象轉移到研究他們之間的關係，……總的來說是對中國軍閥主義進行宏觀的分析，以大量篇幅討論我們認為這個體系的重要方面——組織機構、武器裝備、軍事訓練、財政來源以及這些因素的作用。……目的是通過系統的研究方法提供新的視野來了解中國政治。

　　亦即參考齊氏的構想，自有關十六國時期之史籍與論著中，萃取構成克氏「綜合國力衡量公式」之各分項元素，據以論析各分項的對比，最後再匯集於「綜合國力衡量公式」，以計算、比較雙方綜合國力，從中找出對比最懸殊之分項，以作為優勝劣敗的關鍵因素。

　　　將創造出強大的壓力，驅使大國對其他國家有所圖謀，甚至付諸行動；特別是出現「恐懼」、「自助」與「權力最大化」之三種行為模式時。參閱約翰‧米爾斯海默，《大國政治的悲劇》，頁 65，77～79，88。

[註67]　〔美〕克萊恩（Ray S. Cline）著，鈕先鍾譯，《世界各國國力評估（World Power Assessment）》（臺北：黎明文化，民國 71 年 5 月），頁 13～14。

[註68]　雷家驥，〈隋平陳之戰析論——周隋府兵改革成效的一個觀察〉，頁 132。

[註69]　〔美〕齊錫生著，楊云若等譯，《中國的軍閥政治（1916～1928）（Warlord Politics in China 1916～1928）》（北京：中國人民大學出版社，2010 年 4 月），頁 6～7。

2. 文化人類學

文化人類學（Cultural Anthropology）通常是針對人類諸文化與諸社會的比較研究，特重人類社會行為與文化的科學性通則。強調一個文化必須與人類生物性的稟賦、人類的心理、社會過程等互動，才能產生適存於某特定環境的行為模式。〔註70〕儘管十六國時期興滅於華北的各政權，皆發源適宜游、畜牧的北亞地區，但在行為模式上則分「所居無常，依隨水草」及「其兵長在山谷，短於平地，不能持久」的氐羌族系、〔註71〕「逐水草遷徙，毋城郭常處耕田之業」及「兒能騎羊，引弓射鳥鼠；少長則射狐兔：用為食。土力能毋弓，盡為甲騎」的胡羯族系、〔註72〕「以穹廬為舍，東開向日」、「各自畜牧營產，不相傜役」及「計謀從用婦人，唯鬥戰之事乃自決」的鮮卑族系，〔註73〕及過著「食飲皆用俎豆」及「以弓矢刀矛為兵，家家自有鎧仗」，但「性彊勇謹厚，不寇鈔」的扶餘等東夷族系。〔註74〕其所分佈位置，《史記‧匈奴列傳》概略敘述為：「自隴以西有綿諸、緄戎、翟、之戎，岐、梁山、涇、漆之北有義渠、大荔、烏氏、朐衍之戎。而晉北有林胡、樓煩之戎，燕北有東胡、山戎」；〔註75〕其中，「自隴以西」，春秋以來即為羌、戎所居，其地「山谷糾紛，川原迴繞」，其民「俗尚氣力，修戰備，好田獵，勤耕稼」；〔註76〕「岐、梁山、涇、漆之北」同樣是「山川險阻，風俗勁勇」，顧祖禹稱此地為「氐羌運終，赫連奮臂」之所在；〔註77〕晉北自古為北狄所居，臨近沙漠，〔註78〕有廣大的草原，適合自由放牧大群的牛、羊、馬，並隨季節變遷而移動；〔註79〕燕北的東胡、山戎

〔註70〕〔美〕基辛（R. Keesing）著，張恭啟等譯，《文化人類學（Cultural Anthropology: A Contemporary Perspective）》（臺北：巨流圖書公司，民國78年9月），頁16～17，145。

〔註71〕〔南朝宋〕范曄，《後漢書》卷八十六〈西羌傳〉（臺北：鼎文書局，民國68年11月），頁2869。

〔註72〕〔西漢〕司馬遷，《史記》卷一百十〈匈奴列傳〉（北京：中華書局，2005年3月），頁2879。

〔註73〕《後漢書》卷九十〈烏桓鮮卑列傳〉，頁2979。

〔註74〕〔西晉〕陳壽，《三國志》卷三十〈夫餘傳〉（北京：中華書局，1959年12月），頁841。

〔註75〕《史記》卷一百十〈匈奴列傳〉，頁2883。

〔註76〕〔清〕顧祖禹，《讀史方輿紀要》卷五十九〈陝西八〉（北京：中華書局，2005年3月），頁2755。

〔註77〕《讀史方輿紀要》卷五十七〈陝西六〉，頁2811。

〔註78〕《讀史方輿紀要》卷四十四〈山西六〉，頁1992。

〔註79〕村上正二，〈征服王朝〉，頁97。

則位於匈奴以東的烏桓、鮮卑等山，其俗雖「與匈奴多同」，但在「怒則殺父兄，而終不害其母」等方面異於匈奴。〔註80〕

　　這種受生活環境影響，而產生各式各樣適應環境的風俗、信仰、行為等，〔註81〕即《禮記・王制篇》所謂「凡居民材。必因天地寒煖燥濕。廣谷大川異制。民生其間者異谷（俗）。剛柔輕重。遲速異齊。五味異和。器械異制。衣服異宜。脩其教不易其俗。齊其政不易其宜。中國戎夷。五方之民。皆有性也。不可推移」之現象。〔註82〕這些將隨著時間的積累、質變，部分或將形塑成有利主政者操作的集體記憶，成為提昇無形國力的因素之一，將有助於以微觀的角度，分析、比較各霸權之盛衰原由。

　　3. 國軍野戰戰略概念

　　「野戰戰略（Field Strategy）」在整個戰略體系中，介於「戰略（Strategy）」與「戰術（Tactic）」層次之間，對這兩個層級具有承上啟下的作用。按照《國軍軍語辭典》的解釋，野戰戰略係「運用野戰兵力，創造與運用有利狀況以支持軍事戰略之藝術，俾得在爭取戰役目標或從事決戰時，能獲得最大之成功公算與有利之效果」，〔註83〕亦為國軍軍官深造教育核心課程之一，主在培養高階國防幹部兵學素養。由三軍大學故前校長余伯泉上將結合其早年於英國劍橋大學、皇家軍校、美國陸軍參謀大學及哈佛大學之所學，以拿破崙（Napoleon Bonaparte）戰史為主的一套教材，用以探討野戰用兵諸原則。內容區分「補給線」、「內線作戰」、「外線作戰」與「地障」四大課目，可說是一切戰略藝術的基礎，為研究戰史必具的知識。〔註84〕隨著近年來國際形勢日趨複雜，戰爭勝負不再只決定於軍事層面，野戰戰略課程因而擴大其研究範圍至政治、經濟、心理等方面，恰與前揭之綜合國力的研究內涵相符。〔註85〕

〔註80〕〔唐〕杜佑，《通典》卷一百九十六〈烏桓〉（北京：中華書局，1988年），頁5365。

〔註81〕基辛，《文化人類學》，頁159。

〔註82〕〔西漢〕戴聖，《禮記》卷十二〈王制〉收錄於《十三經注疏》（臺北：宏業書局，民國60年9月），頁2893。

〔註83〕國防大學軍事學院，《國軍軍語辭典（九十二年修訂本）》，頁2～11。

〔註84〕何世同，《戰略概論》（臺北：黎明文化，民國93年9月），頁9～12。

〔註85〕例如筆者在國防大學戰爭學院任教期間所編纂之《野戰戰略──現代戰爭之部》講義，曾就2003年的第二次波灣戰爭，要求學員「以伊拉克總統海珊之身分，面對英、美即將發起之軍事入侵，擬定伊拉克大戰略及政治、經濟、軍事之應有作為（以國際關係現實主義為中心）」為題進行探討，當中的「政治、經濟、軍事之應有作為」均屬克氏「綜合國力衡量公式」之要項。參閱

　　由於該教材列舉之研究案例均為十八世紀以後的西方戰史，未必適合分析相隔千餘年的十六國時期，究竟能否用來分析中國古代戰史？易遭質疑。然誠如瑞士軍事家約米尼（Antoine-Henri Jomini）所說：「戰爭的確有幾條基本原理，……一般說來，在戰爭的混亂和動盪中，卻可以當作一個指南針」，〔註86〕李德哈特（B. H. Liddell Hart）更以其研究古希臘以來，總結二十五個世紀的西方戰史，從戰略角度揭示戰爭所具備的「間接性」，強調「這種『間接性』常常也是『物質性』的，但卻一定是『心理性』的」，〔註87〕李氏的說法等於論證所謂的「戰爭原則」實存於野戰戰略層次。兩人的說法既長期被軍事界奉為圭臬，當可證明戰爭本身有其亙古不變的「戰爭原則」，這些都是國軍野戰戰略課程欲揭示者。從何世同師亦曾運用野戰戰略基本概念，論析長平之戰等幾場重大的中國古戰史，〔註88〕及雷家驥師由〈隋平陳之戰析論——周隋府兵改革成效的一個觀察〉與〈隋平陳、晉平吳兩戰較論〉二文對交戰雙方的綜合國力分析來看，野戰戰略應可用於本文所欲探究之優劣形勢。

　　儘管十六國時期各霸權之興亡，皆取決於戰爭結果；本文以野戰戰略作為分析工具所聚焦者，乃屬戰爭最高層級之戰略階層。舉凡雙方決戰前的「戰略態勢」、〔註89〕攸關持續戰力獲得的「補給線」、涉及雙方兵力分合形態的

　　　　宋啟成，《野戰戰略——現代戰爭之部講義》（桃園：國防大學戰爭學院，民國 104 年 10 月），頁 9。
〔註86〕〔瑞士〕約米尼（Antoine-Henri Jomini）著，鈕先鍾譯，《戰爭藝術（The Art of War）》（臺北：軍事譯粹社，民國 67 年 6 月），頁 6。
〔註87〕〔英〕李德哈特（B. H. Liddell Hart）著，鈕先鍾譯，《戰略論：間接路線（Strategy：The Indirect Approach）》（臺北：麥田出版，1996 年 6 月），頁 24。
〔註88〕例如何世同師曾以野戰戰略的「補給線」概念，論析東周赧王五十五年（前 260 年）的長平之戰，結合《孫子兵法·軍爭第七》「佯卻勿從」與「餌兵勿食」之道理，強調大軍作戰須隨時注意「翼側安全」，以防遭敵伏擊或退路被截斷；此外也從東漢建安五年（200 年）的官渡之戰中，得到「袁紹之敗，主要在於輜重地區過前，突出於敵軍直接攻擊之下，遇狀況缺乏應變空間」之結論，說明這些可歸類為戰爭原則的野戰用兵概念，仍可應用在古戰史的分析。參閱〔美〕約翰·亞傑（John I. Alger）等著，張德行譯，《軍事藝術的定義與準則（Definitions And Doctrine of the Military Art）》（臺北：國防部史政編譯局，民國 84 年 8 月），頁 21；何世同，《戰略概論》，頁 36～37，44～45。
〔註89〕「戰略態勢」簡稱「態勢」，係相互對抗的兩支軍隊，在某一時空下，其相對部署與行動在戰略上所產生的利弊形勢，為評論戰爭與野戰用兵得失之主要依據。參閱宋啟成，《野略概論講義》（桃園：國防大學戰爭學院，民國 103 年 9 月），頁 17～18。

內、外線作戰，及支撐作戰之綜合國力的分析、比較等，筆者認為這些概念不因時空相異而變，視為「戰爭原則」乃理所當然。本文在第三、五章探討各霸權之軍事能力與戰略作為時，將用以進行分析。

（三）製作年號對照表

由於十六國時期華北地區政權林立，涉及到的年號相當多，不僅容易混淆，且不利事件掌握。為求簡化，以龔士炯所著之《增補歷代紀事年表》為基礎，製作「年號對照表」，臚列公元年、東晉（含啣接之南朝宋）、漢趙（含劉淵所建立的漢國與劉曜重建的前趙）、後趙（含冉魏）、前燕（含後燕）、前秦、後秦、北魏（含370年前的代國）、夏國之紀年，列於附錄一，俾供對照。凡未註紀年者，代表該政權未成立或已滅亡，但以某某稱王或某某大單于作為年號者，代表該政權已成立，但無年號。以後除重大事件加註《資治通鑑》所繫正統王朝之紀年外，〔註90〕餘皆以公元年註記之。

五、基本架構（各章節安排）

本文所探討的華北地區，概指304至439年間，於長江淮河以北，涵蓋中原、關隴、遼東等地區及周邊建立霸權，為《晉書》記載，符合布里辛斯基之「地緣戰略玩家」標準，稱得上是「大國」者。他們包括：屬胡羯族系的漢趙、後趙（含冉魏）與夏國；屬鮮卑族系的前燕、後燕與北魏（含370年以前的代國）；屬氐羌族系的前秦與後秦。〔註91〕

本文除緒論與結論分別為第一章與第六章外，其餘四章各以一個主題，分論胡羯、鮮卑與氐羌族系概況，最後再予整合並產生小結。第二至六章之

〔註90〕《資治通鑑》係編年體史書，故需重視統緒問題，尤其對分裂年代的處理，應從同時併存的諸多政權中，選擇正統王朝，並以其年次繫之。由於司馬光對漢末三分，迄隋統一南北前，以漢、魏、晉、南朝宋、齊、梁、陳之順序繫年，此乃司馬氏所認定之正統王朝脈絡。本文對於需加註紀年者，均以此思維為準。參閱雷家驥，《資治通鑑——帝王的鏡子》（臺北：時報文化，2012年10月），頁58～59。

〔註91〕對於十六國時期，算得上是「王朝」或「大國」者，雷師認為僅漢趙、後趙、前燕、前秦與後秦等五國。若以前揭布里辛斯基的「大棋盤」觀點來看當時的華北地區，筆者認為應將夏國、後燕與北魏納入，畢竟這三個國家至少皆佔有華北四大區塊中的一個，且有繼續對外擴張的能力或作為。這是筆者對「王朝」或「大國」的認定上，與雷師不同者。參閱雷家驥，〈關於漢化問題：以五胡史為例〉，頁20。

內容概要分述如下：

第二章主題是霸權民族文化及永嘉之禍前後的戰略環境演變，旨在探討曾於華北地區參與霸權競逐之各族群的傳統文化、與中原王朝互動、永嘉之禍後的戰略環境，及「綜合國力衡量公式」之各要素簡介，為本文第三、四、五章論述之基礎。

第一節中原王朝周邊自然環境及各霸權民族文化，首先闡明霸權民族所在之華北地區外圍的環境特性，及與中原之差異；之後依胡羯、鮮卑、氐羌族系區分，分別探討其日常生活，與因此而形塑之傳統文化。第二節各霸權民族與中原王朝之互動，同樣按胡羯、鮮卑、氐羌族系之分，依序探討自春秋戰國迄晉懷帝永嘉五年（311 年），爆發「永嘉之禍」前，其與中原王朝互動的歷史及最後造成的影響。第三節永嘉之禍後的戰略環境以及國力要素分析，先論述永嘉之禍後，華北地區的戰略形勢，其後再依構成「綜合國力衡量公式」之人口、經濟、軍事、戰略目標與意志，各別論述永嘉之禍對這五方面所造成的改變，及衡量此五種國力高下之具體作法。最後依前一節所述，調製「綜合國力五要素估量指標」，以為第三、四、五章衡量各分項國力之依據。

第三章主題是霸權民族的軍事能力，旨在探討其曾建立之八個主要政權的武裝部隊，及與爭霸對手決戰前之戰略要域控制情形，據以估算這七次爭霸，敵對雙方之軍事能力比較。

第一、二、三節分別論述屬胡羯、鮮卑、氐羌族系建立過的漢趙、後趙、夏國、前燕、後燕、北魏、前秦、後秦等八個霸權國家，其武裝部隊之源起與發展，並聚焦於「兵力來源」、「統合戰力發揮」與「作戰效能」等方面。第四節霸權對戰略要域的控制，則依時序先後，分別討之兩趙（漢趙—後趙）、趙燕（後趙—前燕）、燕秦（前燕—前秦）、兩秦（前秦—後秦）、燕魏（後燕—北魏）、夏秦（夏國—後秦）及夏魏（夏國—北魏）爭霸，敵對雙方於華北地區的控制與擴張情形，比較其「行動自由」、「已方安全程度」與「對敵牽制程度」。第五節則結合第一至四節所述，就上述七次爭霸，比較雙方的軍事能力。最後再針對本章所論提出小結。

第四章主題是霸權民族的政治與經濟，以後勤支援作戰的邏輯出發，視人、物力乃前一章所述之爭霸的一切基礎，進而探討、比較霸權施政及經濟

生產之良窳。

　　第一、二、三節係延續第三章所論，同樣就胡羯、鮮卑、氐羌族系所建立之八個霸權國家，其在掌控人口增減上，相應的政治作為，並以「人力掠遷」、「政府施政」與「國家安定程度」之三面向，討論其政治概況；之後則以「生產能力」與「政策支持程度」為指標，說明其經濟生產概況。第四節則結合前三節所述，分別比較七次爭霸中，雙方的政治與經濟能力，最後再提出小結。

　　第五章主題是霸權民族的戰略目標與意志，旨在探討、比較七次爭霸的無形國力。

　　第一、二、三節係就前揭之八個胡夷霸權，就史籍有關其致力爭霸，對追求目標之設想與興亡歷程等記載，依「目標的有無」與「目標貫徹程度」，探究其戰略目標與國家發展之關連；之後則以主政者與大多數人民對所追求的戰略目標有無共識？各層級的意志士氣究竟如何？是否集中或分歧？特別是在兩霸權競逐的關鍵時刻，為決定「意志」之指標。第四節則是比較七次爭霸中，雙方的無形國力高下，最後並提出小結。

　　第六章結論則彙整第三、四、五章所述，綜合探討七次爭霸中，雙方的綜合國力對比，並依各分項的差距幅度，找出決定爭霸結果的關鍵因素。最後再分別以宏、微觀視角，論析各霸權興亡的關鍵因素，及所造成的影響。

　　最後為便於研讀與理解，調製〈十六國時期各主要政權年號對照表〉與〈十六國時期大事記〉，作為本文附錄，俾供參照。

六、對預期成果的思辯

　　由於本文之研究工具與分析視角均異於學界過往對十六國時期的研究，預期此種思維概可獲得兩種成果：第一、決定十六國時期之華北地區霸權興衰者，儘管與戰爭勝負相關，但從爭霸雙方的綜合國力比較中，當可發現軍事絕非唯一因素，亦有取決於政治、經濟、戰略目標、意志等其他面向者，其對各次爭霸結果的影響程度也不盡相同；第二、由史籍觀之，儘管各霸權興衰與主政者作為密切相關，但政權在一次戰爭或某主政者死亡後，即告滅亡或國力大減，主政者與戰爭結果未必是唯一因素，應該還有其他影響因素，研究或許可找出答案。

　　然而，上述思維或能一定程度地達到預期目標，但就本文以克萊恩「綜

合國力衡量公式」，來分析、比較七次爭霸中，雙方的綜合國力高下，卻也容易引起不夠嚴謹之類的批判。此即金觀濤在〈數學模型和王朝壽命研究〉一文所述，利用數學工具進行與人有關的歷史研究，經常會遇到如下的正反意見：〔註92〕

> 一種是數學萬能論，企圖用數學解決一切問題，推出人們憑歷史直覺難以想像的結論；另一種則否定數學應用於歷史研究的可能性。……數學描述的對象只能是機械的、簡單的、定量的關係，而歷史過程太複雜，……尤其是對於涉及人的有目的的活動……

對於這類批判，克萊恩一開始即強調這種討論「祇是一種『概算（Micrometrics）』」，是在廣泛的範圍中所採用的度量技術，精密的細節在此種情況中并不太重要。我們想要看的是國際關係中的型態和趨勢，而不是細節」，〔註93〕已對分析內容加以界定。筆者認為這種僅探究型態及趨勢的作法，與戰略研究的性質吻合：依照《國軍軍語辭典》的解釋，戰略係「創造與運用有利狀況之藝術，俾得在爭取所望目標或從事決戰時，能獲得最大之成功公算與有利之效果」，〔註94〕此「最大之成功公算與有利之效果」即克氏所謂之「型態和趨勢」。

金氏同時還提到，「把數學應用到社會科學研究中，往往有三個必需的步驟」，並強調第一、二步是整個分析的基礎，但人們往往只看到第三步，才會有所誤解：〔註95〕

> 第一，社會科學對某些問題的研究已深入到一定程度，我們對其模式已經可以用描述性語言表達。
>
> 第二，將描述性語言轉化為數學語言。
>
> 第三，應用數學語言推理，使討論越出直觀描述性語言所把握的深度，向精確化、定量化方向發展，推出直觀一下子難以把握的某些結果。

克氏提出「綜合國力衡量公式」，可說是已達上引的第三步。在此之前，克氏已自第二次世界大戰以來，先後於戰略勤務局（The Office of Strategic

---

〔註92〕 金觀濤等，〈數學模型和王朝壽命研究〉，《興盛與危機：論中國社會超穩定結構》（香港：中文大學出版社，1992年），頁359。

〔註93〕 克萊恩，《世界各國國力評估》，頁14～15。

〔註94〕 國防大學軍事學院，《國軍軍語辭典（九十二年修訂本）》，頁2～6。

〔註95〕 金觀濤等，〈數學模型和王朝壽命研究〉，頁360。

Services）、中央情報局（The Central Intelligence Agency）、美國駐波昂大使館，及國務院情報研究司司長任職期間，累積相當豐富，有關全球戰略研析的心得，〔註96〕當可視為金氏的第一步；之後，他在喬治城大學（Georgetown University）任教時，又將這些心得化約為「國力實為一個由戰略、軍事、經濟、政治力量和弱點所組成的混合體」之觀點，並以「一種速記符號或指標系統，用來代替文字和判斷」，〔註97〕即金氏的第二步。就此三步驟的標準來看，克氏的「綜合國力衡量公式」，應非一般人所謂「趕時髦和貼標籤」那樣簡陋而已。〔註98〕

這套公式的性質及產生經過既是如此，雷家驥師又曾成功地用來研究280年的晉平吳之戰與589年的隋平陳之戰，加上金觀濤又以函數曲線來判斷王朝穩定性的思維，據以建構數學模型，應已相當程度地達到學術界所要求的嚴謹標準。故擬循嘗試錯誤亦屬進步之精神，藉雷師與克、金二氏之思維，進行研究。

七、凡例

（一）對霸權所屬族群的稱呼

本文所探究的八個霸權，有匈奴所建立的漢趙與夏國、羯人的後趙、鮮卑的前燕、後燕與北魏、氐人的前秦，及羌人的後秦。由於這五個族群皆曾建立霸業，故統稱為「霸權民族」。其中，匈奴與羯人出身於蒙古草原，後者又曾為匈奴別部，故併稱「胡羯族系」；鮮卑與烏桓皆出於蒙古高原以東之森林地帶，加上語言與文化均相近，故併稱為「鮮卑族系」；氐人與羌人均出於蒙古高原西南之高原河谷地區，屬漢藏語系，且有雜錯相居現象，故併稱「氐羌族系」。

（二）各種數字之註記

本文所述之中國年代、陰曆日月、計量數字，及引證書目之篇卷數，均以中文書寫。〔註99〕公元年數及陽曆日月，則以阿拉伯數字註記。

〔註96〕克萊恩，《世界各國國力評估》，頁1～2。
〔註97〕克萊恩，《世界各國國力評估》，頁13。
〔註98〕金觀濤等，〈數學模型和王朝壽命研究〉，頁359。
〔註99〕由於第二章註9之「人畜比」有不少在小數點以下仍有數字的數據，統一以阿拉伯數字註記較為簡潔，屬本文之特例。

（三）附圖之繪製原則與方式

本文凡涉及各霸權疆域、對峙形勢及對外擴張，有以地圖為基礎而呈現者，統一以國防部情報參謀次長室及聯勤總部測量署合編之《中華民國分省地圖集》、譚其驤之《中國歷史地圖集》第三、四冊，及嚴耕望《唐代交通圖考》諸卷為準。其中，《中華民國分省地圖集》雖係現代地形，當中的地物、地貌經千餘年之推移，儘管多有不同，但基於空間距離與山系、水系等大的地形變化卻仍有限之情況，對本文以戰略研究為主之性質而言，仍有一定程度的利用價值。〔註100〕

（四）附圖註記

所有地圖正上方一律代表北方（上北下南），水系統一以水藍色線條表示，地勢則按綠、淺綠、淺橘、橘、紅棕色之順序，標示其由低而高之差別。所有「◎」符號均代表城市，「‖」為國界，「×」為關隘要塞。

此外，為力求正確，包括山系、水系、交通線、關隘、城鎮等，均旁註文字，以利讀者閱讀。因為皆屬要圖，均無加註比例尺之必要。

（五）軍語釋義

因本文內容多有涉及戰爭與軍事專業，需使用軍事相關術語。為便於理解，凡首次列出時，均以隨頁註釋之方式釋義，統一以國防大學軍事學院所編之《國軍軍語辭典（九十二年修訂本）》所載內容為主，其他論著為輔。

（六）有關資料引用與徵引書目

本文引用之古籍原文，凡首次徵用時，均詳註其作者姓名、出版時地與出版單位；第二次出現後，則僅註書名、卷數、篇名與頁數，不再註記其他資料。

引用屬近人或今人著作，均於首次徵用時，同古籍原文詳註其完整出版資料，之後則僅註作者、篇（書）名、頁數，以便檢閱。

文末所附之「徵引書目」，均為本文撰寫時曾引用者。其版權頁之出版年月以公元年註記者，則以公元年註記之；以民國年註記者，則以民國年註記之（日文出版品亦同），並統一以阿拉伯數字書寫。

此外，因臺北縣於2010年改制為新北市，凡在此年以前出版於臺北縣之書刊者，其出版地仍以「臺北」註記，之後的才註記「新北」。

〔註100〕郝柏村口述，何世同編校，《血淚與榮耀：郝柏村還原全面抗戰真相（1937～1945）》（臺北：天下文化，2019年11月），頁14。

第二章　霸權民族文化及永嘉之禍前後的戰略環境演變

　　在中國大陸華北地區四週，除了東邊的大海與南邊的黃河、長江流域外，從東北往西再繞到西南，概略是森林、高山、砂漠、草原與高原河谷所構成的連貫複雜地形。受氣候日趨乾冷影響，自西元前九世紀開始，在這片土地居住的先民，便逐漸從務農，改以游牧與狩獵為生。〔註1〕

　　由於游牧與狩獵不像農業生活定居某地且收穫易於保存，本身具相當移動性與風險，不僅無法長期在一地取得生活資源，甚至當一場暴風雪或傳染病後即一無所有，〔註2〕故尋求游牧與狩獵之外的「輔助性生業」乃不可或缺：

〔註1〕關於人類自農耕轉向游牧生活的原因，到目前為止，最具說服力者仍在氣候變化；這種變化使當地住民變得更加依賴動物的管理，並放棄（至少不是最主要）以農耕與家畜飼養為基礎的定居生活。參閱〔美〕狄宇宙（Nicola Di Cosmo）著，賀嚴等譯，《古代中國與其強鄰——東亞歷史上游牧力量的興起（Ancient China and Its Enemies: The Rise of Nomadic Power in East Asian History）》（北京：中國社會科學出版社，2010年9月），頁67～68。

〔註2〕以游牧與狩獵為主的生活方式，一切均以「動」為基礎。因為需不斷遷徙，所以風險自然較大，對天然環境的變化也特別敏感。因此，當爆發傳染性疫疾或巨大的天候變化，極易造成牲畜大量死亡，所以《史記》說，天災使匈奴「人民死者什三，畜產什伍」的說法，絕非誇大。此外，由於游牧生活彼此隔絕，且產出種類少，不像農業生活較易將收穫集中、儲存或交換。因此，游牧民族無法完全自給自足，必須與周邊其他族群不斷互動，以滿足生活需要。參閱蕭啟慶，〈北亞游牧民族南侵各種原因的檢討〉，《食貨月刊》，復刊第一卷第十二期（民國61年3月），頁609；〔美〕巴菲爾德（T. Barfield）著，袁劍譯，《危險的邊疆：游牧帝國與中國（The Perilous Frontier: Nomadic Empires and China）》（南京：江蘇人民出版社，2011年7月），頁56～57。

包括對其他族群的掠奪與貿易。〔註3〕這種需要應與人們聚集成一個個部落，且發展出各具特色的文化，並與相鄰的中原王朝建構出特有的戰略環境有關。

發生於晉懷帝永嘉五年（311年）的「永嘉之禍」是改變當時華北戰略環境的重大事件，它使整個華北成為各民族發展、競爭的場域。職是之故，本章以永嘉之禍為斷限，論析建構此戰略環境的行為者—各霸權民族、與中原王朝互動，及永嘉之禍後的戰略環境，包括攸關霸權興衰的綜合國力要素，分述如后。

第一節　中原王朝周邊自然環境及各霸權民族文化

雖然華北周邊各族多以游牧為主要生業，並藉掠奪或貿易以補其不足；但受複雜地理形勢影響，在此生活的各族群互有差異，並反映在形形色色的文化上。概略言之，華北地區周邊的自然環境，可分為草原、森林與高原河谷之三種類型，胡羯、鮮卑與氐羌族系分別住在其間。

一、建立游牧軍事封建王國的胡羯族系文化

「胡羯」是居住在華北地區正北，包括匈奴在內，各族群的統稱。秦漢時期，他們即活躍於蒙古高原及接近華北、新疆的草原地帶；〔註4〕這一大片區域概為大興安嶺、阿爾泰山、陰山、賀蘭山、貝加爾湖與唐努山所包圍；〔註5〕由南至北又可分成四個由東向西平行伸展的區域，分別是：沙漠區、沙漠草原地帶、草原地帶、山地草原與森林草原相互交替地帶。〔註6〕從地勢來看，地區內並無嚴重阻隔居民往來的地理障礙，這與形成何種形態的社會政治組織及族群文化密切相關。

除了北部部分地帶能從事農業外，〔註7〕生活在這片區域的住民大多過

〔註3〕王明珂，〈匈奴的游牧經濟：兼論游牧經濟與游牧社會政治組織的關係〉，《中央研究院歷史語言研究所集刊》，第64本第1分（民國82年3月），頁28。

〔註4〕王明珂，《游牧者的抉擇：面對漢帝國的北亞游牧部落》，頁119。

〔註5〕陳序經，《匈奴史稿》（北京：中國人民大學出版社，2007年），頁63。

〔註6〕狄宇宙，《古代中國與其強鄰——東亞歷史上游牧力量的興起》，頁21。

〔註7〕據《漢書·衛青霍去病傳》所載，武帝元狩四年（前119年），衛青出擊匈奴至寘顏山趙信城，「得匈奴積粟」；另從貝加爾湖附近的考古發掘中，曾發現匈奴時期當地住民的穀物遺存、農具與村鎮遺址等。證明至少在西元前三世紀，漠北地區，包括貝加爾湖附近就有農業與定居聚落。但就整個胡羯族系的角度來看，這只能算是個別現象，他們絕大多數仍以游牧為主業。參閱〔東

著「逐水草遷徙，毋城郭」，但「各有分地」的游牧生活。〔註8〕由於游牧本身具極高風險，當困頓時，必難滿足最低生活需求，〔註9〕故需如《史記‧匈奴列傳》「其俗，寬則隨畜，因射獵群獸為生業，急則人習戰攻以侵伐」與「匈奴貪，尚樂關市，嗜漢財物」之所述，〔註10〕藉掠奪、貿易等「輔助性生業」，以滿足所需。其中，掠奪為最主要的手段，〔註11〕其次才是狩獵、農耕與手工業等。〔註12〕因此，「兒能騎羊，引弓射鳥鼠，少長射狐兔」；及長，「士力能彎弓，盡為甲騎」，「其長兵則弓矢，短兵則刀鋌」，靈活的機動力使他們「利則進，不利則退，不羞遁走」。〔註13〕這種田獵、游牧生活使他們從小就不斷磨練、精進騎射技巧，這種技巧又是保衛部落與對外掠奪所必須，可說是真正做到「生活條件與戰鬥條件一致」的境地。然無論是侵奪他族牧場，還是對南方集中定居且人口眾多的農業族群發起掠奪或貿易，皆非少數牧民力所

漢〕班固，《漢書》卷五十五〈衛青霍去病傳〉（臺北：鼎文書局，民國68年11月），頁2484；王明珂，《游牧者的抉擇：面對漢帝國的北亞游牧部落》，頁140〜141；林幹，《匈奴史》（呼和浩特：內蒙古人民出版社，2007年7月），頁125。

〔註8〕《史記》卷一百十〈匈奴列傳〉，頁2879。

〔註9〕反映游牧民族生存水準高下主要在其「人畜比」，即牧民平均擁有的畜產數量。依《後漢書‧南匈奴列傳》載，章帝建初八年（83年），「北匈奴三木樓訾大人稽留斯等率三萬八千人、馬二萬四、牛羊十餘萬，款五原塞降」，可知三木樓訾部當時的「人畜比」概為每人馬0.52匹，牛羊2.6頭；另《晉書‧北狄‧匈奴列傳》載，武帝太康八年（287年），「匈奴都督大豆得一育鞠等復率種落大小萬一千五百口，牛二萬二千頭，羊十萬五千口，車盧什物不可勝計，來降」，其「人畜比」概為每人牛2頭，羊5頭。若以王明珂引前蘇聯學者I.M. Maisky估算二十世紀初，蒙古地區每人需馬2.8匹、駱駝0.6匹、牛2.6頭與羊18頭才能滿足生活之說為基準，此與前兩組數據的差別或可凸顯匈奴困頓之時的慘狀，自然需從事「輔助性生業」以補不足。參閱《後漢書》卷八十九〈南匈奴列傳〉，頁2950；《晉書》卷九十七〈北狄‧匈奴列傳〉，頁2549；王明珂，《游牧者的抉擇：面對漢帝國的北亞游牧部落》，頁129。

〔註10〕《史記》卷一百十〈匈奴列傳〉，頁2879，2905。

〔註11〕內田吟風認為，農業國家政府（即本文所謂之中原王朝）經常以政治理由中止與游牧民族貿易；倘若農業國家邊防不修，無法對游牧民的掠奪進行反擊，游牧民入侵的強度將隨其饑餓程度，成正比關係轉變。換言之，掠奪乃胡羯族系最主要的「輔助性生業」。參閱〔日〕內田吟風，〈古代遊牧民族の農耕国家侵入真因——特に匈奴史上より見たる〉，《北アジア史研究——匈奴篇》（京都市：同朋舍，昭和63年），頁2。

〔註12〕〔日〕江上波夫，〈匈奴の経済活動——牧畜と掠奪の場合〉，《江上波夫文化史論集（3）——匈奴の社会と文化》（東京：山川出版社，1999年），頁58。

〔註13〕《史記》卷一百十〈匈奴列傳〉，頁2879。

能及，必須集結成一整體方可為之，特別在南方農業族群拒絕貿易，且能有效抵禦其掠奪時，更為必要。

　　所以從遠古時代開始，胡羯牧民就在某種目的牽引下，以血緣或地緣為基礎，建立具部分政治功能的群體。然斯時民智未開，溝通不便，難以成立結構穩定且靈活運作的政治組織，〔註14〕故《史記‧匈奴列傳》曰「自淳維以至頭曼千有餘歲，時大時小，別散分離，尚矣，其世傳不可得而次云」，〔註15〕這樣的組織結構亦反映在從事「輔助性生業」時，「如鳥之集；其困敗，則瓦解雲散」。因此，早期的匈奴社會應是生活於某地，一個個平等且分散的獨立部落。這些部落平時各別從事游牧，必要時才集結成一團體，行動結束或失敗則又瓦解雲散，回復原先的獨立部落狀態。此外，為使來自各處的戰士熱心參與，他們定下「所得鹵獲因以予之，得人以為奴婢」及「戰而扶輿死者，盡得死者家財」的規矩，保證生者可依所得而獲利，死者亦無後顧之憂。所以他們都「人人自為趣利，善為誘兵以冒敵」。〔註16〕王明珂即依研究所得，推想胡羯部落組織架構與牧地分配概況如圖1所示。

　　圖1是胡羯部落組織架構與牧地分配概況，平時最底層的「牧團」a至h各有分地從事游牧，〔註17〕上層的A、B、1、2、*等君長或另有分地，或接受底層單位供養；〔註18〕戰時或出外掠奪，則依規定由各牧團或各落分派人馬共同行動。同一層級成員地位均等，並接受直屬上級君長指揮。《漢書‧匈奴傳》曰其「各分散溪谷，自有君長，往往而聚者百有餘戎」即反映在此架構上；然而，不同群聚的彼此，受地理與心理隔閡，是其「莫能相壹」的主因。

〔註14〕謝劍，〈匈奴政治制度的研究〉，《歷史語言研究所集刊》41本2分（1969年3月），頁232。

〔註15〕《史記》卷一百十〈匈奴列傳〉，頁2890。

〔註16〕《史記》卷一百十〈匈奴列傳〉頁2892。

〔註17〕依王明珂的說法，「帳」與「牧團」是游牧社會中最基本的生活單位，「帳」是人類最基本的家庭組成單元，包括一對夫妻及其未婚子女等，是游牧社會稱呼家庭的專有名詞；「牧團」由幾個具血緣關係的「帳」所構成，同一牧團可在同一地區放牧且同時遷徙；當從事放牧時，鄰近各帳亦可守望相助。參閱王明珂，《游牧者的抉擇：面對漢帝國的北亞游牧部落》，頁52～54。

〔註18〕當部落出現供養不事生產的首領、官僚或專家等之現象時，代表這個部落已有多餘的產出，能滿足自身以外的需求。換言之，有這種能力的部落應已發展到相當規模，且清楚劃為多個階層，並從事更細密的分工，所關注者也不再只有基本生活資源的滿足而已。

〔註19〕不過從《史記・廉頗藺相如列傳》「大破殺匈奴十餘萬騎」之記載來看，〔註20〕至少在戰國末期，匈奴已能派出十餘萬騎之龐大兵力，顯示其部落組織在當時已具相當規模，且能成熟運作了。

圖1. 胡羯部落組織架構與牧地分配概況示意圖

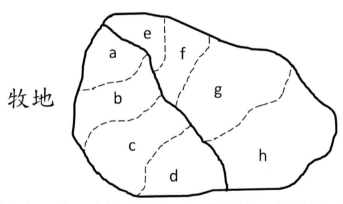

資料來源：王明珂，〈匈奴的游牧經濟：兼論游牧經濟與游牧社會政治組織的關係〉，頁38。

到了冒頓單于之後，匈奴已經從圖1的組織架構，發展出由單于作為最高領導人（天子），將統治領土區分東西兩方，各置賢王、谷蠡王、大將等，他們皆依前述「各有分地」原則，對領地內部眾負領兵與治民之雙重責任——

〔註19〕《漢書》卷九十四上〈匈奴傳〉，頁3747。
〔註20〕《史記》卷八十一〈廉頗藺相如列傳〉，頁2450。

它是一種「軍政合一、全兵皆民」的軍事封建體制。〔註21〕此即《史記・匈奴列傳》對其官號與分封位置的記述：〔註22〕

> 置左右賢王，左右谷蠡王，左右大將，左右大都尉，左右大當戶，左右骨都侯。匈奴謂賢曰「屠耆」，故常以太子為左屠耆王。自如左右賢王以下至當戶，大者萬騎，小者數千，凡二十四長，立號曰「萬騎」。……諸左方王將居東方，直上谷以往者，東接穢貉、朝鮮；右方王將居西方，直上郡以西，接月氏、氐、羌；而單于之庭直代、雲中：各有分地，逐水草移徙。而左右賢王、左右谷蠡王最為大（國），左右骨都侯輔政。諸二十四長亦各自置千長、百長、什長、裨小王、相封、都、尉當戶、且渠之屬。

這當中的左右賢王、左右谷蠡王諸王長皆為單于子弟，底下則「各以權力優劣、部眾多少為高下次第」，並仿單于王庭之制，在其領地內設置「裨小王、相、封都尉、當戶、且渠之屬」，用以治民，以為輔弼；又以「騎」為單位，由「千長、百長、什長」組成軍事單位，用以戰鬥。〔註23〕

此外據《史記・匈奴列傳》載：「歲正月，諸長小會單于庭，祠。五月，大會龍城，祭其先、天地、鬼神。秋，馬肥，大會蹄林，課校人畜計」，〔註24〕應該就是單于與各王長定期召開的貴族大會。這種會議每年通常舉行三次，除祭祀與查察、統計人畜數量外，協調各部落共同展開諸如掠奪之類的行動、就各種狀況尋思因應對策等，應該也是會議目的。從「壺衍鞮單于既立……左賢王、右谷蠡王以不得立怨望，率其眾欲南歸漢……於是二王去居其所，未嘗肯會龍城」來看，〔註25〕這種會議也有單于掌握諸王長與諸王長向單于宣誓效忠之意涵。另由「（漢）孝文帝初立，……（冒頓）單于遺漢書曰：『天所立匈奴大單于敬問皇帝無恙』」來看，〔註26〕單于對外自稱「天所立」，顯然有藉由「天命」，宣稱其地位來自於天，有強調其統治正當性的意涵。

〔註21〕雷家驥，〈試論西魏大統軍制的胡漢淵源〉《中國中古史研究》，第15期（2015年12月），頁149。
〔註22〕《史記》卷一百十〈匈奴列傳〉，頁2890～2891。
〔註23〕王明珂，〈匈奴的游牧經濟：兼論游牧經濟與游牧社會政治組織的關係〉，頁155；謝劍，〈匈奴政治制度的研究〉，《歷史語言研究所集刊》，頁265。
〔註24〕《史記》卷一百十〈匈奴列傳〉，頁2892。
〔註25〕《漢書》卷九十四上〈匈奴傳〉，頁3782。
〔註26〕《史記》卷一百十〈匈奴列傳〉，頁2896。

就心理層面而言，這類手段當有加強族群認同及形塑一種敬天畏君之集體記憶功效。〔註27〕

　　乍看之下，上述部落架構似能一定程度地滿足胡羯族系的「輔助性生業」需求；但不容否認的是，從事這類行動是否也會影響其游牧主業的人力運用？〔註28〕我們都知道匈奴人口遠少於中原王朝，「人眾不能當漢一郡」，〔註29〕以此推算，人口概略只有二百萬人左右。〔註30〕前述李牧「大破殺匈奴十餘萬騎」，即等於一次損失二十分之一，且都是最菁華的青壯人力。拿這點結合本章註9所述的「人畜比」來看，「輔助性生業」在胡羯族系經濟比重，應與其游牧主業相去不遠。

二、具形成部落聯盟特質的鮮卑族系文化

　　在蒙古高原以東，是大興安嶺及松花江、遼河水系所構成的大片森林地帶，地勢較蒙古高原複雜：北部地勢高聳，是茂密的森林區；西部是草原，適合畜牧；南部的遼河下游有來自海洋的濕潤氣候，利於農耕。〔註31〕儘管地勢有三種類型之分，但三者的天然界線並不明顯。〔註32〕大抵而言，西邊的大興安嶺適宜畜牧，住在當地的烏桓與鮮卑之生活方式雖與胡羯族系相似，但卻是不同的族群；〔註33〕其他地區較適於狩獵，亦可從事小規

〔註27〕高源，〈歷史記憶與族群認同〉，《青海民族研究》，第18卷第3期（2007年7月），頁9。

〔註28〕王明珂在〈匈奴的游牧經濟：兼論游牧經濟與游牧社會政治組織的關係〉一文強調：「在任何形式的游牧經濟中，人力的運用都是相當大的問題。不但畜牲需要照顧，而且由於動物食草的習性不同，有時還需分群照顧」，故每當匈奴派出一支大軍，均嚴重影響其游牧人力支配，之後面臨敵對國家或族群報復，還需分派人力應付，使得「輔助性生業」在這種情形下，是和「游牧主業」處在相互排擠狀態，雖然它以滿足經濟生活為目的，卻未如想像中那樣簡單。參閱王明珂，〈匈奴的游牧經濟：兼論游牧經濟與游牧社會政治組織的關係〉，頁41。

〔註29〕《史記》卷一百十〈匈奴列傳〉，頁2899。

〔註30〕依《漢書‧地理志》記載，西漢各郡人口以汝南郡為最，有口二百五十九萬六千一百四十八，若以此數比擬匈奴人口，可以二百萬人概算之。參閱《漢書》卷二十八上〈地理志〉，頁1561。

〔註31〕狄宇宙，《古代中國與其強鄰——東亞歷史上游牧力量的興起》，頁20～21。

〔註32〕〔美〕拉鐵摩爾（Owen Lattimore）著，唐曉峰譯，《中國的亞洲內陸邊疆（Inner Asian Frontiers of China）》（南京：江蘇人民出版社，2005年11月），頁103。

〔註33〕內田吟風就中國傳統史籍有關胡羯族系與烏桓鮮卑體型之記載進行分析，認為兩者是全然不同的族群，儘管他們相距不遠且營生方式相近。參閱〔日〕

模的放牧；〔註34〕南部地區雖可耕作，但多以「青稞、東牆」等粗放農作為主；〔註35〕東部鄰近朝鮮半島，「地宜五穀」，有利發展農業。〔註36〕從這幾點來看，複雜的地勢與不同的營生方式，易使當地住民發展出較胡羯族系更為多元的文化，卻也不易如胡羯族系般，發展成封建王國，故部落林立且不相統屬乃此地特色。〔註37〕但就其「邑落各有小帥，數百千落自為一部」之特性言，〔註38〕儘管不同於氐羌族系般之結構鬆散（後述），但仍具發展成較大型之部落聯盟的潛能；〔註39〕大約在戰國末期，這裡曾出現過的東胡部落聯盟即為一例。儘管曾經強盛至少一百年，且迫使周邊國家，如匈奴、樓煩等成為附庸，〔註40〕但東胡王底下與各部落的鏈結，似不如胡羯族系穩固，故遭匈奴冒頓單于一次成功襲擊即滅亡瓦解，卻也反映後來的鮮卑國家存有內聚力不足問題：當最高元首逝世或遭遇重大挫敗往往便分崩離析。

關於東胡在先秦時的歷史，我們只能從《史記》知道其位置在趙國東北與燕國北方（概略在今內蒙古自治區東部，鄰近大興安嶺地帶，及遼寧、吉

内田吟風，〈烏桓鮮卑の源流と初期社会構成〉，《北アジア史研究——鮮卑柔然突厥篇》（京都市：同朋舍，昭和 51 年），頁 4～5。

〔註34〕森林地帶較草原容易繁衍大量生物，故適合從事狩獵。但從事狩獵的同時，也會影響放牧人力的運用，使其較難集中於一地；此外，森林野生動物多，對牧畜的威脅較大，故不利大規模放牧。因此，狩獵對鮮卑族系而言，應較胡羯與氐羌族系來得重要。

〔註35〕王明珂，《游牧者的抉擇：面對漢帝國的北亞游牧部落》，頁 209～215。

〔註36〕《晉書》卷九十七〈東夷列傳〉，頁 2532。

〔註37〕綜合《晉書・四夷・東夷列傳》及《魏書・高句麗列傳》等傳所述，位在此地（不含朝鮮半島與日本）的部落聯盟（或曰國家、族群）即有：夫餘、肅慎（勿吉）、裨離、養雲、寇莫汗、一羣、牟奴、模盧、于離末利、蒲都、繩余、沙樓、大莫盧、覆鍾、莫多回、庫婁、素和、具弗伏、匹黎介、拔大何、郁羽陵、庫伏真、魯婁、羽真侯、失韋、豆莫婁、地豆于、盧莫悉、契丹、烏落侯等三十國，尚不含《後漢書・烏桓鮮卑列傳》之烏桓與鮮卑，此地形勢之複雜，可見一斑。為便於區別，前述三十國或可用「東夷」稱之，烏桓與鮮卑則依歷史稱為東胡。參閱《晉書》卷九十七〈四夷・東夷列傳〉，頁 2532～2537；《魏書》卷一百〈高句麗列傳〉，頁 2213～2224。

〔註38〕《後漢書》卷九十〈烏桓鮮卑列傳〉，頁 2979。

〔註39〕部落聯盟係一種聯盟形式，通常由幾個血緣相近的部落結合而成。初期多屬臨時性質，之後才逐漸發展成較永久性的機制。參閱安儉，《中國游牧民族部落制度研究》（蘭州：甘肅人民出版社，2005 年 11 月），頁 180。

〔註40〕李春梅，〈匈奴政權的創建問題——兼論冒頓單于以前的匈奴與東胡的關係〉，《內蒙古社會科學（漢文版）》，第 34 卷第 3 期（2013 年 5 月），頁 58。

林、黑龍江三省之西半部），並與燕、趙爆發過多次戰爭。自漢初滅於匈奴後，史書所載僅烏桓（或稱烏丸）與東部鮮卑這兩支部落存留，〔註41〕向北分別逃往西拉木倫河以北的烏桓山（烏丸山）與今內蒙古哈古勒河附近的鮮卑山。〔註42〕此外，還有一支出於蒙古高原東北部的大鮮卑山，名曰「拓跋鮮卑」的部落。〔註43〕此即西漢迄南北朝期間，活躍於蒙古高原以東，統稱「鮮卑族系」，三支最主要的部落。

　　《後漢書‧烏桓鮮卑列傳》稱烏桓與鮮卑言語相同且「俗善騎射，弋獵禽獸為事。隨水草放牧，居無常處」；〔註44〕《魏書‧序紀》曰拓跋鮮卑「畜牧遷徙，射獵為業」。〔註45〕說明這三支部落都以狩獵及放牧為主業。從王沈《魏書》所稱，烏桓「能作白酒，而不知作麴糵。米常仰中國」，及《後漢書‧烏桓鮮卑列傳》載鮮卑「有貂、豽、鼲子，皮毛柔蝡，故天下以為名裘」來看，〔註46〕他們自古即與中原王朝進行易貨貿易，用毛皮換得所需的麴糵、

〔註41〕關於烏桓與鮮卑，《後漢書‧烏桓鮮卑列傳》謂「烏桓者，本東胡也；……鮮卑者，亦東胡之支也」；但《三國志‧烏丸鮮卑東夷傳》則曰：「烏丸、鮮卑即古所謂東胡也」。論者據《後漢書》，認為這兩支部落有「正裔」與「支族」之別，亦有人採《三國志》「統列東胡」之說，而出現爭議。對此，雷家驥師歸納這兩部書引用史料，曰：「漢魏史官皆以鮮卑為東胡別支，至陳壽以後史官以烏桓、鮮卑統列為東胡」，將兩種說法的源頭並陳。不過，烏桓與鮮卑皆屬東胡系統，古今中外多無異詞。參閱《後漢書》卷九十〈烏桓鮮卑列傳〉，頁 2979，2985；《三國志》卷三十〈烏丸鮮卑東夷傳〉，頁 832；雷家驥，〈慕容燕的漢化統治與適應〉，《東吳歷史學報》，第 1 期（1995 年 4 月），頁 4。

〔註42〕馬長壽，《烏桓與鮮卑》（桂林：廣西師範大學出版社，2006 年 6 月），頁 28～29。

〔註43〕雖然杜佑在《通典‧邊防十二》稱「拓跋氏亦東胡之後，別部鮮卑」，但馬長壽認為此說無據，至多只能勉強謂之「別部鮮卑」。顯然，拓跋鮮卑與烏桓、東部鮮卑還是有相當差距。參閱馬長壽，《烏桓與鮮卑》，頁 25～29。另外，《宋書‧索虜列傳》曰託（拓）跋鮮卑乃「漢將李陵後也」，此說在 1980 年7 月，大陸考古學者於大興安嶺的嘎仙洞中，發現北魏太平真君四年（443 年），太武帝派遣中書侍郎李敞致祭時所刻之祝文，從而確認拓跋鮮卑祖先乃出於此地，可推翻李陵之後的說法。參閱〔南朝梁〕沈約，《宋書》卷九十五〈索虜列傳〉（臺北：鼎文書局，民國 76 年 5 月），頁 2321；米文平，〈鮮卑石室的發現與初步研究〉，頁 1。

〔註44〕《後漢書》卷九十〈烏桓鮮卑列傳〉，頁 2979，2985。

〔註45〕《魏書》卷一〈序紀〉，頁 1。

〔註46〕《三國志》卷三十〈烏丸鮮卑東夷傳〉，頁 832；《後漢書》卷 90〈烏桓鮮卑列傳〉，頁 2985。

米糧與鐵。〔註47〕鮮卑儘管「未常通中國」，〔註48〕但「與烏桓相接」，他們與中原可能早就形成一種易貨網絡，以各取所需。

　　然而，當時的中國大陸東北，既是部落林立，且又不相統屬，彼此爆發衝突，勢在所難免。「鬪戰之事」對他們而言，就如同掠奪對胡羯族系一樣，都與生計密切相關，這可反映在《後漢書・烏桓鮮卑列傳》有關戰死者安葬儀式的記載：〔註49〕

> 俗貴兵死，斂屍以棺，有哭泣之哀，至葬則歌舞相送。肥養一犬，
> 以彩繩纓牽，并取死者所乘馬衣物，皆燒而送之，言以屬累犬，使
> 護死者神靈歸赤山。……

　　另一方面，「勇健能理決鬪訟者」，往往是排解部落紛爭之所繫，有可能會被推選為大人。王沈《魏書》將烏桓與鮮卑的部落政治描述為：〔註50〕

> 常推慕勇健能理決鬪訟相侵犯者為大人，邑落各有小帥，不世繼也。
> 數百千落自為一部，大人有所召呼，刻木為信，邑落傳行，無文字，
> 而部眾莫敢違犯。氏姓無常，以大人健者名字為姓。大人以下，各
> 自畜牧治產，不相徭役。

　　此外，《晉書・慕容廆載記》則曰慕容部早期「世居北夷，邑于紫蒙之野」，又曰其「父涉歸，……遷邑於遼東北」。〔註51〕結合上揭引文，早期的鮮卑族系社會組織應是區分成「部—邑—落」三級，當中的「邑」可能是較常見的部族形式，但內部無稅賦徭役制度，其部眾階級則有大人、小帥、部民之分。〔註52〕

　　由於鮮卑族系所在涵蓋多種自然環境，各類環境均有適合從事的主業，他們儘管語言相通，但受地勢割裂與生活方式不同等影響，易形塑出各式各樣的文化與集體記憶，較難像胡羯族系統合成匈奴王國般，發展成一個大國。

〔註47〕內田吟風，〈烏桓鮮卑の源流と初期社会構成〉，頁 27。

〔註48〕《三國志》卷三十〈烏丸鮮卑東夷傳〉是中國現存傳統史籍中，最早為鮮卑族系立傳者。其在東漢以前的歷史雖以「未常通中國」帶過，但以烏桓鮮卑言語習俗相同，在東漢以前，時人恐怕一律視為較早發生接觸的烏桓人，或以烏桓為東胡正裔，鮮卑為其支裔。參閱雷家驥，〈慕容燕的漢化統治與適應〉，頁 6～7。

〔註49〕《後漢書》卷九十〈烏桓鮮卑列傳〉，頁 2980。

〔註50〕《三國志》卷三十〈烏丸鮮卑東夷傳〉，頁 832。

〔註51〕《晉書》卷一百八〈慕容廆載記〉，頁 2803。

〔註52〕雷家驥，〈慕容燕的漢化統治與適應〉，頁 16。

只有自然環境、生活方式與文化均相近，且相隔不遠的邑或落，有相當程度
的認同感，才可能擴大甚至發展成「部」的規模。

對於部落大人，所屬部眾皆應無條件服從，否則將受到嚴厲的懲罰：
〔註 53〕

> 其約法：違大人言者，罪至死；若相賊殺者，令部落自相報；不止，
> 詣大人告之，聽出馬牛羊以贖死；其自殺父兄則無罪；若亡畔為大
> 人所捕者，邑落不得受之，皆徙逐於雍狂之地，沙漠之中。……

《後漢書・烏桓鮮卑列傳》載烏桓「大人以下，各自畜牧營產，不相徭
役」，又曰鮮卑「言語習俗與烏桓同」，〔註 54〕說明鮮卑族系為自由民社會，
大人不使役部民，部民也無納稅義務，部民生產所得僅足自給。就是因為各
部落生產力有限，遇「相賊殺者」不止之狀況時，才需以「出馬牛羊以贖死」
大人與部民的關係主要建立在重大問題的排解上；不像胡羯族系除主業之
外，還需接受徵召，從事「輔助性生業」或軍事作戰等徭役。上揭「俗貴兵
死」應該是表現在不同部、邑或落之間的衝突，顯示烏桓與鮮卑發起像胡羯
族系那樣大規模掠奪行動的機會不多。

三、部落結構鬆散的氐羌族系文化

在蒙古高原西南，是一座座高山圍繞，且江河、水網密佈的高原河谷
地區，氐族與羌族是居住在此的兩支最主要族群。自漢以來，今甘肅東南
部的西漢水、白龍江流域，即為氐族所在；而在其西邊，今青海東部的河
曲及以西以北等地，亦即河西走廊以南之青康藏高原東北，則為羌族分布
地。〔註 55〕兩者雖同屬漢藏語系，且在部分地區雜錯相居，〔註 56〕但大多
仍相距甚遠且生活方式、習俗互異，不能混為一談。以下謹將這兩族的文
化分述如后。

（一）以農為生且各有君長的氐族文化

《魏略・西戎傳》載氐人「分竄山谷間，……俗能織布，善田種，畜養豕

〔註 53〕《後漢書》卷九十〈烏桓鮮卑列傳〉，頁 2980。

〔註 54〕《後漢書》卷九十〈烏桓鮮卑列傳〉，頁 2979，2985。

〔註 55〕馬長壽，《氐與羌》（桂林：廣西師範大學出版社，2006 年），頁 10～11。

〔註 56〕如《後漢書・西南夷列傳》所載「元鼎六年（前 111 年），以為汶山郡。……
其山有六夷七羌九氐，各有部落。……」即為一例。參閱《後漢書》卷八十
六〈西南夷列傳〉，頁 2857～2858。

牛馬驢騾」；〔註57〕《後漢書・西南夷列傳》稱氐人所居「土地險阻，有麻田，出名馬、牛、羊、漆、蜜」；〔註58〕《南齊書・氐傳》載「氐於上平地立宮室菓園倉庫，無貴賤皆為板屋土牆」。〔註59〕說明這是一個定著農耕，聚邑而居，〔註60〕善於利用地形，以農為主業，且兼營畜牧、採集的族群。〔註61〕

《魏略・西戎傳》載「氐人有王，所從來久矣。……其種非一，……或號青氐，或號白氐，或號蚺氐，……近去建安中，興國氐王阿貴、白項氐王千萬各有部落萬餘」，漢朝後來雖在其居地置武都郡與汶山郡，但「自有王侯在其虛落間」；〔註62〕《史記・西南夷列傳》又載「君長以什數」。〔註63〕這些記載顯示氐族歷史似未出現過一位統治全族的共主：其依所在地勢分成十數個部落，各部落可能以氐族血緣為本，由前述的「王侯」統領，但彼此不相統屬。之所以被稱為青氐、白氐，乃漢人依服色或居地地名而名之。〔註64〕部落領袖或稱「酋大」，〔註65〕或稱「氐王」，各統約萬餘落不等。

從《後漢書・西南夷列傳》稱氐人「勇戇抵冒，貪貨死利。……數為邊寇，郡縣討之，則依固自守」來看，〔註66〕氐人與胡羯、鮮卑族系一樣，也以掠奪作為輔助性生業，只不過其既以農為主業，又兼營畜牧、採集，冬季還因避寒而「入蜀為傭」。〔註67〕輔助性生業顯較胡羯、鮮卑更為多樣，從事

〔註57〕《三國志》卷三十〈烏丸鮮卑東夷傳〉，頁858。

〔註58〕《後漢書》卷八十六〈西南夷列傳〉，頁2859。

〔註59〕〔南朝梁〕蕭子顯，《南齊書》卷五十九〈氐傳〉（北京：中華書局，1972年1月），頁1027。

〔註60〕雷家驥，〈氐羌種姓文化及其與秦漢魏晉的關係〉，《國立中正大學學報》，人文分冊第6卷第1期（1995年），頁170。

〔註61〕自古以來氐、羌兩族相距不遠，且羌人如《後漢書・西羌傳》所稱，係於戰國時代接受無弋爰劍教導而從事田畜，上古時代氐人的生活方式應與成於魏晉的《魏略・西戎傳》及《後漢書・西南夷列傳》所述有別，都以游牧或採集為主業。氐人所居較接近漢人生活圈，故較早受漢人影響，發展成農業社會。

〔註62〕《三國志》卷三十〈烏丸鮮卑東夷傳〉，頁858～859。

〔註63〕《史記》卷一百十六〈西南夷列傳〉，頁2991。

〔註64〕雷家驥，〈氐羌種姓文化及其與秦漢魏晉的關係〉，頁168。

〔註65〕從《晉書・劉元海載記》載「氐酋大單于徵，……相次降之」，又引述《通鑑考異》「當時戎狄酋長皆謂之『大』」說法來看，氐族概以「酋大」一詞稱之。參閱《晉書》卷一百一〈劉元海載記〉，頁2650，2654；雷家驥，〈氐羌種姓文化及其與秦漢魏晉的關係〉，頁174。

〔註66〕《後漢書》卷八十六〈西南夷列傳〉，頁2859。

〔註67〕雖然《後漢書・西南夷列傳》稱「汶山郡。……其山有六夷七羌九氐，各有部落。……夷人冬則避寒，入蜀為傭」，所指未必是氐人，但該地既然人種混

掠奪應不若胡羯、鮮卑頻繁；更何況從事農耕與畜牧亦需相當人力，過於投入掠奪，反將不利農耕與畜牧。

此外，從氐人居於「土地險阻」之處，加上擅長「依固自守」來看，氐人顯然善於利用複雜險峻地勢，以從事靜態防禦；這與前述胡羯、鮮卑族系慣常採用的機動作戰不同。對其後來向外發展亦必造成影響。

（二）種姓紛雜且不斷分合、對抗的羌族文化

羌人所居主要位於高山與高原地區，一般高度在海拔 2200 至 4500 公尺之間，氣候普遍寒冷且乾燥，生活環境較氐人艱苦。《後漢書・西羌傳》載羌族「所居無常，依隨水草。地少五穀，以產牧為業。……堪耐寒苦，同之禽獸。……性堅剛勇猛」、「多禽獸，以射獵為事」，〔註68〕說明其以游牧及狩獵為主業，儘管他們有部分是居住在氣候條件較佳且適合農作的湟水流域與黃河上游谷地。〔註69〕

羌人居住在這種寒苦環境，自然較易鍛練「堅剛勇猛」性格；他們多居住在「溝」中的山腰或高山上，「溝」係指山中流出的小溪及其兩岸地區。〔註70〕如此複雜的高山河谷地形，使其與鮮卑族系及氐族一樣，容易分成眾多大小不一的「種」或「種落」。《後漢書・西羌傳》載「其俗氏族無定，或以父名母姓為種號。十二世後，相與婚姻」，〔註71〕說明上述「種」或「種落」多建立在血緣基礎上；而「不立君臣，無相長一，強則分種為酋豪，弱則為人附落，更相抄暴，以力為雄」，顯示羌族部落組織極不穩定，既無統一的治理機構，因血緣關係而成的部落，底下的次級部落又往往見機獨立出去，另成一種；而無血緣關係的「他種」也可能在困厄時，依附到某一部落。〔註72〕這

雜且又相近，彼此互相影響一同入蜀亦極有可能。參閱《後漢書》卷八十六〈西南夷列傳〉，頁 2857～2858。

〔註68〕《後漢書》卷八十七〈西羌傳〉，頁 2869，2875。

〔註69〕王明珂，《游牧者的抉擇：面對漢帝國的北亞游牧部落》，頁 168～169。除受氣候與地勢影響，有利羌人從事農耕外，漢人在其附近從事任何活動，亦可能將相關技術流傳給他們，特別是投入人數眾多的軍事行動與屯墾時。1964 年 8 月，於敦煌甜水井附近發掘的漢代遺址，皆呈現出這種現象。參閱敦煌文物研究所考古組等，〈敦煌甜水井漢代遺址的調查〉，《考古》，1975 年第 2 期（1975 年 2 月），頁 115。

〔註70〕王明珂，《華夏邊緣——歷史記憶與族群認同》（臺北：允晨文化，民國 86 年 4 月），頁 328。

〔註71〕《後漢書》卷八十七〈西羌傳〉，頁 2869。

〔註72〕王明珂，《游牧者的抉擇：面對漢帝國的北亞游牧部落》，頁 197。

種現象，使其在接受外界所賦予之「羌族」稱呼的同時，似無一個可概括全體羌族的族群認同，也沒有一個共同的自我稱號（Autonym），更不可能出現涵蓋全族群之集體記憶了。〔註73〕

　　因此，羌人的部落大小不一，組織經常變動，儘管像先零羌有「大豪、中豪、下豪」之類的規模區分，〔註74〕但彼此則如《後漢書・段潁傳》有關桓帝延熹七年（164年）「春，羌封僇、良多、滇那等酋豪三百五十五人率三千落詣潁降」之所述，〔註75〕三千帳落分由三百五十五位酋豪治理，平均每位酋豪僅管十落左右，酋豪與各落之間顯然未置中間階層。在這樣的結構下，羌人彼此間「更相抄暴，以力為雄」之事經常發生。故《漢書・趙充國傳》稱「羌人……其種自有豪，數相攻擊，勢不一也」，〔註76〕即為此種現象的反映，有關羌族文化反映在其部落組織的變動即如圖2示意。

圖 2. 羌族部落組織及變化示意圖

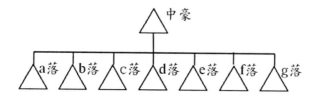

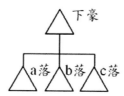

（1）結構穩定的羌族部落組織

〔註73〕王明珂，《華夏邊緣——歷史記憶與族群認同》，頁338。

〔註74〕語出：「充國……遣歸告種豪：『大兵誅有罪者，……斬大豪有罪者，賜錢四十萬，中豪十五萬，下豪二萬，……』充國計欲以威信招降罕开及劫略者，解散虜謀，……」。參閱《漢書》卷六十九〈趙充國傳〉，頁2977。

〔註75〕《後漢書》卷六十五〈段潁傳〉，頁2147。

〔註76〕《漢書》卷六十九〈趙充國傳〉，頁2972。

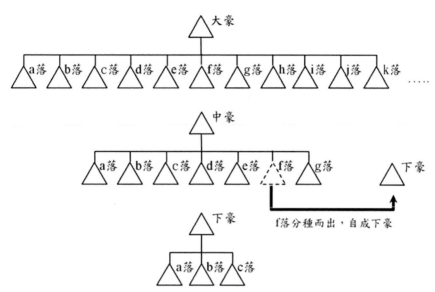

（2）分種自為酋豪的羌族部落

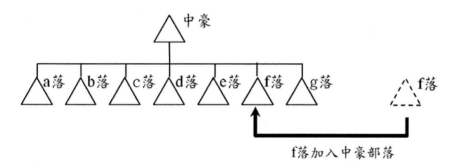

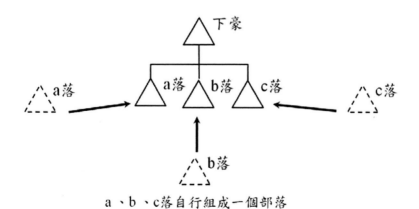

ａ、ｂ、ｃ落自行組成一個部落

（3）為人附落或自成一格的羌族部落

資料來源：筆者自繪。

　　因此，攸關多個羌人部落之事，往往需各酋豪共同參與。特別是共同發起反抗政府之類的行動，更須事先相互「解仇交質盟詛」。〔註77〕這顯然只是一時的權宜措施，其結合勢難長久，故《後漢書·西羌傳》曰「其兵……不能持久，而果於觸突」。〔註78〕說明羌人這種自我分化、削弱的現象，是實力始終有限且無法維持長久，為五胡中之最落後者的主因。無怪乎姚萇執苻堅，求傳國璽時，苻堅叱之曰：「小羌乃敢干逼天子，豈以傳國璽授汝羌也！圖緯符命，何所依據？五胡次序，無汝羌名！」，〔註79〕種族文化遭他族鄙視，溢於言表。〔註80〕

　　羌族部落的分合儘管如此，然其能在有事時「解仇交質盟詛」，卻也凸顯他們在不斷分化之時，仍保有日後聚合的可能。特別是出現共同敵人時，為擴大對羌族的認同，自然有利他們與更大範圍的人群凝聚在一起。〔註81〕

　　綜上所述，氐族雖因地形分割而被形容為「分竄山谷間」，然大抵而言，部落組織遠較羌族穩定，所在位置亦較固定且集中，生活上族群少有摩擦，社會上種姓較少分化；〔註82〕但羌族部落彼此則常爆發血腥衝突、分割獨立或依附併合，部落組織時常處在「動」的狀態。因此，羌人無論是尋求新的牧區、遠離仇敵，還是因與中原王朝互動，遷徙他處必定時常發生。這應該是史籍少見氐族自主遷徙記載，但羌族到了東漢安、順二帝時，分布範圍即已出現「東羌」與「西羌」之分，〔註83〕之後甚至如《南齊書·羌傳》「殘羌遺種，際運肇昌，盡隴憑河，遠通南驛，據國稱蕃，竝受職命」之記載，〔註84〕呈現出種落龐雜與分布廣泛現象。

〔註77〕例如漢宣帝元康三年（前63年），先零羌欲渡湟水，至漢人所不田處畜牧，漢廷不許，「遂與諸羌種豪二百餘人解仇交質盟詛」，顏師古為此段作注時曰：「羌人無大君長，而諸種豪遞相殺伐，故每有仇讎，往來相報。今解仇交質者，自相親結，欲入漢為寇也」，說明羌人「解仇交質盟詛」實乃一時的權宜作為，目的達成後迅即解散。參閱《漢書》卷六十九〈趙充國傳〉，頁2972～2974。

〔註78〕《後漢書》卷八十七〈西羌傳〉，頁2869。

〔註79〕《晉書》卷一百十四〈苻堅載記〉，頁2928。

〔註80〕雷家驥，〈氐羌種姓文化及其與秦漢魏晉的關係〉，頁173。

〔註81〕王明珂，《華夏邊緣——歷史記憶與族群認同》，頁338。

〔註82〕雷家驥，〈氐羌種姓文化及其與秦漢魏晉的關係〉，頁175。

〔註83〕馬長壽，《氐與羌》，頁94。

〔註84〕《南齊書》卷五十九〈羌傳〉，頁1033，史臣曰。

第二節　各霸權民族與中原王朝之互動

在中國上古時代，並無明顯的「華夷軫域」概念；〔註85〕但自西周末年以來，可能受平均氣溫降低影響，生活資源取得出現落差，〔註86〕也使位在長城南北之線周邊的游牧及農業民族間，關係趨於緊張，甚至進展到意識形態對立，乃至農牧地帶的重新劃分。〔註87〕

這種現象，既受前述各族文化影響，也改變華北地區的戰略形勢。特別自秦漢以降，居中的匈奴在掌控東、西方的鮮卑與氐羌族系後，成為北方霸主，因而與中原王朝成為對峙的兩極。漢朝基於禦邊需要，乃爭取各族支持，成為其爾後爭霸華北的開端。以下謹就這三個族系與中原王朝的互動，論析其影響，與後來各族爭霸華北之立足點的形成。

一、先敵而後內附的胡羯族系

由前述的胡羯文化可知，游牧、狩獵、貿易與掠奪乃其主要生業，當中又以游牧及掠奪為最。故自春秋戰國以來，胡羯族系即不斷侵犯中原王朝北疆。自西元前三世紀，秦漢王朝與匈奴王國成立後，中國北方遂出現一種兩極體系，激化了這種衝突。匈奴之後雖敗退、分裂、臣服內附、助漢禦邊及捲入爾後的內戰，卻也佔得未來爭霸華北的立足點，包括劉淵建立漢國所採，兼顧胡漢民族特性的政治體制，皆與這段時期的互動有關。以下謹就漢匈兩極體系形成、匈奴內附及參與內戰，論述雙方互動所造成的影響。

（一）漢匈兩極體系的形成與影響

當「匈奴」之名出現在史籍以前，中國北方是多種游牧民族分立的局面，包括河西圌、洛之間的赤翟、白翟，晉北的林胡、樓煩，燕北的山戎、東胡

〔註85〕「華」係「華夏」、「諸夏」等名詞的簡稱，代表上古時代位於今山西省汾水流域、河南省西、中部，西至陝西渭水下游，文明較高且勢盛的一塊區域；「夷」乃「夷狄」、「方國」之謂。兩者結合代表諸夏在內，夷狄在外圍的概念，開始並無高下之別。參閱王明蓀，《中國民族與北疆史論——漢晉篇》（臺北：丹青圖書有限公司，1987年4月），頁21～23，37～38。

〔註86〕據研究二千年來華北地區的氣溫變化，發現在西元前九世紀前後，也就是西周時代，華北平均氣溫低於現代均溫（攝氏9度），也低於秦漢時期的攝氏10度，迫使他們放棄農耕，改以游牧為生。生活方式不同，自然也加大彼此的隔閡，或許與爾後胡漢民族對立有關。參閱王會昌，〈2000年來中國北方遊牧民族南遷與氣候變化〉，《地理科學》，第16卷第3期（1996年8月），頁275～276。

〔註87〕廖幼華，《中古前期河北地區胡漢民族線之演變》，頁10。

等，他們「各分散居豁谷，自有君長，往往而聚者百有餘戎，然莫能相一」。〔註88〕匈奴的出現，可謂此種局面的結束。〔註89〕

當時，中原各國被嬴秦兼併，統一成一個王朝。新成立的秦朝掌握中原的全部資源，將原秦、趙、燕三國長城，修建成「起臨洮至遼東萬餘里」的長城，〔註90〕且「使將軍蒙恬發兵三十萬人北擊胡，略取河南地」。〔註91〕匈奴既喪失原在黃河河套以南的牧地，也受長城阻隔，〔註92〕「輔助性生業」難以為繼。

於是，「莫能相一」的胡羯部落自然出現結合成部落聯盟乃至匈奴王國的動力，〔註93〕結果便是「漢匈兩極體系」的出現。從西元前三世紀到東漢和帝永元三年（91 年），「北單于復為右校尉耿夔所破，逃亡不知所在」止，〔註94〕在這三百多年間，中原王朝與匈奴大多處於相互對抗的兩極敵對狀態。

〔註88〕《史記》卷一百十〈匈奴列傳〉，頁 2883。

〔註89〕「匈奴」一名之所以直到戰國後期才出現於史籍，可能有兩個原因：其一，匈奴原為林胡、樓煩等隔絕於外，因未通中國，故未為時人所知，直到趙武靈王「北破林胡、樓煩，自代并陰山下至高闕為塞」，才開始與匈奴接觸，參閱《史記》卷一百十〈匈奴列傳〉，頁 2885；其二，匈奴的出現乃中國北方諸游牧民族長期交往、融合後的結果，匈奴係當中較先進、較強的一支部落或部落聯盟，故在整個部族形成中居主導地位，嗣後並以之為族名，參閱林幹，《中國古代北方民族通論》（北京：人民出版社，2010 年 1 月），頁 24。

〔註90〕《史記》卷一百十〈匈奴列傳〉，頁 2886。

〔註91〕參閱《史記》卷六〈秦始皇本紀〉，頁 252。就匈奴未破東胡與月氏時之當地形勢來看，「河南地」概約佔其所有牧地的三分之一，故可謂損失慘重。

〔註92〕匈奴人自小長於騎射，人人都是優秀的騎兵，擅長機動作戰，卻也如北魏高閭所論：「北狄……所長者野戰，所短者攻城」。用現代的術語言之，秦始皇修築長城可謂中原王朝對抗匈奴寇掠，以守勢國防為主軸，在作戰層級的一種「不對稱作戰」；而「不對稱作戰」即是一種作戰概念：以不對稱手段、不對等力量與非傳統方式所進行的作戰，旨在迴避敵人強點，並以適當的戰法、戰具攻擊敵人弱點，從而改變戰爭的結果，使戰爭朝有利於己的方向發展。參閱《魏書》卷五十四〈高閭列傳〉，頁 1201；國防大學軍事學院，《國軍軍語辭典（九十二年修訂本）》，頁 2～6。

〔註93〕巴菲爾德（T. Barfield）認為，統一後的漢朝與匈奴有極大的人口差距，對匈奴最高層的決策產生影響，使匈奴不得不以某種方式組織起來，俾利進行一種敲詐性的掠奪戰略。筆者認為此說太過直接且牽強，匈奴應是自趙武靈王採胡服騎射以來，中原漸能應付匈奴寇掠，加上秦、趙、燕三國構築長城，有利抵擋匈奴攻勢，各別匈奴部落的行動難再有斬獲，宜思對策因應，而統一成一個匈奴王國或許就是其因應之道。參閱巴菲爾德，《危險的邊疆：游牧帝國與中國》，頁 62～63。

〔註94〕《後漢書》卷八十九〈南匈奴列傳〉，頁 2954。

　　由於中原王朝謹守「有土斯有財」與「夷夏之分」的價值觀，〔註95〕始終沒有徹底滅亡匈奴的企圖。使得兩極對抗淪為長期消耗戰，最後演變成匈奴分裂及內附臣服漢朝，對爾後的漢匈關係影響深遠。

　　先是，漢武帝元狩二年（前 121 年）春，「漢使票騎將軍（霍）去病將萬騎出隴西，過焉耆山千餘里，……單于怒昆邪王、休屠王居西方為漢所殺虜數萬人，欲召誅之。昆邪、休屠王恐，謀降漢，漢使票騎將軍迎之。昆邪王殺休屠王，并將其眾降漢，凡四萬餘人，號十萬」，〔註96〕漢朝於是採取一種兼具「羈縻」與「監管」功能在內的「屬國制度」，分處降者於隴西、北地、上郡、朔方、雲中五郡，〔註97〕且又維持其本國之俗。〔註98〕

　　由「五郡」位置與「屬國」性質來看，漢朝處置這批降胡，一方面顧及其生計，安置在便於游牧的黃河河套以南，採用一種兼顧漢朝主權行使且尊重匈奴傳統習俗的「屬國制度」；另方面則借助其騎射專長，協力漢軍作戰。如《漢書・景武昭宣元成功臣表》載：「昆侯渠復絫，以屬國大首渠擊匈奴侯。騏侯駒幾，以屬國騎擊匈奴捕單于兄侯，五百二十戶」；〔註99〕《漢書・張騫傳》：「天子遣從票侯（趙）破奴將屬國騎及郡兵數萬以擊胡，胡皆去……」。〔註100〕

　　「屬國制度」係由「屬國都尉」主持屬國事務，下設「丞、侯、千人。屬官，九譯令」的地方行政機構，〔註101〕它在保留匈奴固有部落體制的同時，也加入漢式監管機制，以防其危害國家安全。此後，隨著漢匈兩極持續對立，及漢朝向西與西南開拓，「屬國」數量又有增加。西漢為安置降胡，在西北邊境共設立八個屬國都尉；東漢時為強化對鮮卑與氐羌族系的監控，則設有十個屬國都尉。〔註102〕

〔註95〕此即何世同師所謂之「漢北佔領無用論」。參閱何世同，《中國戰略史》，頁 63 ～64。

〔註96〕《漢書》卷九十四上〈匈奴傳〉，頁 3768～3769。

〔註97〕《史記》卷一百十一〈衛將軍驃騎列傳〉，頁 2934；《漢書》卷五十五〈衛青霍去病傳〉，頁 2483。

〔註98〕《漢書》卷五十五〈衛青霍去病傳〉，頁 2483。

〔註99〕《漢書》卷十七〈景武昭宣元成功臣表〉，頁 654。

〔註100〕《漢書》卷六十一〈張騫傳〉，頁 2695。

〔註101〕《漢書》卷十九上〈百官公卿表上〉，頁 735。

〔註102〕嚴耕望，《中國地方行政制度史——秦漢地方行政制度》（臺北：中央研究院歷史語言研究所，民國 79 年 5 月），頁 163～165。

當時，匈奴僅限於各別王長的率領部眾降漢，「屬國制度」還未影響漢匈關係本質。但當漢匈戰爭不斷消耗匈奴國力，〔註103〕造成更多部眾叛離，〔註104〕「屬國制度」亦隨之質變。當中又以漢宣帝甘露三年（前51年）呼韓邪在五單于爭立中失國，「稱臣入朝事漢」最著，這是匈奴成為中原王朝附庸的開始，也是匈奴內部因地緣分成「親漢」與「反漢」之兩個集團，日後更進一步分裂為南、北匈奴甚有關連。〔註105〕

於是當東漢光武帝建武二十二年（46年），匈奴遭「連年旱蝗，赤地數千里，草木盡枯，人畜飢疫，死耗太半」，加上右薁鞬日逐王比與左賢王蒲奴的單于繼承紛爭，引發南、北匈奴分裂。主南邊八部，在紛爭中居劣勢的右薁鞬日逐王比因而自立為「呼韓邪單于」，〔註106〕論者或稱之為「呼韓邪二世」，以與先前臣漢的「呼韓邪一世」相區隔。〔註107〕

建武二十五年，呼韓邪二世遣使向漢朝奉藩稱臣；次年，在漢朝的協助下，設立「南單于庭」，這是上述「屬國制度」轉變成流亡政府形式的開始。有關保留匈奴故俗的部分，如《後漢書·南匈奴列傳》所云：〔註108〕

> 其大臣貴者左賢王，次左谷蠡王，次右賢王，次右谷蠡王，謂之四角；次左右日逐王，次左右溫禺鞮王，次左右漸將王，是為六角：皆單于子弟，次第當為單于者也。異姓大臣左右骨都侯，次左右尸逐骨都侯，其餘日逐、且渠、當戶諸官號，各以權力優劣、部眾多少為高下次第焉。

〔註103〕據劉學銚統計，從西元前129至前119年「幕南無王庭」止，匈奴「控弦之士」在十年間至少損失二十萬人。若以冒頓白登之圍，派出三十萬兵力作為匈奴的全部兵力，此數已佔其三分之二，損失不可謂之不重。參閱劉學銚，《匈奴史論》（臺北：南天書局，民國76年10月），頁224。

〔註104〕內田吟風統計，比較史籍有關匈奴部首率眾降入中國，且受漢朝封侯的九例，均肇因於部眾饑餓，故而引爆政治紛爭。參閱內田吟風，〈古代遊牧民族の農耕国家侵入真因——特に匈奴史上より見たる〉，頁20～21。

〔註105〕因為匈奴乃多部落集結而成的共同體，各部落均分散於廣闊之地，在社會經濟上不可能完全處在平衡狀態，原在河西走廊的渾邪、休屠王部，距漢地近，相互往來的次數較頻繁，但居於北海（今貝加爾湖）一帶的於軒王部及在西域一帶的日逐王先賢撣部則反之，這與匈奴形成以郅支及以呼韓邪為代表的兩股勢力有關。參閱林幹，《匈奴史》，頁66。

〔註106〕《後漢書》卷八十九〈南匈奴列傳〉，頁2942。

〔註107〕雷家驥，〈從漢匈關係的演變略論劉淵屠各集團復國的問題——兼論其一國兩制的構想〉，《東吳文史學報》，第8號（1990年），頁56。

〔註108〕《後漢書》卷八十九〈南匈奴列傳〉，頁2944。

亦即將匈奴王庭在漢地完整複製一套，以符單于應有的地位與權勢；漢朝則將「屬國」監護機構擴大為「設官府、從事、掾史。令西河長史歲將騎二千，弛刑五百人，助中郎將衛護單于」的組織，〔註109〕即將原有機構擴大到至少二千五百人的規模。嗣後又增設旨在防止南、北匈奴交通的「度遼營」，〔註110〕以維持漢朝在此兩極對抗中的優勢。

漢匈兩極對抗，最後以北匈奴西遷告終，而流亡漢地的南匈奴王庭則在漢廷控制下，漸漸轉型成單于治下行部落制，同時接受漢朝地方政府監護之「一國兩制」形態。可謂十六國時期，胡夷諸國採「胡漢分治」的濫觴。

（二）胡羯內附及其影響

呼韓邪二世內附臣漢恰在東漢初定之時。其時國內空虛，烏桓、鮮卑屢犯邊境。利用降胡「東扞鮮卑，北拒（北）匈奴，率屬四夷，完復邊郡」，〔註111〕協力漢軍作戰、兼負北境安全的新政策乃應運而生，史載漢廷的作為如下：〔註112〕

> 南單于既居西河，亦列置諸部王，助為扞戍。使韓氏骨都侯屯北地，右賢王屯朔方，當于骨都侯屯五原，呼衍骨都侯屯雲中，郎氏骨都侯屯定襄，左南將軍屯雁門，栗籍骨都侯屯代郡，皆領部眾為郡縣偵羅耳目。

儘管南匈奴在北地、朔方、五原、雲中、定襄、雁門、代郡與上谷等八郡部署勝兵，聯合漢軍禦邊保塞；〔註113〕但整個單于庭建在漢地，實為受漢監護，寓居中原邊境的「流亡政權」。〔註114〕

〔註109〕《後漢書》卷八十九〈南匈奴列傳〉，頁2945。
〔註110〕《後漢書》卷八十九〈南匈奴列傳〉，頁2949。
〔註111〕《後漢書》卷十九〈耿國傳〉，頁715～716。
〔註112〕《後漢書》卷八十九〈南匈奴列傳〉，頁2945。
〔註113〕上谷郡係依《後漢書·光武帝紀》建武二十六年條所述而增列。參閱《後漢書》卷一下〈光武帝紀下〉建武二十六年條，頁78。
〔註114〕自古以來，流亡政權皆因寄人籬下而地位低落，這點也影響漢朝對南匈奴單于的待遇，包括：漢朝皇帝不再接見，且增加單于定期祭拜漢帝陵廟、遣子入侍、奉奏詣闕與接受漢朝政府監護等義務。此外，新單于繼立亦須經過漢朝封授流程，始得生效。參閱《後漢書》卷八十九〈南匈奴列傳〉，頁2943～2948；雷家驥，〈從漢匈關係的演變略論劉淵屠各集團復國的問題——兼論其一國兩制的構想〉，頁57。

　　不過自北匈奴西遷，南匈奴的戰略價值隨即貶落，加上南匈奴內部紛爭不斷，致漢匈關係日益嚴峻，後來甚至演變成漢朝邊吏擅殺與另立單于，嚴重削弱單于威權之亂象。〔註 115〕

　　之所以演變至此，除與北匈奴西遷前，長期的漢匈戰爭造成雙方隔閡，協助東漢抵禦北匈奴成效不彰，〔註 116〕風俗習慣與政治制度相異也難保不起摩擦，而過重的兵役與漢朝主掌胡事官員的處置失當，〔註 117〕也常成為事件的引爆點。

　　結果使「屬國制度」下，胡漢各有所宗的分工架構遭到破壞，變成漢朝邊吏實權高過南單于。於是當靈帝中平四年（187 年），「前中山太守張純反畔，……靈帝詔發南匈奴兵，……國人恐單于發兵無已，……右部醢落與休著各胡白馬銅等十餘萬人反，攻殺單于」，〔註 118〕即為此等亂象的結果，南匈奴單于因此等同虛設。

〔註 115〕造成漢匈關係嚴峻的事件包括：（1）和帝永元六年（94 年），南單于安國與左賢王師子因新舊降胡，演變成擁護安國的「新降」與擁護師子的「故胡」之兩派陣營對抗；（2）安帝永初三年（109 年），南單于檀「起兵反畔，攻中郎將耿种於美稷。……寇常山、中山」，後遭漢軍擊破而乞降；（3）順帝永和五年（140 年），「南匈奴左部句龍王吾斯、車紐等背畔，率三千餘騎寇西河，因復招誘右賢王，合七八千騎圍美稷，殺朔方、代郡長史。……天子遣使責讓（休利）單于」，五原太守代中郎將陳龜則以單于不能制下，逼迫「單于及其弟左賢王皆自殺」；（4）桓帝延熹元年（158 年），「南單于（居車兒）諸部並畔，遂與烏桓、鮮卑寇緣邊九郡，以張奐為北中郎將討之，單于諸部悉降。奐以單于不能統理國事，乃拘之，上立左谷蠡王」，桓帝不許，乃遣還單于；（5）靈帝光和二年（179 年），「中郎將張脩與（呼徵）單于不相能，脩擅斬之，更立右賢王羌渠為單于」。參閱《後漢書》卷八十九〈南匈奴列傳〉，頁 2954～2955，2957～2958，2960，2963～2964。

〔註 116〕薛海波，〈南匈奴內邊與東漢北邊邊防新論〉，《內蒙古社會科學（漢文版）》，第 33 卷第 3 期（2012 年 5 月），頁 65。

〔註 117〕例如註 115 和帝永元六年南單于安國與左賢王師子之爭，漢和帝在得悉此事乃出於安國單于與行度遼將軍朱徽及中郎將杜崇失和，其又不准單于上書漢廷，以致反畔後，兩人最後「皆徵下獄死」。順帝永和五年代中郎將陳龜擅自逼迫休利單于與左賢王自殺，又欲徙其近親至內郡，遭狐疑之事，龜最後則「坐下獄免」。而於靈帝光和二年擅自斬殺呼徵單于的中郎將張脩，最後「檻車徵詣廷尉抵罪」。但皆開啟漢朝地方行政官員干預匈奴內部事務，甚至影響單于冊封與生死的惡例。參閱《後漢書》卷八十九〈南匈奴列傳〉，頁 2956，2960，2964。

〔註 118〕《後漢書》卷八十九〈南匈奴列傳〉，頁 2964～2965。

　　上述紛亂，亦造成南匈奴部落不斷叛出，於異地另成數股被稱為「雜胡」的新勢力。唐長孺在〈魏晉雜胡考〉一文中，論述屠各、盧水胡、羯胡、烏丸、乞伏與稽胡這六支「雜胡」的發展，說明其出於匈奴單于的某些部落，〔註119〕但當中應該也有出於南匈奴者。筆者認為，雜胡應該也包括《晉書・北狄・匈奴列傳》載侍御史郭欽上書之「漸徙平陽、弘農、魏郡、京兆、上黨雜胡」，〔註120〕只知所在，無法分辨其族源者。他們之後雖未建立足可稱霸華北的勢力，或許也曾在各大、小國間之合縱、連橫及爭霸中，成為參與的一員。

　　此外，隨著南匈奴入漢既久，部眾也不再全歸單于管控，而是部分轉由屬國都尉或地方郡守管轄。〔註121〕雷家驥師謂之「匈奴帝國析離的制度性因素」，乃南單于治下人口無法大增之主因。〔註122〕對此，漢朝原先規劃南匈奴協力北疆安全的構想，也因而受到限制。西元二世紀，鮮卑檀石槐崛起，「朝廷積患之，而不能制」，〔註123〕即為一例。

　　尤有甚者，南匈奴即使在最盛時期，內部已有「國人（本部族）」、「諸部故胡（別部）」與「新降胡」三種凡數十部之分，〔註124〕這種自我分化不僅造成積弱不振，也讓原先制定的「屬國制度」必須隨時易勢而變。

〔註119〕唐長孺，〈魏晉雜胡考〉，《魏晉南北朝史論叢》，頁428。

〔註120〕《晉書》卷九十七〈北狄・匈奴列傳〉，頁2549。

〔註121〕這種現象可對照《晉書・北狄・匈奴列傳》「前漢末，匈奴大亂，五單于爭立，而呼韓邪單于失其國，攜率部落，入臣於漢。漢嘉其意，割并州北界以安之。於是匈奴五千餘落入居朔方諸郡，與漢人雜處。……其部落隨所居郡縣，使宰牧之，與編戶大同，而不輸貢賦」與《後漢書・百官五》「凡郡國皆掌治民。……屬國都尉，主蠻夷降者。……唯邊郡往往置都尉及屬國都尉，稍有分縣，治民比郡」之兩筆記載，一窺其豹。參閱《晉書》卷九十七〈北狄・匈奴列傳〉，頁2548；《後漢書》志二十八〈百官五〉，頁3621。

〔註122〕參閱雷家驥，〈從漢匈關係的演變略論劉淵屠各集團復國的問題——兼論其一國兩制的構想〉，頁63。南單于治下人口的狀況，可以章帝永元二年（90年），南匈奴「黨眾最盛，領戶三萬四千，口二十三萬七千三百，勝兵五萬一百七十」，對照冒頓單于極盛時期的「控弦之士三十餘萬」，兩者相去甚遠。影響所及，即反映在南匈奴戰力無法提昇上。參閱《後漢書》卷八十九〈南匈奴列傳〉，頁2953～2954；《漢書》卷九十四上〈匈奴傳〉，頁2776。

〔註123〕《後漢書》卷九十〈烏桓鮮卑列傳〉，頁2989。

〔註124〕雷家驥，〈從漢匈關係的演變略論劉淵屠各集團復國的問題——兼論其一國兩制的構想〉，頁65。

而順帝永和五年（140 年），句龍吾斯的動亂擴及并、涼、幽、冀四州，漢朝遂「徙西河治離石，上郡治夏陽，朔方治五原」，〔註 125〕將北邊防線向南、向東收縮。沿邊的南匈奴部眾不得不放棄原有牧地，被迫南遷至適合農耕地帶。營生主業的丕變，使他們淪為流民或奴婢，〔註 126〕固有的游牧部落文化也受到影響，生活條件難再與戰鬥條件結合。

（三）漢末三國時期參與內戰及影響

前述中平四年，羌渠單于遭國人攻殺，南單于分裂為離石與平陽兩庭，前者由國人「共立須卜骨都侯為單于」，為異姓單于之始，一年後「以老王行國事」；後者因羌渠子於扶羅不為國人接受，遂於河東平陽另立新庭，後由其弟呼廚泉繼之。〔註 127〕

離石政權似無足夠威權的共主而四散衰弱；平陽政權則因「戶口滋蔓」，〔註 128〕而漸成漢廷威脅。獻帝建安七年（202 年），曹操使司隸校尉鍾繇率軍圍南單于於平陽，南單于降之；〔註 129〕二十一年（216 年），「又使右賢王去卑誘質呼廚泉，聽其部落散居六郡」，〔註 130〕之後將其分為左、右、南、北、中五部，安置於太原、新興與西河郡，「立其中貴者為帥，選漢人為司馬以監督之」，〔註 131〕採取一種類似前述「屬國制度」的管控機制。有關南匈奴內附後之南遷與分布演變情形如圖 3 示意。

〔註 125〕《後漢書》卷八十九〈南匈奴列傳〉，頁 2961～2962。

〔註 126〕如《三國志·陳泰傳》載：「泰……為并州刺史，……護匈奴中郎將，懷柔夷民，甚有威惠。京邑貴人多寄寶貨，因泰市奴婢」即為一例。參閱《三國志》卷二十二〈陳泰傳〉，頁 638。

〔註 127〕《後漢書》卷八十九〈南匈奴列傳〉，頁 2965。位在離石舊廷的匈奴既「以老王行國事」，顯然已找不到可使部眾信服，且出身攣鞮氏的單于了。換言之，攣鞮氏過往在南匈奴的威望已蕩然無存。參閱叢曉明等，〈姻親氏族與匈奴政權的關係〉，《黑龍江民族叢刊》，2013 年第 3 期（2013 年 6 月），頁 69。

〔註 128〕〔北宋〕司馬光等，《資治通鑑》卷六十七〈漢紀五十九〉獻帝建安二十一年五月條（北京：中華書局，2012 年 9 月），頁 2191。以下簡稱《通鑑》。

〔註 129〕《三國志》卷十三〈鍾繇傳〉，頁 393；卷十五〈張既傳〉，頁 472；《通鑑》卷六十四〈漢紀五十六〉獻帝建安七年條，頁 2088。

〔註 130〕《晉書》卷五十六〈江統傳〉，頁 1534。

〔註 131〕《晉書》卷九十七〈北狄·匈奴列傳〉，頁 2548。

圖 3. 南匈奴內附後之南遷與分布變化示意圖

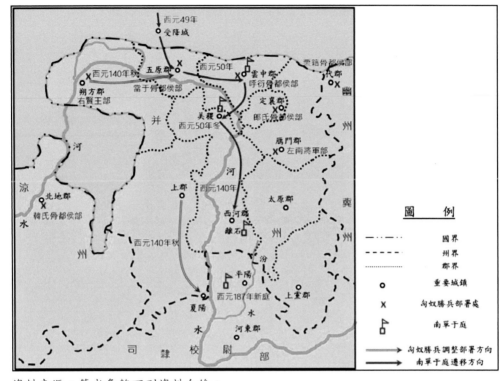

資料來源：筆者彙整下列資料自繪：

　　1. 雷家驥，〈從漢匈關係的演變略論劉淵屠各集團復國的問題——兼論
　　　 其一國兩制的構想〉，頁 64。

　　2. 《後漢書》卷八十九〈南匈奴列傳〉，頁 2943～2962。

此外，曹操透過并州刺史梁習，對南匈奴採取下列措施：〔註 132〕

　　誘諭招納，皆禮召其豪右，稍稍薦舉，使詣幕府；豪右已盡，乃次
　　發諸丁彊以為義從；又因大軍出征，分請以為勇力。吏兵已去之後，
　　稍移其家，前後送鄴，凡數萬口；其不從命者，興兵致討，斬首千
　　數，降附者萬計，……部曲服事供職，同於編戶。邊境肅清，百姓
　　布野，勤勸農桑，……

　　這一連串作為包括：吸收胡羯豪右為官，使其脫離部眾；征調丁彊充
軍，家屬強遷鄴城為質；以及一般匈奴平民或依附地主，或同於編戶，以
從事農耕。

―――――――――――――――

〔註 132〕《三國志》卷十五〈梁習傳〉，頁 469。

綜合上述南匈奴內附後的歷史，匈奴勢力似應早被徹底瓦解。但弔詭的是，經過長期的分割與弱化，匈奴為何還能在 304 年，劉淵「至左國城，劉宣等上大單于之號，二旬之間，眾已五萬，都于離石」呢？〔註 133〕

筆者認為谷川道雄「魏晉政權不能全盤扼殺固有的部落組織」說法，〔註 134〕並沒有點到重點，因為中原王朝若欲有效扼殺匈奴部落，大可直接將其南遷、打散，並完全置於漢人地方官員的管轄即可，為何還要不斷保持其貴族充當部帥的傳統？最主要的原因應該還是出於中原王朝對其部落戰力的重視與依賴。因為早自西漢五屬國成立以來，匈奴派兵協力中原王朝作戰，始終不乏其例，即便到了西晉八王之亂，匈奴兵仍被視為勁旅。〔註 135〕軍隊既是著重集體作戰、行動講求效率且階層分明的機構，故不論中原王朝如何分散其部落，他們只要一投入戰場，既有的組織架構就會還原，而擔任部帥的貴族就是部隊指揮官，無論先前如何削弱其威權，到了戰場，這些都立刻恢復；此外，魏別部司馬領并州刺史梁習「稍移其家，前後送鄴，凡數萬口」的作法，恰恰又給予其家屬自動聯合的機會，因為這些家屬為數不少，無論遷移還是安置皆不大可能過於分散，他們彼此出於同一族群，突然到了陌生環境，必然會相互扶持—此乃另一種形式的結合。或許就是這些原因，再加上前揭之集體記憶的影響，他們始終有同屬一個群體的認知，也有榮辱與共的自覺，讓匈奴部落一直實質存在；故當劉淵從祖，北部都尉劉宣高呼「晉為無道，奴隸御我」的同時，〔註 136〕還有足夠再起的動力。王夫之雖以「其

〔註 133〕《晉書》卷一百一〈劉元海載記〉，頁 2648。

〔註 134〕谷川道雄，《隋唐帝國形成史論》，頁 29。

〔註 135〕這類例子可謂不勝枚舉。例如《漢書·張騫傳》載：「天子遣從票侯破奴將屬國騎及郡兵數萬以擊胡」，當時漢朝即因匈奴善於騎射，將其組成「屬國騎」，與郡兵一同行動。此乃漢朝設立「屬國」以行監管之餘，又借重其所長，用於軍事作戰之例。參閱《漢書》卷六十一〈張騫傳〉，頁 2695；嚴耕望，《中國地方行政制度史——秦漢地方行政制度》，頁 158。另據《三國志·張既傳》載，漢末袁曹相爭華北，「袁尚拒太祖，遣所置河東太守郭援、并州刺史高幹及匈奴單于取平陽，發使西與諸將合從」，當時曹操即將南匈奴兵納為己部，參閱《三國志》卷十五〈張既傳〉，頁 472。又，晉武帝咸寧五年（279 年），「虜帥樹機能攻陷涼州」，武帝疇咨將帥，上黨李憙曰：「陛下誠能發匈奴五部之眾，假元海一將軍之號，鼓行而西，可指期而定」，後又曰：「以匈奴之勁悍，元海之曉兵，奉宣聖威，何不盡之有」，可見即使進入晉朝，匈奴的部落戰力仍被視為一支重要的打擊武力，參閱《晉書》卷一百一〈劉元海載記〉，頁 2646。

〔註 136〕《晉書》卷一百一〈劉元海載記〉，頁 2648。

養銳也久，則其得勢也盛；其得勢也盛，則其所竊也深」，評鮮卑拓跋氏之崛起，〔註137〕但用來看待東漢以來南徙的匈奴，亦可謂如出一轍。

二、與漢合作漸代胡羯地位的鮮卑族系

烏桓與鮮卑是春秋戰國以來，與中原王朝接觸程度僅次於匈奴的北方民族。〔註138〕自東胡滅亡後，烏桓與鮮卑向北逃往大興安嶺的烏桓山與鮮卑山，以林木參天，不利匈奴追擊，乃得免。〔註139〕《後漢書·烏桓鮮卑列傳》「（烏桓）臣伏匈奴，歲輸牛馬羊皮，過時不具，輒沒其妻子」、「（鮮卑）亦為匈奴所破，遠竄遼東塞外，與烏桓相接，……光武初，匈奴強盛，率鮮卑與烏桓寇抄北邊，殺略吏人，無有寧歲」，〔註140〕及《漢書·匈奴傳》「（匈奴）諸左王將居東方，直上谷以東，接穢貉、朝鮮」等記載，〔註141〕說明烏桓與鮮卑之後皆歸匈奴左部管轄，除負有納貢義務外，必要時還需受匈奴指揮，南下寇掠，但上述罰則也使雙方關係緊張。因此，當匈奴於漢匈戰爭漸居不利而無暇東顧之際，烏桓與鮮卑藉機脫離匈奴掌控，協力漢朝抗匈，從而深化與中原王朝的接觸。

由於鮮卑族系部落林立且不相統屬，無法同胡羯一樣，建立統一的軍事封建王國，在漢匈戰爭中充其量只能發揮支援的功能。然而，就是這個開端促成轉變，最後竟能與各族系一同爭霸華北。大抵而言，其影響有下列三點：

（一）在漢朝權力運作下逐漸深入華北：

漢武帝元狩四年（前119年），「大將軍衛青將四將軍出定襄，（驃騎）將軍（霍）去病出代」，〔註142〕對匈奴發起攻勢。為確保漢軍右翼安全，「徙烏桓於上谷、漁陽、右北平、遼西、遼東五郡塞外，為漢偵察匈奴動靜」，漢朝並設置「護烏桓校尉」，監視烏桓，「使不得與匈奴交通」。〔註143〕此乃史載中原王朝正式與烏桓共抗匈奴的首次聯合。

〔註137〕〔清〕王夫之，《讀通鑑論》卷十二〈惠帝〉（臺北：漢京文化事業，民國73年7月），頁365。

〔註138〕馬長壽，《烏桓與鮮卑》，頁1。

〔註139〕劉學銚，《鮮卑史論》（臺北：南天書局，民國83年8月），頁51。

〔註140〕《後漢書》卷九十〈烏桓鮮卑列傳〉，頁2981。

〔註141〕《漢書》卷九十四上〈匈奴傳〉，頁3751。

〔註142〕《漢書》卷六〈武帝紀〉元狩四年條，頁178。

〔註143〕《後漢書》卷九十〈烏桓鮮卑列傳〉，頁2981。

　　而隨著烏桓南遷，位置稍北的東部鮮卑亦南下原屬烏桓，氣候與水草較佳之牧地，而漸為中原王朝所知，中國大陸東北因之形成匈奴、烏桓、鮮卑三方並峙局面。

　　自匈奴分裂為南、北匈奴後，漢朝在漢匈兩極對抗中取得有利態勢，遂利誘烏桓與鮮卑，共同指向最主要的敵人—北匈奴，或誘使烏桓、鮮卑相攻，削弱其力，俾漢朝恆保於此地的優勢地位。王沈《魏書》載：〔註144〕

> 建武二十五年，烏丸（桓）大人郝旦等九千餘人率眾詣闕……使居塞內，布列遼東屬國、遼西、右北平、漁陽、上谷、代郡、鴈門、太原、朔方諸郡界，招來種人，給其衣食，置校尉以領護之，遂為漢偵備，擊匈奴、鮮卑。……

《後漢書・祭肜傳》載：〔註145〕

> 當是時，匈奴、鮮卑及赤山烏桓連和彊盛，數入塞殺略吏人。朝廷以為憂，益增緣邊兵，郡有數千人，又遣諸將分屯障塞。……（建武）二十五年，乃使（祭肜）招呼鮮卑，示以財利。其大都護偏何遣使奉獻，願得歸化，肜慰納賞賜，稍復親附。……其後偏何邑落諸豪並歸義，願自効，……即擊匈奴左伊（袟）〔秩〕訾部，斬首二千餘級，持頭詣郡。其後歲歲相攻，輒送首級受賞賜。自是匈奴衰弱，邊無寇警，鮮卑、烏桓並入朝貢。

《後漢書・烏桓鮮卑列傳》又載：〔註146〕

> 時漁陽赤山烏桓歆志賁等數寇上谷。永平元年，祭肜復賂（鮮卑都護）偏何擊歆志賁，破斬之，於是鮮卑大人皆來歸附，並詣遼東受賞賜，青徐二州給錢歲二億七千萬為常。明章二世，保塞無事。

　　這是漢朝以「柔道」治國的一環。〔註147〕烏桓因之向西發展至代、鴈

〔註144〕《三國志》卷三十〈烏丸鮮卑東夷傳〉，頁833。

〔註145〕《後漢書》卷二十〈祭肜傳〉，頁744～745。

〔註146〕《後漢書》卷九十〈烏桓鮮卑列傳〉，頁2985～2986。

〔註147〕「柔道」一詞出於《後漢書・光武帝紀》建武十七年條。當時，光武帝曰：「吾理天下，亦欲以柔道行之」，並具體表現在軍隊復員（改行募兵）、政府精簡、減輕賦稅與端正風氣方面。參閱《後漢書》卷一下〈光武帝紀〉建武十七年冬十月條，頁68～69；何世同，《中國戰略史》，頁104。然就上引諸文觀之，此「柔道」或有藉平衡、削弱北疆諸族勢力，以確保邊境安全之思維在內。蓋邊事在整個東漢朝，重要程度不小於其國內事務；這種借力使力的方式，恰與「柔道」蘊涵之意旨相符。

門、太原、朔方諸郡；東部鮮卑與烏桓分布區域與語言習俗大致相同，兩者共同西遷應屬可能。〔註 148〕

（二）就近掌控蒙古高原，成為爾後崛起之資：

漢朝雖因匈奴分裂，在漢匈兩極對抗中取勝，卻於「匈奴北徙，幕南地空」時，「詔罷諸邊郡亭侯吏卒」，〔註 149〕蒙古高原成為無主地帶，烏桓與東部鮮卑遂能遷入蒙古高原所在之匈奴故地，〔註 150〕從而取代胡羯原有的地位。

稍後，拓跋鮮卑也開始南遷尋找更佳的牧地。〔註 151〕《魏書·序紀》載宣皇帝拓跋推寅到聖武皇帝拓跋詰汾，「南遷大澤，方千餘里，厥土昏冥沮洳。謀更南徙」，之後「始居匈奴故地」。〔註 152〕

於是，「匈奴餘種留者尚有十餘萬落，皆自號鮮卑，鮮卑由是轉盛」。〔註 153〕此時的蒙古高原，無論是「十餘萬落」的匈奴，還是新近遷入的鮮卑族系，皆是「弋獵禽獸」與「逐水草放牧」的群體。匈奴過去遇過的種種問題，成為新主人的鮮卑族系部落自當難以逃避；各部落同匈奴一般，結合成一大型部落聯盟乃必然之勢。因為掠奪及貿易是游牧民族最重要的「輔助性生業」，這需要各帳落聯合行動，否則難以成事，過去鮮卑「部落林立且不相統屬」的現象，也因而轉變。

鮮卑於是步上匈奴後塵，也開始大規模寇掠華北。〔註 154〕到了桓帝（147

〔註 148〕金發根，《永嘉亂後北方的豪族》，頁 45。

〔註 149〕《後漢書》卷一下〈光武帝紀〉建武二十二年條，頁 75。

〔註 150〕劉學銚，《五胡史論》（臺北：南天書局，2001 年 10 月），頁 43～44。

〔註 151〕劉學銚以《魏書·序紀》綜合「始祖神元皇帝」力微為詰汾之子、力微嗣立之元年「歲在庚子」，以及力微立之「四十二年，遣子文帝如魏，且觀風土，魏景元二年（261 年）也」這三筆記載，前推力微嗣立之年當在魏文帝黃初元年（220 年），是年恰為庚子。當時力微四十六歲，故其生年應為東漢靈帝熹平四年（175 年），若再往前推論詰汾嗣立與抵達匈奴故地之年，當可能在東漢桓帝永壽二年至靈帝熹平四年（156 至 175 年）之間。此外，林幹綜合匈奴墓葬之分布位置發現，位在外蒙首府烏蘭巴托以北的諾顏山者多為西元二世紀所建，而反映匈奴早期歷史文化則大多出現在今內蒙古地區，亦即黃河河套及陰山一帶，恰可反映匈奴故地所在及印證連敗於漢，致「幕南無王庭」之說。參閱劉學銚，《鮮卑史論》，頁 67～68；《魏書》卷一〈序紀〉，頁 2～4；林幹，《中國古代北方民族通論》，頁 141。

〔註 152〕《魏書》卷一〈序紀〉，頁 2。

〔註 153〕《後漢書》卷九十〈烏桓鮮卑列傳〉，頁 2986。

〔註 154〕例如《後漢書·烏桓鮮卑列傳》載：和帝永元九年（97 年），「遼東鮮卑攻肥

～167年）時，更進一步發展為《後漢書‧烏桓鮮卑列傳》所載之檀石槐部落聯盟：〔註155〕

> 鮮卑檀石槐，……兵馬甚盛，東西部大人皆歸焉。因南抄緣邊，北拒丁零，東卻夫餘，西擊烏孫，盡據匈奴故地，東西萬四千餘里，南北七千餘里，網羅山川水澤鹽池……朝廷積患之，而不能制，遂遣使持印綬封檀石槐為王，欲與和親。檀石槐不肯受，而寇抄滋甚。乃自分其地為三部，從右北平以東至遼東，接夫餘、濊貊二十餘邑為東部，從右北平以西至上谷十餘邑為中部，從上谷以西至敦煌、烏孫二十餘邑為西部，各置大人主領之，皆屬檀石槐。

王沈《魏書》又載：〔註156〕

> （檀石槐）分其地為中東西三部。東部，二十餘邑，其大人曰彌加、闕機、素利、槐頭。從右北平以西至上谷為中部，十餘邑，其大人曰柯最、闕居、慕容等，為大帥。從上谷以西至燉煌，西接烏孫為西部，二十餘邑，其大人曰置鞬落羅、日律推演、宴荔游等，皆為大帥。

上述被任命為西部大帥的「推演」有可能是《魏書》所載之北魏聖武皇帝拓跋詰汾。〔註157〕而中部大帥慕容，依《通鑑》胡三省注：「……慕容等，為大帥，是則慕容部之始也」；〔註158〕姚薇元據《魏書‧官氏志》載「東方宇文、……即宣帝時東部」，〔註159〕認為東部大人「槐頭」，即《魏書‧宇文莫槐傳》之「莫槐」的異譯。〔註160〕

如縣」；十三年，「寇右北平，因入漁陽」；殤帝延平元年（106年），「復寇漁陽」；安帝永初三年（109年）夏，「漁陽烏桓與右北平胡千餘寇代郡、上谷。秋，鴈門烏桓率眾王無何，與鮮卑大人丘倫等，及南匈奴骨都侯，合七千騎寇五原，……」。參閱《後漢書》卷九十〈烏桓鮮卑列傳〉，頁2983，2986。
〔註155〕《後漢書》卷九十〈烏桓鮮卑列傳〉，頁2989～2990。
〔註156〕《三國志》卷三十〈烏丸鮮卑東夷傳〉裴注引，頁837～838。
〔註157〕按《魏書‧序紀》載：「聖武皇帝諱詰汾。……故人並號曰『推寅』」，音與王沈《魏書》所載之「推演」近似；又註151引述劉學銚《鮮卑史論》推論詰汾嗣立與抵達匈奴故地，可能在東漢桓帝永壽二年至靈帝熹平四年（156至175年）之間，對照《後漢書‧烏桓鮮卑列傳》所載，恰為鮮卑檀石槐崛起迄自分其國為三部之時，拓跋部當時有可能是檀石槐部落聯盟之一部。參閱《魏書》卷一〈序紀〉，頁2；劉學銚，《鮮卑史論》，頁67～68；《後漢書》卷九十〈烏桓鮮卑列傳〉，頁2989～2990。
〔註158〕《通鑑》卷八十一〈晉紀三〉武帝太康二年條，頁2622。
〔註159〕《魏書》卷一百一十三〈官氏志〉，頁3012。
〔註160〕姚薇元，《北朝胡姓考》（北京：中華書局，2007年7月），頁182。

　　然受前述內聚力不足的影響，這個部落聯盟在檀石槐死後即因亂而「眾遂離散」。但就滿足生活所需，仍有從事掠奪之必要言，其對中原王朝的威脅仍舊存在。故《三國志・田豫傳》載：〔註161〕

　　文帝初，北狄彊盛，侵擾邊塞，乃使豫持節護烏丸校尉，牽招、解
　　儁并護鮮卑。自高柳以東，濊貊以西，鮮卑數十部，比能、彌加、
　　素利割地統御，各有分界；乃共要誓，皆不得以馬與中國市。豫以
　　戎狄為一，非中國之利，乃先構離之，使自為讎敵，互相攻伐。……
　　為校尉九年，其御夷狄，恆摧抑兼并，乖散彊猾。

　　亦即以構離分化手段，使各部互相攻伐，致檀石槐部落聯盟難再恢復，但後來卻也逐漸發展成慕容、宇文、段氏與拓跋等部並立的局面。

（三）接納漢族流民，展開自我變革

　　漢末三國時期，各地戰火蜂起，既有龐大人潮流亡遼東，亦有邊郡漢民遭鮮卑族系擄掠為奴，無論是出於自願或被迫，皆為當時仍極落後的鮮卑族系帶來變革契機。

　　當時來到遼東的漢族人數，可證諸《三國志・武帝紀》「三郡烏丸承天下亂，破幽州，略有漢民合十餘萬戶」，及獻帝建安十二年（207年），「斬蹋頓及名王已下，胡、漢降者二十餘萬口」之記載。〔註162〕遭劫掠的十餘萬戶漢民，人口至少有五十萬，漢人似已成為當地最大族群；因此，上述「胡、漢降者二十餘萬口」，漢人應佔不小比例。

　　漢人既有可能是鮮卑族系勢力範圍內的最大族群，所造成的影響即如《後漢書・烏桓鮮卑列傳》「自匈奴遁逃，鮮卑強盛，據其故地，稱兵十萬，……關塞不嚴，禁網多漏，精金良鐵，皆為賊有；漢人逋逃，為之謀主，兵利馬疾，過於匈奴」，〔註163〕及《三國志・烏丸鮮卑東夷傳》「自袁紹據河北，中國人多亡叛歸之，教作兵器鎧楯，頗學文字。故其勒御部眾，擬則中國，出入弋獵，建立旌麾，以鼓節為進退」等記載之所述，〔註164〕為鮮卑族系帶來政治、軍事、經濟諸方面的變革。

〔註161〕《三國志》卷二十六〈田豫傳〉，頁727。
〔註162〕《三國志》卷一〈武帝紀〉漢獻帝建安十二年條，頁28～29。
〔註163〕《後漢書》卷九十〈烏桓鮮卑列傳〉，頁2991。
〔註164〕《三國志》卷三十〈烏丸鮮卑東夷傳〉，頁838。

　　鮮卑族系於是如圖4示意，因漢匈戰爭而深入華北，又因北匈奴西遷而遷入並控領匈奴故地，且在漢族流民影響下展開自我變革。期間雖有中原王朝搆離分化，無法同胡羯族系般，與中原王朝形成長期對抗的兩極。但上述三點影響已為其爾後在華北地區爭霸，奠定了堅實基礎。

圖4. 鮮卑族系遷徙之分布情形示意圖

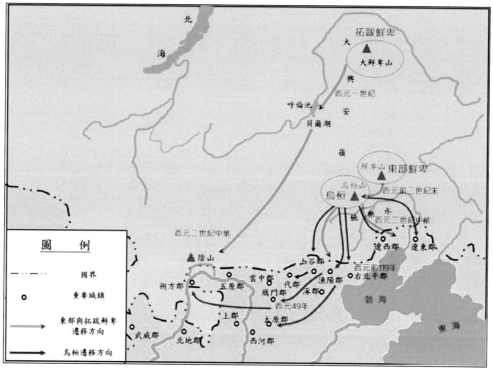

資料來源：筆者彙整下列資料自繪：
　　　　　1. 雷家驥，〈慕容燕的漢化統治與適應〉，圖一。
　　　　　2.《魏書》卷一〈序紀〉，頁2～3。
　　　　　3.《後漢書》卷九十〈烏桓鮮卑列傳〉，頁2981～2982。
　　　　　4.《三國志》卷三十〈烏丸鮮卑東夷傳〉，頁837～838。
　　　　　5. 劉學銚，《鮮卑史論》，頁64～68。

三、因漢西拓而遷徙的氐羌族系

　　氐族與羌族在中國史籍中，被歸類為「西戎」系統，兩者營生主業不同，但多混雜而居，故常以「氐羌」併稱。《詩經·商頌·殷武》記述「昔有成湯、自彼氐羌，莫敢不來享，莫敢不來王」，[註165] 說明氐羌族系早在上

〔註165〕《十三經注疏》詩疏二十之四〈商頌·殷武〉，頁1354。

古時代即與中原王朝關係密切，但這不光只表現在部落大豪對中原王朝的獻享與朝拜，就連征伐之事，他們也經常參與其中。《後漢書‧西羌傳》載「文王為西伯，……率西戎，征殷之叛國以事紂」、「及武王伐商，羌、髳率師會于牧野」。〔註166〕用「攻勢現實主義」看待當時的中原王朝與氐羌：中原王朝就如同當地的「區域霸主（Reginal Hegemon）」，周邊包括氐羌在內的較小勢力，都是霸主施展影響力的對象，〔註167〕儘管與中原王朝並無統治、宗主關係存在。

但當他們被劃入漢朝治下後，氐羌同時受「王侯在其虛落間」傳統勢力與漢朝政府治理之雙重影響，隨即出現調適問題。若漢朝地方官員治理失當，或遭內地遷移過來的漢族住民排擠，將容易發生暴亂。漢朝對此，皆以強制遷徙，分而治之的方式對待，故逐漸深入華北且分布漸廣。漢末三國的長期戰亂則又加強此趨勢，結果即為《晉書‧江統傳》所謂「關中人口百餘萬口，率其少多，戎狄居半」之現象，當中的「戎狄」亦包括氐羌在內。〔註168〕以下謹就氐羌兩族與中原王朝之互動及遷徙狀況，分述如后。

（一）秦漢的西擴與氐族的內徙

自漢元鼎六年（前 111 年）與元封二年（前 109 年），漢武帝兩度派遣郭昌、衛廣率兵平定西南夷，將十多個「自有君長」的氐族部落劃入武都郡，〔註169〕此乃氐地開設郡縣之始。

不過就在一年之後，可能因前述調適問題爆發氐人反漢事件。漢武帝出兵平叛後，便分徙部分氐人至酒泉郡祿福縣，部分至武都郡東北的隴山、汧山間。〔註170〕這是氐人入漢後的第一次遷徙。

〔註166〕《後漢書》卷八十七〈西羌傳〉，頁 2870～2871。

〔註167〕約翰‧米爾斯海默，《大國政治的悲劇》，頁 88～89。

〔註168〕《晉書》卷五十六〈江統傳〉，頁 1533。

〔註169〕《漢書》卷六〈武帝紀〉元鼎六年條及元封二年條，頁 188，194。

〔註170〕魚豢於《魏略‧西戎傳》曰：「氐人……自漢開益州，置武都郡，排其種人……或在福祿，或在汧、隴左右」，當中的「福祿」應為《漢書‧地理志》所載：「酒泉郡……縣九：祿福……」之祿福縣；另因魚豢對於「或在汧、隴左右」之說自稱頗有「傳聞」、「氾覽」成分，經雷家驥師考證，氐族在漢時確有自武都遷至汧隴之事實。參閱《三國志》卷三十〈烏丸鮮卑東夷傳〉，頁 858；雷家驥，〈氐羌種姓文化及其與秦漢魏晉的關係〉，頁 163。

　　此後，漢朝與氐族的關係大致平和。這應與「故有王侯」地位受漢政府承認並封為「君長」有關；〔註171〕此外如《漢書·西南夷傳》「宜因其罪惡未成，未疑漢家加誅，陰敕旁郡守尉練士馬，大司農豫調穀積要害處，選任職太守往，以秋涼時入，誅其王侯尤不軌者」之記載，〔註172〕預先完成各種制變部署。對照前述南匈奴內附後仍「叛服不定」，漢朝治理氐族基本上算是成功的。

圖5. 漢魏之際氐族遷徙與分布情形示意圖

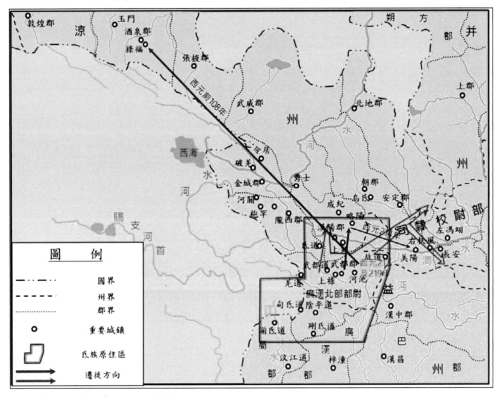

資料來源：筆者彙整下列資料自繪：
　　　　　1. 雷家驥，〈氐羌種姓文化及其與秦漢魏晉的關係〉，圖一。
　　　　　2. 馬長壽，《氐與羌》，頁32～33。

　　此後直到漢末三國，因曹操與劉備交戰於隴、蜀之間，居住在此的氐人遭到波及。他們主要有《魏略·西戎傳》所載的興國氐王阿貴與百頃氐王楊

〔註171〕雖然「君長」地位不高，但氐族在西漢末，最遲到東漢初即已出現王、侯封號，代表其政治地位已經提高。參閱雷家驥，〈氐羌種姓文化及其與秦漢魏晉的關係〉，頁176～177。
〔註172〕《漢書》卷九十五〈西南夷傳〉，頁3844。

千萬，分別位在興國城與仇池山，「各有部落萬餘」；〔註173〕此外還有下辯雷定等七部萬餘落，〔註174〕及河池氐王竇茂擁眾萬餘人，〔註175〕他們最初持中立態度，之後則隨情勢發展，或入蜀、或為魏遷至京兆、扶風、天水、南安、廣魏等郡。〔註176〕這是氐人的第二次遷徙。

到了三國末期，除居住在武都、陰平兩郡的「萬餘落」外，氐人概略如圖5示意，分布於酒泉郡與關中、隴右地區，此即永嘉之禍前氐族的分布狀態。

（二）不斷內徙與外遷的羌族

與氐族相較，羌族似乎更早就與中原王朝展開接觸：虞夏之際，一部分羌人因助大禹治水，被分封於黃河以南之姜、呂、申、許等國；〔註177〕另依殷商卜辭記載，羌人曾多次與商朝作戰，被俘的羌人或作為祭祀的犧牲，或充當奴隸以從事勞動。〔註178〕

在先秦「華夷畛域」並不十分明確的當時，羌族就如同其「強則分種為酋豪，弱則為人附落」之文化特性，不斷遷徙進入華北，也不斷向外拓展。當時，祁連山以南之整個青海高原，皆為羌人的活動空間。〔註179〕正因為如此，受漢文化影響較深的羌人，他們也會宣稱自己是華夏之裔，十六國時期建立後秦的姚氏即為一例。〔註180〕

但進入漢朝之後，諸羌臣服於匈奴，漢朝為斷絕匈奴與羌族的連繫，或就地封拜降附羌豪以拉攏之；〔註181〕或徙置羌人於漢朝域內屯耕，以利保塞；

〔註173〕見《三國志》卷三十〈烏丸鮮卑東夷傳〉，頁858；另據《宋書·氐胡傳》載：「略陽清水氐楊氏，……為豪族。……建安中，……始徙仇池。……後有名千萬者，魏拜為百頃氐王」，故可知其所在。參閱《宋書》卷九十八〈氐胡傳〉，頁2403。
〔註174〕《三國志》卷二十五〈楊阜傳〉，頁704。
〔註175〕《三國志》卷一〈武帝紀〉建安二十年夏四月條，頁45。
〔註176〕馬長壽，《氐與羌》，頁31～32。
〔註177〕馬長壽，《氐與羌》，頁82。
〔註178〕孟鷗，〈卜辭所見商代的羌族〉，《青島大學師範學院學報》，第24卷第2期（2007年6月），頁25。
〔註179〕雷家驥，〈氐羌種姓文化及其與秦漢魏晉的關係〉，頁166。
〔註180〕王明珂，〈什麼是民族：以羌族為例探討一個民族誌與民族史研究上的關鍵問題〉，《中央研究院歷史語言研究所集刊》，第65本第4分（民國83年12月），頁1012。
〔註181〕例如1953年，於新疆沙雅縣于什格提遺址發現一枚漢代「漢歸義羌長印」，即為羌族部落酋豪投歸漢朝後，由漢朝就地封拜之一例。參閱馬長壽，《氐與羌》，頁98～99。

〔註182〕或以武力驅逐並築塞隔絕匈羌。而為監視域內諸羌,避免其與匈奴勾結,則「置護羌校尉,持節統領」,並「徙人以實之」。部份羌人不服,則外遷「湟中,依西海、鹽池左右」。〔註183〕

漢朝將羌族居地劃入其領土,又自內地移民實之,遂如司徒掾班彪上言:「羌胡被髮左衽,而與漢人雜處,習俗既異,言語不通,數為小吏黠人所見侵奪,窮恚無聊,故致反叛」,〔註184〕加上如王符所述:〔註185〕

> 前羌始叛,草創新起,器械未備,虜或持銅鏡以象兵,或負板案以類楯,惶懼擾攘,未能相持。一城易制爾,郡縣皆大熾。及百姓暴被殃禍,亡失財貨,人哀奮怒,各欲報讎,而將帥皆怯劣軟弱,不敢討擊,但作調文書,以欺朝廷。實殺民百則言一,殺虜一則言百;或虜實多而謂少,或實少而謂之多。傾側巧文,要取便身利己,而非獨憂國之大計,哀民之死亡也。……寇鈔賊虜,忽然而過,未必死傷。至吏所搜索剽奪,游踵塗地,或覆宗滅族,絕無種類;或孤婦女,為人奴婢,遠見販賣,至令不能自活者,不可勝數也。……且夫士重遷,戀慕墳墓,……諸亡失財貨,奪土遠移,不習風俗,不便水土,類多滅門,少能還者。……太守令長,畏惡軍事,皆以素非此土之人,痛不著身,禍不及我家,故爭郡縣以內遷。至遣吏兵,發民禾稼,發徹屋室,夷其營壁,破其生業,彊劫驅掠,與其內入,捐棄羸弱,使死其處。……民既奪土失業,又遭蝗旱飢匱,逐道東走,流離分散,……原禍所起,皆吏過爾。

反叛於是益發不可收拾,甚至引來境外諸羌附合,讓平叛更加困難。漢朝對此,則利用前述「其種自有豪,數相攻擊,勢不一」之部落文化特性,結合武力鎮壓,以打擊境內叛羌並收威制嚇阻境外諸羌之效。羌人服者則委曲內附,或接受校尉、都尉及所在郡縣監護,不服者則向更遠處遷徙。〔註186〕

〔註182〕馬長壽,《氐與羌》,頁91。
〔註183〕《後漢書》卷八十七〈西羌傳〉,頁2876～2877。
〔註184〕《後漢書》卷八十七〈西羌傳〉,頁2878。
〔註185〕〔東漢〕王符,《潛夫論箋校正》〈實邊第二十四〉(北京:中華書局,1985年9月),頁279～282。
〔註186〕兩漢為有效監護降羌,以防再度起事,先後於金城、廣漢、犍為等郡置「屬國都尉」,按雷家驥師推估,屬國都尉在民族事務上係能直達中央的典屬國,而其軍監系統則就近受涼州刺史兼護羌校尉節度。參閱雷家驥,〈氐羌

圖 6. 漢魏之際羌族遷徙與分布情形示意圖

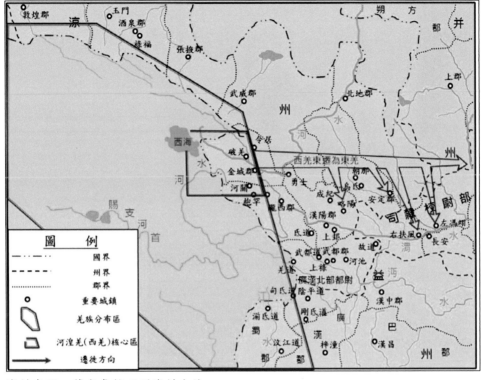

資料來源：筆者彙整下列資料自繪：
1. 雷家驥，〈氐羌種姓文化及其與秦漢魏晉的關係〉，圖二。
2. 馬長壽，《氐與羌》，頁 91～92。

　　據馬長壽統計，兩漢期間，羌族因上述原因共有六次大規模東遷，幾乎
涵蓋關中與隴右地區。〔註 187〕而零星的小規模遷徙，包括諸羌部落的主動內
遷、率眾犯塞而被俘或投降者，僅東漢就有二十九次，遷入人口不下七十萬
之數。〔註 188〕於是以隴山為界，居安定、北地、上郡、西河者，謂之「東羌」；
而居隴西、漢陽，延及金城塞外者，謂之「西羌」。〔註 189〕羌族遷徙與分布情
形如圖 6 示意。

　　綜合本節各目論述，胡羯、鮮卑、氐羌族系與中原王朝互動的結果，造
成其人口不斷內徙，到了三國後期，分布範圍已幾乎遍及整個華北，達「八

　　　　種姓文化及其與秦漢魏晉的關係〉，頁 184～185；嚴耕望，《中國地方行政
　　　　制度史——秦漢地方行政制度》，頁 163～165。
〔註 187〕馬長壽，《氐與羌》，頁 91～92。
〔註 188〕黃烈，《中國古代民族史研究》（北京：人民出版社，1987 年 7 月），頁 94。
〔註 189〕《通鑑》卷五十二〈漢紀四十四〉順帝永和六年正月條，頁 1723。

百七十餘萬口」之數。﹝註190﹞倘若中原王朝能做到如孟子所說之「用夏變夷」，必將在漢文化影響下逐漸融入其中；反之，若內政不脩、治理不當，致難以為生，則將激發其種族自覺，甚或自建政權，拒絕編入晉朝體系。﹝註191﹞晉朝若無力壓制，勢必造成一種土崩瓦解之勢；《晉書・惠帝紀》載：「匈奴郝散反，攻上黨，……弟度元帥馮翊、北地馬蘭羌、盧水胡反，攻北地，……秦雍氐、羌悉叛，推氐帥齊萬年僭號稱帝」即為一例。﹝註192﹞他們飽受長年戰亂之苦，既是戰爭的參與者，也是受害者，《晉書・石勒載記》載諸胡以「兩胡一枷」方式，賣往山東以充軍實即為一例。﹝註193﹞他們內遷華北與吸收漢文化，反倒激化「怨恨之氣流於骨髓」。﹝註194﹞這時，受東漢末以來，平均氣溫長期下滑影響，生活早已陷入困頓的胡夷諸族，﹝註195﹞遂形成一種如雷家驥師所述：「是中國自設火藥引而已，而且點爆權不在中國」的國防危機。﹝註196﹞茲將永嘉之禍前各霸權族系於華北之分布情形，彙整如圖7所示：

於是自晉惠帝元康元年（291年）爆發八王之亂以來，﹝註197﹞即便曰遭「奴隸御我」的內遷胡羯，﹝註198﹞也與因亂而顛沛流離、內遷的鮮卑族系一樣，均被參與內亂諸王視為協助決勝的重要力量，﹝註199﹞這種現象，等於帶

﹝註190﹞ 雖然這個數字包括「東夷西戎，南蠻北狄」，不可能全數入居華北，但就當時情勢來看，華北地區應為上述各族內遷人數最多者。參閱《晉書》卷二〈文帝紀〉景元四年十月條，頁40。
﹝註191﹞ 鄭欽仁等，《魏晉南北朝史》（臺北：里仁書局，2007年9月），頁70。
﹝註192﹞ 《晉書》卷四〈惠帝紀〉永平四年夏五月、永平六年五月、秋八月條，頁92～94。
﹝註193﹞ 《晉書》卷一百四〈石勒載記〉，頁2708。
﹝註194﹞ 《晉書》卷五十六〈江統傳〉，頁1532。
﹝註195﹞ 廖幼華，《中古前期河北地區胡漢民族線之演變》，頁361。
﹝註196﹞ 雷家驥，〈氐羌種姓文化及其與秦漢魏晉的關係〉，頁203。
﹝註197﹞ 八王之亂為西晉滅亡的主因之一，係汝南王亮、楚王瑋、趙王倫、齊王同、長沙王乂、成都王穎、河間王顒與東海王越等八王因領重兵、干預朝政、奪權鬥爭與左右輔弼謀士之挑撥離間而起。從元康元年（291年）至光熙元年（306年），整個惠帝朝十六年時間，幾乎處在極大的混亂與死傷之中。
﹝註198﹞ 《晉書》卷一百一〈劉元海載記〉，頁2648。
﹝註199﹞ 由《晉書・王沈列傳・浚附傳》「（浚）自領幽州。……率胡晉合二萬人，進軍討（成都王）穎。……擊敗之」及「永嘉中，石勒寇冀州，浚遣鮮卑文鴦討勒，勒走南陽」、《晉書・東海王越傳》「越軍敗。范陽王虓遣督護田徽以突騎八百迎越，遇（劉）祐於譙，祐眾潰，越進屯陽武。山東兵盛，關中大懼，（河間王）顒斬送張方首求和，尋變計距越。越率諸侯及鮮卑許扶歷、駒次宿歸等步騎迎惠帝反洛陽」及《晉書・劉元海載記》「并州刺史東嬴公

給胡羯、鮮卑自立的機會。

圖 7. 永嘉之禍前北邊各霸權族系深入華北情形示意圖

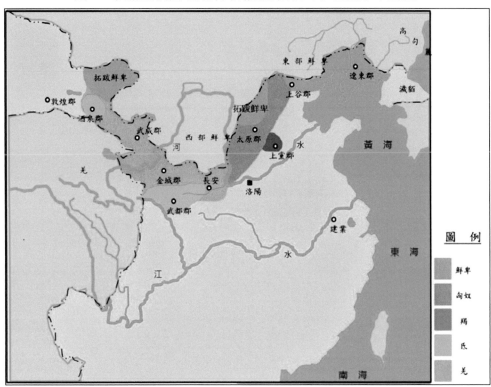

資料來源：筆者自繪。

　　此時，兼有冒頓單于與漢朝劉姓宗室血緣之名，且深受漢文化影響，為族人視為「姿器絕人，幹宇超世」的劉淵，〔註200〕便因而推為匈奴大單于，於晉惠帝永興元年（304年）即漢王位，之後又於永嘉二年（308年）即皇帝位，國號為漢，以「上可成漢高之業，下不失為魏氏」，〔註201〕亦即以代晉而

騰、安北將軍王浚，起兵伐（成都王）穎，元海說穎曰：『今二鎮跋扈，眾餘十萬，恐非宿衛及近都士庶所能禦之，請為殿下還說五部，以赴國難。』元海曰：『東胡之悍不踰五部，願殿下勉撫士眾，靖以鎮之，當為殿下以二部摧東嬴，三部梟王浚，二豎之首可指日而懸矣。』穎悅，拜元海為北單于、參丞相軍事」等記載觀之，游牧民族長久以來參與中原王朝的戰爭，其所具備的騎射優勢始終不能被以步戰為主的漢族軍隊取代，歷史的發展證明他們一直是決勝的力量。參閱《晉書》卷三十九〈王沈列傳·浚附傳〉，頁1147；卷五十九〈東海王越傳〉，頁1623；卷一百一〈劉元海載記〉，頁2648。
〔註200〕《晉書》卷一百一〈劉元海載記〉，頁2647。
〔註201〕《晉書》卷一百一〈劉元海載記〉，頁2649。

興，建立一個全新的中原王朝為首要目標，若不得則仿曹魏成為中原割據勢
力。之後在「河東、平陽屬縣壘壁盡降」與「汲桑起兵趙魏，上郡四部鮮卑陸
逐延、氐酋大單于徵、東萊王彌及石勒等並相次降之」後，〔註202〕實力大增。

胡羯於是在晉懷帝永嘉五年（311 年）六月攻陷洛陽，俘晉懷帝，造成三
萬餘百官士庶喪命，是謂「永嘉之禍」。此後，華北地區即長期陷入戰亂，直
到宋文帝元嘉十六年（北魏太武帝太延五年，公元 439 年），北魏併吞北涼，
華北才又恢復統一。

第三節　永嘉之禍後的戰略形勢及國力要素分析

永嘉之禍是漢末魏晉以來長期戰亂的結果，華北地區各勢力之上已不再
有名義上的共主，因而陷入一種宛如第一章所述的無政府狀態。當時，各勢
力所致力者，已不光是一城一地的攻守，而是整個政權的存續。用克萊恩的
說法，這種競逐環境即是「由戰略、軍事、經濟、政治力量和弱點所組成的混
合體」，當中所涉及的人口、經濟、軍事、戰略目標、意志諸面向，往往就是
決定勝敗的關鍵。〔註203〕準此，以下先探討永嘉之禍後華北地區的戰略形勢，
再就克萊恩所述之國力構成指標，論述當時華北所呈現之情況。

一、永嘉之禍後華北各勢力分布狀態

永嘉之禍使華北地區淪為漢族殘存勢力與內遷胡夷割據的局面。當時，
晉懷帝被漢主劉聰俘至平陽，晉室陷入無君主狀態，而分布在華北各殘晉的
主要勢力有：大將軍荀晞於蒙城奉豫章王端為皇太子，置行臺；前雍州刺史
賈疋等奉秦王鄴為皇太子於長安；〔註204〕大司馬王浚假立太子，置百官，
署征鎮，「謀將僭號」；〔註205〕南陽王保於上邽，以全有秦州之地，自號大
司馬，承制置百官；〔註206〕并州刺史劉琨引拓跋鮮卑固守晉陽，與漢國對

〔註202〕《晉書》卷一百一〈劉元海載記〉，頁 2650。

〔註203〕克萊恩，《世界各國國力評估》，頁 13。

〔註204〕見《晉書》卷五〈孝懷帝紀〉永嘉五年六、九月條，頁 123～124。儘管秦王
　　　　司馬鄴於懷帝死後，繼正朔即位愍帝，然「無藩籬之固」且「眾唯一旅」，
　　　　實力之薄弱由此可見。參閱〔清〕錢儀吉，《補晉書兵志》（臺北：藝文印書
　　　　館，出版時間不詳），頁 4。

〔註205〕《晉書》卷三十九〈王浚傳〉，頁 1149。

〔註206〕《晉書》卷三十七〈高密文獻王泰列傳‧模子保附傳〉，頁 1098。

峙；〔註207〕涼州刺史張軌「威著西州，化行河右」，有「逕造平陽」，一匡天下之心。〔註208〕

　　而在華北的內遷胡夷割據勢力有：漢國控有平陽以東、洛陽以北及上黨以西諸地；〔註209〕東部鮮卑之慕容、宇文與段部位於遼東，因互為并吞之懼，相為寇掠；〔註210〕氐人苻洪於略陽臨渭，散千金，為宗人推為盟主；〔註211〕南安赤亭羌人姚弋仲，「東徙榆眉，戎夏繈負隨之者數萬，自稱護西羌校尉‧雍州刺史‧扶風公」；〔註212〕拓跋鮮卑「從（劉）琨求句注、陘北之地後」，據有西河、朔方以東，代郡以西，方數百里之地。〔註213〕

　　圖8為上述十三股勢力的分布狀態。其中，不論是力僅足自保的劉琨、〔註214〕苻洪、姚弋仲，或是懼遭并吞，相為寇掠的慕容、宇文、段部鮮卑，還是有取代晉室，以成天下共主之志的其餘勢力，多少皆有米爾斯海默所謂「國際體系的結構迫使一心尋求安全的國家彼此採取侵略行為」之傾向，致力追求華北地區霸主地位。〔註215〕各勢力不是相互攻擊，便是尋求短暫的盟友，以在強敵威脅下，暫圖自保：如宇文與段部鮮卑懼為慕容鮮卑并吞，故聯合寇掠，往來不絕；〔註216〕「劉琨、王浚雖同名晉藩，其實仇敵」，〔註217〕雙方各別尋求奧援以對抗。當時，最有機會成為華北地區霸主者，乃較具優勢的漢國。

〔註207〕《晉書》卷六十二〈劉琨傳〉，頁1682。

〔註208〕《晉書》卷八十六〈張軌傳〉，頁2221，2225。

〔註209〕《讀史方輿紀要》卷三〈歷代州域形勢三〉，頁119。

〔註210〕《晉書》卷一百八〈慕容廆載記〉，頁2804。

〔註211〕《晉書》卷一百十二〈苻洪載記〉，頁2867。

〔註212〕《晉書》卷一百十六〈姚弋仲載記〉，頁2959。

〔註213〕《魏書》卷一〈序紀〉，頁7。

〔註214〕由《晉書‧劉琨傳》載：「河南徐潤者，……琨甚愛之，署為晉陽令。潤恃寵驕恣，……譖（奮威護軍）令狐盛於琨曰：『盛將勸公稱帝矣』琨不之察，便殺之」來看，當晉懷帝被俘，愍帝未立之際，琨仍忠心晉室，並不像王浚有「謀將僭號」企圖。參閱《晉書》卷六十二〈劉琨傳〉，頁1681。

〔註215〕因為這十三股勢力所處環境，符合米氏所謂「(1)缺乏一個凌駕於國家之上並能保護彼此不受侵犯的中央權威;(2)國家總是具有用來進攻的軍事能力;(3)國家永遠無法得知其他國家的意圖」之三項特徵，或可解釋如此。參閱約翰‧米爾斯海默，《大國政治的悲劇》，頁45～46。

〔註216〕《晉書》卷一百八〈慕容廆載記〉，頁2804。

〔註217〕《晉書》卷一百四〈石勒載記〉，頁2723。

圖 8. 永嘉之禍直後華北各勢力分布示意圖

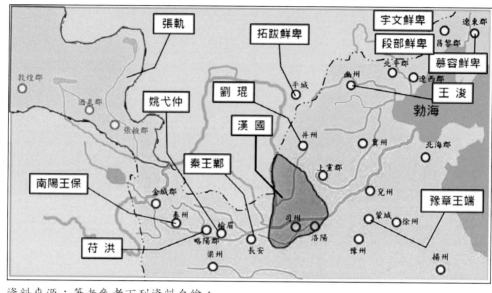

資料來源：筆者參考下列資料自繪：

1. 牟發松等，《中國行政區劃通史：十六國北朝卷》，頁 43。
2. 陳致平，《中華通史（三）》（臺北：黎明文化，民國 67 年 4 月），頁 75。
3. 譚其驤，《中國歷史地圖集（第三冊）》（北京：中國地圖出版社，1982 年 10 月），頁 33～34。

漢國雖在這十三股勢力中最具優勢，但不旋踵即分裂為前趙與後趙，形成兩趙爭霸的局面，後趙最後併滅前趙，成為華北地區霸主。但只過了約一代人的時間，後趙即於 349 年爆發內亂，為後來崛起的前燕所滅，因而與立足不久的前秦分據關東與關西地區，形成對峙局面，並揭開雙方互為并吞之局。最後前燕不敵，於 370 年滅於前秦，前秦成為華北地區霸主。然 383 年淝水一戰，前秦戰敗，國內旋即引爆各族的紛亂，又先後形成前秦與後秦、後燕與北魏、夏國與後秦、夏國與北魏之間的爭霸。整個華北最後在北魏併滅後燕與夏國，同時控領關東與關西地區，之後又併滅北燕與北涼，確立華北地區霸主地位後，才正式結束十六國時期。

上述漢趙與後趙、後趙與前燕、前燕與前秦、前秦與後秦、後燕與北魏、夏國與後秦、夏國與北魏之七次爭霸均大幅改變華北地區的戰略環境，也都是人口、經濟、軍事、戰略目標與意志狀態的整體較量。為利於接下來第三、四、五章對這五項綜合國力要素的論析，以下謹就永嘉之禍後，這五要素所呈現的狀態，分述如後。

二、人口狀態

在衡量綜合國力時，人口是首要考量因素。〔註218〕漢末魏晉迄十六國時期，受長期戰亂、天災等因素影響，除造成人口大量減損外，華北地區人口概呈三種流動與一種聚集現象，影響各地人口分布。其中，人口流動的有：大批漢人逃避戰亂，各往遼東、河西與江淮以南之三個地區遠離華北；〔註219〕華北漢人遭胡夷擄掠、被迫遷往異地，及上一節提到的胡夷內徙。聚集現象係指仍在華北，無力遠離故里者。他們糾合宗族鄉黨，屯聚塢堡，據險自守；〔註220〕或依附具經濟實力或武力之當地豪族，築塢堡壁壘以自保；〔註221〕或離鄉背井，轉徙他方，於異地另成團體，自治自衛或淪為盜匪。〔註222〕

人口的流動與掌握，攸關各政權之作戰、生產、稅收與建設。據王仲犖估算，永嘉之禍前後流出華北的人口，有將近三十萬戶之多，約占西晉全國總戶數三百七十七萬的十二分之一強，若單就華北地區來看，則約二分之一弱。〔註223〕其中，遷往遼東、河西與江淮以南者，多屬具較高社經地位的皇族、仕宦階層與士族等「文的大姓」，〔註224〕如《三國志·國淵傳》載：「國淵……師事鄭玄，後與邴原、管寧等避亂遼東」、〔註225〕《晉書·王導

〔註218〕克萊恩，《世界各國國力評估》，頁17。

〔註219〕萬繩楠，《陳寅恪魏晉南北朝史講演錄》（臺北：雲龍出版，2010年8月），頁98。

〔註220〕萬繩楠，《陳寅恪魏晉南北朝史講演錄》，頁111。

〔註221〕金發根，《永嘉亂後北方的豪族》，頁28。

〔註222〕周一良，〈乞活考——西晉東晉間流民史之一頁〉，頁31。

〔註223〕三百七十七萬戶係出於裴松之注《三國志·魏書·陳羣傳》時，引《晉太康三年地記》「晉戶有三百七十七萬」之說。參閱《三國志》卷二十二〈陳羣傳〉，頁637，裴注；王仲犖，《魏晉南北朝史（上）》（上海：上海人民出版社，2003年4月），頁206。

〔註224〕金發根將西晉時期的豪族分為「文武大姓」兩類。其中，「文的大姓」即豪族中的士族、仕宦之家；「武的大姓」為豪族中地位較低，擁有部曲家兵等武力者。永嘉之禍後大規模南渡江淮、西邊河右與逃向遼東者多屬「文的大姓」，留在關東關中之華北地區者多屬「武的大姓」。但毛漢光師認為這種二分法尚有不足，他認為一個大士族房支甚繁，與中央政府較密切的房支可能南渡，地方性較濃的房支仍留在原籍，但這些留在原籍的「文的大姓」，並非完全沒有以「武」為特質，換言之，他們仍兼有龐大的地方勢力。參閱金發根，《永嘉亂後北方的豪族》，頁28；毛漢光，〈中國中古社會史略論稿〉，《中央研究院歷史語言研究所集刊》，47本3分（1976年9月），頁349～350。

〔註225〕《三國志》卷十一〈國淵傳〉，頁339。

傳》載：「洛京傾覆，中州士女避難江左者十六七」均屬之。〔註226〕當然，中層階級或次等士族，亦有外逃避難者，〔註227〕惟比例與數量較小。

留在華北地區的人口，則有相當數量脫離政府掌握，成為依附其他勢力的「蔭戶」。〔註228〕這些「蔭戶」，「當數倍已登記之戶口」，〔註229〕他們多數投靠當地「武的大姓」，成為其部曲家丁，並藉所建立的塢堡，共同對抗胡騎與盜賊威脅，〔註230〕如《晉書·蘇峻傳》載：「永嘉之亂，百姓流亡，所在屯聚，峻糾合得數千家，結壘於本縣」；〔註231〕亦有屯聚寇掠以營生者，如《晉書·張昌傳》載：「昌於安陸縣石巖山屯聚，去郡八十里，諸流人及避戍役者多往從之……昌徒眾日多，遂來攻郡」。〔註232〕

周一良曾於〈乞活考——西晉東晉間流民史之一頁〉一文引羅振玉《鳴沙石室佚書》所收伯希和 2586 號寫本《晉史》載：「永嘉大亂，中夏殘荒。保壁大帥數不盈冊。多者不過四五千家，少者千家五百家」，〔註233〕說明此等塢堡的規模。塢堡既從事戰守與農耕，且成員眾多，儼然具地方行政功能。故自西晉末年以來，塢堡便相當程度地替代往昔刺史令守的地位。晉室東遷後，亦有遙授官職，使之屏藩一方，〔註234〕作為晉朝宣示華北主權的象徵，如《晉書·麴允傳》載：「村塢主帥小者，猶假銀青、將軍之號，欲以撫結眾

〔註226〕《晉書》卷六十五〈王導傳〉，頁 1746。儘管士族因具較優越的經濟實力方能避難江左；但以作為一個特權集團的角度言，動蕩、分裂、戰亂的大環境對維持原有生活顯然是不可能的。故隨晉元帝偏安江左，自然形成一種與留在華北地區的豪族各別自成一格的趨勢。參閱王素，〈略論魏晉士族制的形成發展與衰亡〉，《漢唐歷史與出土文獻》（北京：故宮出版社，2011 年 12 月），頁 17。

〔註227〕如《三國志·衛覬傳》「關中膏腴之地，頃遭荒亂，人民流入荊州者十萬餘家」、《晉書·張軌傳》「及京都陷……中州避難來（涼州）者日月相繼」，與《晉書·慕容廆載記》「永嘉初……連歲寇掠，百姓失業，流亡歸附者日月相繼」等記載皆為之例。參閱《三國志》卷二十一〈衛覬傳〉，頁 610；《晉書》卷八十六〈張軌傳〉，頁 2225；《晉書》卷一百八〈慕容廆載記〉，頁 2805。

〔註228〕唐長孺，〈南北社會經濟結構的差異〉，《魏晉南北朝隋唐史三論——中國封建社會的形成和前期的變化》（武漢：武漢大學出版社，1993 年），頁 96。

〔註229〕李劍農，《魏晉南北朝隋唐經濟史稿》（臺北：華世出版社，民國 70 年 12 月），頁 29。

〔註230〕金發根，《永嘉亂後北方的豪族》，頁 5，87。

〔註231〕《晉書》卷一百〈蘇峻傳〉，頁 2628。

〔註232〕《晉書》卷一百〈張昌傳〉，頁 2612。

〔註233〕周一良，〈乞活考——西晉東晉間流民史之一頁〉，頁 36。

〔註234〕金發根，《永嘉亂後北方的豪族》，頁 91。

心」。〔註235〕當然，亦有自署官職，割據一方者，如《晉書・桓宣傳》載：「時塢主張平自稱豫州刺史，樊雅自號譙郡太守，各據一城，眾數千人」。〔註236〕由此可見，在十六國時期，塢堡可說是地方真正的統治者。〔註237〕

由於魏晉以來，華北地區戰火不斷，塢堡不僅大量存在於中原，甚至遠在河西地區也有類似現象：如分別在1964年與2006年發掘的阿斯塔那晉墓，與阿斯塔那605號墓，墓內的壁畫，均呈現一種與世隔絕，自給自足的莊園生活，〔註238〕或可說明此現象之普遍。

除分散各地的塢堡外，西晉末年以來另有為數不少的流民集體離鄉背井，不斷轉徙他處，過著居無定所的生活。如《晉書・東海王越傳》載：「東贏公騰之鎮鄴也，攜并州將田甄、甄弟蘭、任祉、祁濟、李惲、薄盛等部眾萬餘人至鄴，遣就穀冀州，號為乞活」。〔註239〕

這群流民處於亂世，皆擁有武力，或為自保，或為寇抄，如《晉書・魏浚傳》載：「永嘉末，與流人數百家東保河陰之硤石。時京邑荒儉，浚劫掠得穀麥」，〔註240〕與《晉書・劉弘傳》載：「于時流人在荊州十餘萬戶，羈旅貧乏，多為盜賊」。〔註241〕

上述塢堡與流民，儘管多數在政治上仍傾向東晉朝廷，然實際並不屬任何勢力，必要時亦願與當地的胡夷勢力妥協。〔註242〕由於永嘉之禍後已造成華北地區人口短少二分之一弱，這些脫離掌握的人口相形之下便顯得彌足珍貴。若以上述《鳴沙石室佚書》所揭，以一塢五百戶，每戶五人計算，一百塢至少有五萬戶，二十五萬人之多，胡夷領袖若能爭取到這些塢堡或流民支持，必有助於綜合國力提昇。

因此，各胡夷政權無不竭盡心力以強化其人口狀態，包括：

〔註235〕《晉書》卷八十九〈麴允傳〉，頁2308。

〔註236〕《晉書》卷八十一〈桓宣傳〉，頁2115。

〔註237〕李愛琴，〈十六國時期的戶籍制度〉，《中山大學學報（社會科學版）》，總206期（2007年2月），頁35。

〔註238〕王素，〈吐魯番晉十六國墓葬所出紙畫和壁畫〉，《漢唐歷史與出土文獻》，頁448～450。

〔註239〕《晉書》卷五十九〈東海王越傳〉，頁1624。

〔註240〕《晉書》卷六十三〈魏浚傳〉，頁1712～1713。

〔註241〕《晉書》卷六十六〈劉弘傳〉，頁1766。

〔註242〕周一良，〈乞活考——西晉東晉間流民史之一頁〉，頁32。

　　將被征服地區的人民遷往政權中心。如《晉書‧劉聰載記》載，311年：
〔註243〕

　　　　麴特等圍長安，劉曜連戰敗績，乃驅掠士女八萬餘口退還平陽，因
　　　　攻司徒傅祗于三渚，使其右將軍劉參攻郭默于懷城。祗病卒，城陷，
　　　　遷祗孫純、粹并其二萬餘戶于平陽縣。

　　若以每戶五口計之，二萬餘戶概為十萬人，加上所驅掠之八萬餘口士女，
總數當在二十萬人左右。若以314年，劉聰行「嘉平體制」，「置左右司隸，
各領戶二十餘萬，萬戶置一內史，凡內史四十三」計之，〔註244〕漢趙當時掌
握的漢族人口有四十三萬戶，約二百萬口，上揭引文所述即佔了這二百萬口
的十分之一，造成的影響不可謂之不重。

　　當然，被遷徙者並不以漢族為限。《晉書‧劉曜載記》載：「（游）子遠……
分徙（氐羌）伊餘兄弟及其部落二十餘萬口于長安」及「曜遣其武衛劉朗率
騎三萬襲楊難敵于仇池，弗克，掠三千餘戶而歸」，〔註245〕則屬遷徙非漢族
之例。

　　當時被迫遷徙的人數究竟多少？史籍無徵。不過按《晉書‧石季龍載記》
載：「季龍末年……青、雍、幽、荊州徙戶及諸氐、羌、胡、蠻數百餘萬，各
還本土」，〔註246〕應可印證其規模之龐大，儘管《晉書》未說明此「數百餘
萬」是戶數還是口數，但人數之多由此亦可想見。

　　這類徙民行動於是打破了圖7所述之各族分布狀態，使當時華北地區的
族群分布益加複雜。

　　而藉由降附的塢堡來取代原先的郡縣政府，並透過質任手段以確保塢主
忠誠，不僅有利地方行政功能恢復，更能吸引游離人口依附。如《晉書‧石勒
載記》「元海命勒與劉零、閻羆等七將率眾三萬寇魏郡、頓丘諸壘壁，多陷之，
假壘主將軍、都尉」及「劉聰攻河內，勒率騎會之，……河北諸堡壁大震，皆
請降送任于勒」之兩筆記載，〔註247〕說明石勒藉授各降附塢主予將軍、都尉
職銜，以為當地地方首長，塢主則送任子於石勒為質，以保證效忠，將有助
於恢復當地秩序，是促進人口聚集的措施。

〔註243〕《晉書》卷一百二〈劉聰載記〉，頁2662。
〔註244〕《晉書》卷一百二〈劉聰載記〉，頁2665。
〔註245〕《晉書》卷一百三〈劉曜載記〉，頁2687，2699。
〔註246〕《晉書》卷一百七〈石季龍載記〉，頁2795。
〔註247〕《晉書》卷一百四〈石勒載記〉，頁2710～2711。

　　此外，主動清查人口，亦可改善人口狀態，如《晉書・慕容德載記》載：「以（韓）諟為使持節・散騎常侍・行臺尚書，巡郡縣隱實，得蔭戶五萬八千」即屬之。〔註248〕

　　比較《晉書・苻堅載記》所載，苻堅滅前燕（晉海西公太和五年，公元370年）後，閱其名籍，得「戶二百四十五萬八千九百六十九，口九百九十八萬七千九百三十五」，〔註249〕及《晉書・石勒載記》載，元帝太興二年（319年），繁陽侯石虎等上疏後趙主石勒，「合二十四郡、戶二十九萬為趙國」之數據，〔註250〕時間相隔五十一年，但範圍相近之區域，政府掌握到的戶數竟相差八倍之多。

　　綜上所述，各胡夷政權為改善人口狀態，可透過強制遷徙與授塢堡予郡縣功能等手段實現，然欲長期維持此等成果，則有賴政治清明與情勢穩定。政治與情勢既清明、穩定，將有益人民安居樂業，對政府掌握人口與清查蔭戶均有正面幫助。漢趙與後趙因承接漢末以來種種戰亂，政治情勢長期不穩，人口流動頻繁，故掌握不易；但自352年前燕滅冉魏，關東地區相對安定，故有370年與319年之華北戶口達八倍之差，此並非華北人口實際增減，實乃政治清濁所致。

　　由於史籍有關十六國時期的人口資料相當貧乏，且空有人口數據，亦無法與經濟、軍事，乃至無形國力方面結合。筆者認為宜從造成當時人口狀態的背景著手，亦即從政治方面切入，按「人力掠遷」、「政府施政」與「國家安定程度」所反映出的現象，間接推論爭霸雙方在人口狀態的落差。其中，「人力掠遷」乃人為增加人口手段，可彌補人口自然增加的不足；「政府施政」與「國家安定程度」係互為因果，可影響人民流動意願，及政府掌握人民的功效。〔註251〕這三個面向，筆者將在第四章作更深入的論析。

〔註248〕《晉書》卷一百二十七〈慕容德載記〉，頁3170。

〔註249〕《晉書》卷一百十三〈苻堅載記〉，頁2893。

〔註250〕《晉書》卷一百四〈石勒載記〉，頁2730。

〔註251〕筆者之所以如此思考，係參考金觀濤在〈社會結構演化理論〉一文中，以「整體分析」方法，「通過子系統的功能耦合分析來揭示整體的性質，……相當於把一個複雜的組織系統簡化為一個自耦合系統加以處理」的概念而來；底下有關經濟、軍事、戰略目標與意志的分析皆依此概念構思。參閱，金觀濤，〈社會結構演化理論〉，《興盛與危機：論中國社會超穩定結構》，頁309～312。

三、經濟狀態

華北地區自漢末魏晉以來，不斷受戰火摧殘。斯時，「天下大亂，生民道盡，或死於干戈，或斃於飢饉，其幸而自存者蓋十五焉」，〔註252〕造成勞動力大量減損，也使大片耕地因而荒蕪，淪為禽獸生聚之所與胡夷牧場。〔註253〕胡夷政權既入主此地，已無法再同過去僅憑藉掠奪等「輔助性生業」來填補生活物資缺口，必須從提振經濟生產著手，否則將難以自存。其中，人力的獲得與掌握，決定農業生產效能；牧業營運優劣，決定戰馬獲得多寡，均與霸權的經濟能力密切相關。以下分述永嘉之禍後，農牧生產在華北地區的概況。

（一）農業生產

永嘉之禍後，尚能在華北繼續從事農耕者，大多只剩集軍事、生產功能為一體的塢堡而已。儘管以塢堡型態為主的莊園經濟歷經東漢末年以來的長期戰亂，但作為一種經濟型態，卻仍保有旺盛的活力，繼續滿足塢民的基本需求。〔註254〕

這些塢堡本身除非距離戰地較遠，或處在地勢險要、易守難攻之處，方有空暇從事農耕。〔註255〕否則不是寇掠別人，就是遭人寇掠，〔註256〕因此，這類塢堡多不易久存，塢主最後往往逃離華北，或投降當地勢力，〔註257〕如《晉書・石勒載記》「（愍帝）建興元年（313年），石季龍攻鄴三臺，鄴潰，劉演奔于廩丘，將軍謝胥、田青、郎牧等率三臺流人降于勒」，〔註258〕及「（石）勒荊州監軍郭敬、南蠻校尉董幼寇襄陽……晉平北將軍魏該弟遐

〔註252〕《魏書》卷一百十〈食貨志〉，頁2849。
〔註253〕李劍農，《魏晉南北朝隋唐經濟史稿》，頁43，47。
〔註254〕馬良懷，〈漢晉之際莊園經濟的發展與士大夫生存狀態之關係〉，《中國社會經濟史研究》，1997年第4期（1997年4月），頁11。
〔註255〕如《晉書・庾袞傳》載：「（袞）攜其妻子適林慮山，……林慮之人歸之，咸曰庾賢。及石勒攻林慮，父老謀曰：『此有大頭山，九州之絕險也。上有古人遺迹，可共保之。』……袞乃相與登于大頭山而田於其下」。參閱《晉書》卷八十八〈庾袞傳〉，頁2283。
〔註256〕如《晉書・李矩傳》載：「矩素為鄉人所愛，乃推為塢主，東屯滎陽，後移新鄭。……石勒親率大眾襲矩，矩遣老弱入山，令所在散牛馬，設伏以待之。賊爭取牛馬，伏發，齊呼，聲動山谷，遂大破之，斬獲甚眾，勒乃退」即為一例。參閱《晉書》卷六十三〈李矩傳〉，頁1706。
〔註257〕金發根，《永嘉亂後北方的豪族》，頁102。
〔註258〕《晉書》卷一百四〈石勒載記〉，頁2719。

等率該部眾自石城降于敬。敬毀襄陽,遷其百姓於沔北,城樊城以戌之」等記載。〔註259〕其中,後一筆記載除說明塢堡不敵,因而投降後趙外,另提到郭敬將百姓遷至樊城,目的在控制他們,以充「戌役」之用。〔註260〕說明在當時地多人少的情況下,農業生產力固然與耕地多寡有關,但勞動力顯然更為重要。郭敬將石城百姓自襄陽遷至樊城,可藉漢水之阻隔,遠離戰火,得到較安全的農耕環境,如此方有利後趙經濟力之積累。

　　無論是農耕收獲或寇掠所得,當塢堡獨立存在時,歸塢主支配,若臣服於某一政權時,則需上繳米糧,供當地政權運用。〔註261〕如《晉書·石勒載記》「(石勒)分命諸將攻冀州郡縣壘壁,率多降附,運糧以輸勒」,〔註262〕與《晉書·苻堅載記》「關中堡壁三千餘所,推平遠將軍馮翊趙敖為統主,相率結盟,遣兵糧助堅」等記載均屬之。〔註263〕

(二) 畜牧業

　　與掌握勞動力即等於具優勢的農業生產力不同,畜牧業的限制因素較多;胡夷領袖欲在爭霸時發揮騎射優勢,端賴足夠之牲畜供給,此非掌握適合畜牧之地區不為功。

　　關於華北適合畜牧之地區,《史記·貨殖列傳》載:「龍門、碣石北多馬、牛、羊」,〔註264〕僅說明今山西省中部與灤河以北是適合畜牧之地,稍嫌粗略,今摘錄史籍有關記載,歸納如下:

《晉書·束晢傳》載幽、冀兩州:〔註265〕

　　馬之所生,實在冀北,大賈羘羊,取之清渤,放豕之歌,起於鉅鹿,

　　是其效也。可悉徙諸牧,以充其地,使馬牛豬羊齕草於空虛之田,

　　游食之人受業於賦給之賜,此地利之可致者也。

《晉書·石勒載記》又載:「(勒)使徐光讓(王)浚曰:『君位冠元台,爵列上公,據幽都驍悍之國,跨全燕突騎之鄉,手握強兵,坐觀京師傾覆』」。

〔註259〕《晉書》卷一百五〈石勒載記〉,頁2747。
〔註260〕萬繩楠,《陳寅恪魏晉南北朝史講演錄》,頁108。
〔註261〕朱大渭等,《中國歷代經濟史(二)》(臺北:文津出版社,1998年1月),頁120。
〔註262〕《晉書》卷一百四〈石勒載記〉,頁2718。
〔註263〕《晉書》卷一百十四〈苻堅載記〉,頁2726。
〔註264〕《史記》卷一百二十九〈貨殖列傳〉,頁3254。
〔註265〕《晉書》卷五十一〈束晢傳〉,頁1431。

〔註266〕說明王浚據有此域，能掌握且利用烏桓及其突騎。此亦凸顯位在今河北省的幽、冀兩州乃適合放牧馬牛豬羊之地，利於建立騎兵部隊。

此外，掌控今山西省中部的并州亦可收畜牧之利。《晉書‧劉琨傳》載琨於永嘉元年（307年），就任并州刺史路上，上表懷帝曰：「臣伏思此州雖云邊朔，實邇皇畿，通河內，東連司冀，北捍殊俗，西禦強虜，是勁弓良馬勇士精銳之所出也」，〔註267〕除強調并州所具之戰略價值外，並說明此地亦適合出「勁弓良馬勇士」。

而位在今陝西、甘肅兩省中、南部之天水、隴西、北地、上郡則曾「畜牧為天下饒」，〔註268〕以北之黃河河套地區是過去匈奴的「河南地」，皆屬適合畜牧之地區。《晉書‧劉曜載記》載：「石勒將石他自雁門出上郡，襲安國將軍、北羌王盆句除，俘三千餘落，獲牛馬百餘萬而歸」，〔註269〕說明秦、涼、并三州中部以北，乃具供應「牛馬百餘萬」潛能的畜牧之地。

儘管掌握充分人口與耕、牧地有利提振霸權的經濟生產，倘主政者或政策上支持不夠，即便具備相當優越的產能，恐怕也無際於事，這種現象經常出現在主政者恣意耗用勞動力方面。蓋十六國時期，人力流失相當嚴重，政府若未善用這些寶貴的勞動力，不啻大大削弱自身的經濟能力，連帶將迫使人民出走，並波及軍事能力與意志，嚴重影響整個國力。

因此，分析霸權的經濟能力，除上述「生產能力」外，「政策支持程度」亦極重要。筆者也將在第四章併人口狀態，作進一步的論析。

四、軍事狀態

十六國時期是戰爭頻繁的年代，為克敵致勝，軍事力量是各大小勢力生存、發展的重要項目。因此，瞭解軍事力量的構成，將有助於研究進行。然由於相關史料的欠缺，只能運用社會科學相關理論進行概括性研究。在此，筆者舉克萊恩以軍事支出比率、武裝部隊數量、全球性部署與海洋控制潛力來衡量軍事能力之概念，〔註270〕用「武裝部隊」與「戰略要域控制」這兩

〔註266〕《晉書》卷一百四〈石勒載記〉，頁2723。
〔註267〕《晉書》卷六十二〈劉琨傳〉，頁1680～1681。
〔註268〕《史記》卷一百二十九〈貨殖列傳〉，頁3262。
〔註269〕《晉書》卷一百三〈劉曜載記〉，頁2697。
〔註270〕克萊恩，《世界各國國力評估》，頁119～120。

項指標來看公元四、五世紀的中國軍事力量，〔註271〕以儘可能完備這方面的研究。以下謹就衡量這兩項之有關因素，分述如下。

（一）武裝部隊

陳寅恪說：「胡族部落系統用於打仗，漢族編戶系統用於耕織。這就叫胡漢分治」，〔註272〕他是從胡漢分工、部落與編戶的區別中，強調胡漢分治內涵。但筆者認為這句話其實只對一半，因為胡夷生活多屬部落形態，組織兼具生產與軍事功能：〔註273〕平時，他們一起從事畜牧、狩獵或農耕；戰時一同作戰。部落本來就是一種全兵皆民的機構，這種將生活條件與戰鬥條件合而為一且多數擅長騎射的部落兵，對西晉末年飽經戰亂且士氣低落的世兵，有助於贏得「不對稱優勢」。不過，當胡夷於華北建立政權後，人數有限的胡夷部落兵便無法滿足守衛廣大國土，或對外征伐需要。這時，主政者往往需從前已引述之郡縣或塢堡中征召當地住民為兵，用以擴大既有隊伍，以滿足兵力需求。《晉書·石季龍載記》載「鎮遠王擢表雍、秦二州望族，自東徙以來，遂在戍役之例，既衣冠華冑，宜蒙優免，從之。自是皇甫、胡、梁、韋、杜、牛、辛等十有七姓蠲其兵貫」，〔註274〕「兵貫」就是兵人所繫之籍。〔註275〕說明後趙不僅征召漢族庶人為兵，且有普征望族士人為兵的事實。因此，陳氏對當時兵源的說法宜更正為：「胡族入主中原之初，胡族部落是作戰所恃；時日既久，佔地日廣，漢族亦需加入軍事攻守行列」。十六國時期，華北各胡夷政權之武裝部隊兼有部落兵與漢兵，且都終身為兵，〔註276〕幾為共同現象。

〔註271〕克氏所列的第一項「軍事支出比率」並非因史料闕如而忽略不計，只是在戰火不斷、政權興亡均極頻繁的十六國時期，維持政權的存在乃最高優先，軍事支出必佔有相當高的比重，應可將其視為一固定常數。另戰略要域的控制，即控制兵力轉移、部署所必經之交通要道，在現代是「全球性部署與海洋控制」所必需，古代的軍事攻防也與此密切相關。

〔註272〕萬繩楠，《陳寅恪魏晉南北朝史講演錄》，頁93。

〔註273〕高敏，《魏晉南北朝兵制研究》（鄭州：大象出版社，1998年5月），頁178。

〔註274〕《晉書》卷一百六〈石季龍載記〉，頁2770。

〔註275〕何茲全，〈十六國時期的兵制〉，《燕園論學集》（北京：北京大學出版社，1984年4月），頁279。

〔註276〕范曉光，《中國古代戰爭動員》（北京：軍事科學出版社，2003年10月），頁202。

　　由於部落兵能征善戰，往往被胡夷政權視為核心武力，特別是與主政者同族的部落兵。其掌控方式則是結合胡夷部落特性，按單于與諸王長分地而治之精神規劃，以確保部落兵之優勢。此外，由於魏晉以來，諸胡夷族群已廣泛分佈華北各地，各族群不斷遷徙，又打破各族的隔閡；對此，主政者多將其與本族部落混一治之。例如劉淵死前授劉聰為大單于，劉聰即皇帝位後，旋由皇太弟劉乂領大單于，其後又在 314 年，對所轄胡夷人口，設「單于左右輔，各主六夷十萬落，萬落置一都尉」，〔註 277〕即是基於軍事需要，將「六夷十萬落」按前述單于與諸王長分地而治精神，由大單于系統統治：平時於各分地從事生產，戰時編成武裝部隊，由大單于出任最高統帥，系統架構下的單于左右輔與都尉，皆為領兵的高級將領。〔註 278〕他們往往視所統的軍隊為私人武裝，不僅有違抗中央命令之可能，甚至還會互相殺伐，這在十六國時期經常發生。〔註 279〕

　　值得注意的是，漢趙將核心武力改由大單于，而非皇帝直接掌控，固然與劉淵有志成為中國帝王，將胡夷這部分安排成一種隱性制度，以利爭取漢人支持有關，卻也容易衍生統治權之重心下移，危及國家安全的弊害。這就是十六國時期中，凡採此體制者，政局皆易動盪不穩，造成國祚短促之結構性原因。〔註 280〕

　　然此「六夷十萬落」畢竟也需顧及經濟生產等其他方面，不大可能全數投入作戰；加上當時中原各地皆為結砦自守的塢堡壁壘，單憑胡夷騎兵難以攻堅，〔註 281〕故維持相當比例的漢族步兵實有必要。從《晉書‧石季龍載記》載「以其國內少馬，乃禁畜私馬，匿者腰斬，收百姓馬四萬餘匹以入于公」來看，〔註 282〕後趙境內馬匹有限，既有征召漢人當兵的事實，而收自民間的四萬餘匹馬顯然不足全軍需要，漢人編成者應以步兵為多。

〔註 277〕《晉書》卷一百一〈劉元海載記〉，頁 2652；卷一百二〈劉聰載記〉，頁 2656，2665。

〔註 278〕《中國軍事史》編寫組，《中國軍事史（第三卷 兵制）》（北京：解放軍出版社，1987 年 10 月），頁 175。

〔註 279〕范曉光，《中國古代戰爭動員》，頁 203。

〔註 280〕雷家驥，〈漢趙國策及其一國兩制下的單于體制〉，《國立中正大學學報》，人文分冊第 3 卷第 1 期（1992 年），頁 75，78。

〔註 281〕《中國軍事史》編寫組，《中國軍事史（第三卷 兵制）》，頁 177。

〔註 282〕《晉書》卷一百六〈石季龍載記〉，頁 2770，2772。

此外，前述分布於華北各地的塢堡也是胡夷武裝部隊的士兵與後勤供應來源，如《晉書・石勒載記》「（劉）元海命勒與劉零、閻羆等七將率眾三萬寇魏郡、頓丘諸壘壁，多陷之，假壘主將軍、都尉，簡強壯五萬為軍士」與「（勒）命諸將攻冀州郡縣壘壁，率多降附，運糧以輸勒」，〔註283〕以及《晉書・苻堅載記》「關中堡壁三千餘所，推平遠將軍馮翊趙敖為統主，相率結盟，遣兵糧助堅」等記載所述。〔註284〕即藉羈縻塢主，給予守宰、將軍、都尉名號，或是提供某些利益，爭取其降服與人、物力支援，以彌補本身軍力之不足。

在作戰方面，十六國時期是以重裝騎兵為主戰兵力的時代。〔註285〕華北因適合這類兵力行動的地區較多，他們經常用來從事突擊、迂迴、斷敵糧道、追殲潰敵等任務。〔註286〕由《晉書・石季龍載記・閔附傳》載：「（冉）閔帥騎距之，與慕容恪相遇於魏昌城。……恪以鐵鍊鎖馬，簡善射鮮卑勇而無剛者五千，方陣而前。……閔眾寡不敵，躍馬潰圍東走」來看，〔註287〕將重裝騎兵排成橫隊方陣，指向決戰方面，藉重量與衝擊力來壓垮敵陣，乃當時經常採用的戰法；又由於披覆鎧甲的馬匹負擔重，行動不快，欲發揮騎兵所擅長的機動力恐非易事。因此，要做到如《晉書・赫連勃勃載記》載，欲達「以雲騎風馳，出其不意」之目的，〔註288〕武裝部隊顯然還要有輕騎兵的編制；至於步兵，應該是用於攻堅、掃蕩、防禦或占領等方面。

綜合以上所述，在諸多與武裝部隊相關的因素中，筆者認為「兵力來源」、「統合戰力發揮」與「作戰效能」對衡量兩國軍事能力最為重要。因為沒有穩定可靠的兵力來源，部隊就難以編成，戰力也無以為繼；由各方及各種類型武力所組成的軍隊能否有效整合，與統合戰力有關，涉及到他們在戰場上的行動可否一致，決戰時能否將戰力發揮到極致；作戰效能則探討部隊攻守行動的表現水準。筆者將依此三項指標，從史籍萃取相關記載，以作為第三章前半段論析的憑據。

〔註283〕《晉書》卷一百四〈石勒載記〉，頁2710，2718。
〔註284〕《晉書》卷一百十四〈苻堅載記〉，頁2926。
〔註285〕《中國軍事史》編寫組，《中國軍事史（第四卷 兵法）》（北京：解放軍出版社，1988年6月），頁127。
〔註286〕楊泓，《中國古兵與美術考古論集》（北京：文物出版社，2007年11月），頁139。
〔註287〕《晉書》卷一百七〈石季龍載記・閔附傳〉，頁2796。
〔註288〕《晉書》卷一百三十〈赫連勃勃載記〉，頁3203。

（二）戰略要域控制

「戰略要域」即「對達成戰略目的具有重大影響，為攻者所必取，守者所必固之重要地域」。〔註289〕其中，「地障」是位在戰略要域，影響作戰行動與戰場決勝的重要因素，一般係指對軍事行動構成影響的天然或人為障礙；當地障與進攻路線成直角時，通常對守者有利，平行則反之。〔註290〕故《孫子兵法・地形篇》曰：「夫地形者，兵之助也」，即說明控制與善用地障對軍事作戰的影響。

在前述漢趙、後趙、前燕、後燕、前秦、後秦、夏國與北魏這八個政權所進行的七次爭霸中，各政權最初或各有其所控領的戰略要域，或位於某戰略要域邊緣，不僅是爭霸的基礎，同時也決定其「擴張軸線」的走向。〔註291〕而戰略要域內的地障，則為決定攻守雙方能否在此自由行動，甚至是決定雙方勝負的關鍵。換言之，欲確保某戰略要域，關鍵往往在於進出此要域的地障究竟誰屬：地障若歸守方掌控，無異可加大防禦縱深，利於消耗敵方力量；反之，地障若歸攻方，則不啻削弱守方力量，有利攻方快速決勝；山脈、關隘、江河等皆屬地障，而通過這些地障的隘道、關口、渡口則是克服地障的關鍵。

黃河與太行山脈將華北地區約略切割成中原、關中、山西與河北要域。其中，「中原要域」位於今河南省，為上述各勢力競逐方向的交會點。其西、北、東方分別是作為「基地」的「關中要域」、〔註292〕「山西要域」與「河北要域」；「中原要域」為各勢力對外擴張所必經，而其他三個要域則為最後贏得霸主地位所必取。既然這四個要域是成為華北地區霸主所必經與必取者，

〔註289〕國防大學軍事學院，《國軍軍語辭典（九十二年修訂本）》，頁2～13。

〔註290〕何世同，《戰略概論》，頁95～96。

〔註291〕「擴張軸線」在本文即等於國軍「野戰戰略」理論所謂之「作戰線」；《國軍軍與辭典》將「作戰線」定義為「作戰基地至戰略目標間，律定作戰軍主力行動方向之基準線，具有實際之空間」，此定義所揭示之精神與筆者所述之「擴張軸線」相同。由於本文所論並不僅侷限於軍事層面，故以涵蓋面較廣的「擴張軸線」概之。參閱國防大學軍事學院，《國軍軍語辭典（九十二年修訂本）》，頁2～16。

〔註292〕「基地」乃「建立與發展主要作戰及後勤設施之地區，戰略物資之集中地，大軍後勤持續力之根據地」。就本文論析之霸權綜合國力言，基地乃供應爭霸所需之一切人、物力的來源。參閱國防大學軍事學院，《國軍軍語辭典（九十二年修訂本）》，頁8～3。

位在其中的政權便是擴張時亟待征服的對象。〔註293〕圖9表示上述八個政權在此四塊要域的分布狀態。

圖9. 華北四大要域位置及十六國時期各霸權分布示意圖

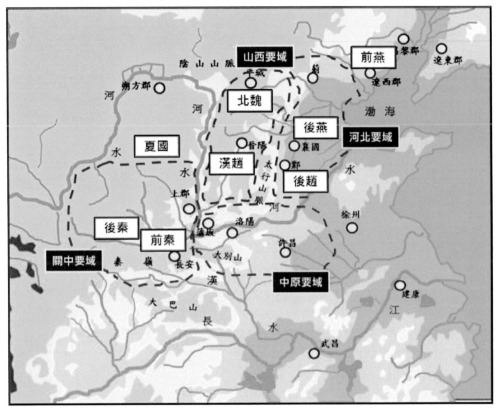

資料來源：筆者參考下列資料自繪：
    1. 饒勝文，《布局天下：中國古代軍事地理大勢》，頁20，53，143，254。
    2. 陳致平，《中華通史（三）》，頁109，127，149。
    3. 譚其驤，《中國歷史地圖集（第三冊）》，頁33～34。

由上圖可知，位在關中地區的前、後秦，若欲稱霸華北，擴張軸線便需指向東方；而位在河北要域的後趙與後燕，則指向西方。位在山西要域的漢趙與北魏，雖可向南擴張以控領中原要域；然而，控領東方河北要域的勢力若對此造成牽制時，至少需分出一部力量轉用於此，以利向中原要域發展；

〔註293〕本文將華北地區劃分成「中原要域」、「山西要域」、「關中要域」及「河北要域」，係依前揭饒勝文所述的地理格局，結合布里辛斯基之「大棋盤」概念而得。參閱饒勝文，《布局天下：中國古代軍事地理大勢》，頁16～86，142～170，249～278。

而位在戰略要域邊緣的前燕與夏國，因無可作為基地之戰略要域可茲憑藉，其欲稱霸華北，非控領最鄰近之戰略要域不為功。而此擴張軸線指向與敵對勢力分布，同時也攸關其發展概況與成敗。

因此，欲結合野戰戰略概念以比較爭霸雙方對戰略要域的控制，及判斷所形成的優劣形勢，筆者認為「行動自由」、「己方安全程度」與「對敵牽制程度」最為重要。作戰行動若易遭敵牽制、阻擋、威脅，皆表示行動自由受到限制，若未有效排除，將使部隊陷入危險狀態，即便擁有一支強大武力，其軍事能力也將受到減損；反之，若我方掌握到可控扼敵方行動的戰略要點，無疑將提高自身的軍事能力。筆者將在第三章後半對此加以論析。

五、戰略目標與意志狀態

前面所提的人口、經濟與軍事狀態分別代表克萊恩綜合國力衡量公式 $Pp=（C+E+M）×（S+W）$ 的前三項，本目所論的「戰略目標」與「意志」狀態則分別以 S 與 W 為代表，若這兩項得到較高積分，將可為前述的人口、經濟與軍事狀態帶來加成效果。

在本節開頭所提到的十三股勢力中，我們知道當中有只圖自保，也有志在成為華北地區霸主。無論屬於哪一種，只要有明確的戰略目標並切實執行，將可在「S」方面得到較高績點；而整體表現，包括用人、治理等，若明顯符合戰略目標，可在「W」方面得到較高績點。〔註 294〕換言之，若某勢力在人口、經濟與軍事上明顯劣於對方，但前者有明確的戰略計畫且能全力、有效地推動，並較後者為優，前者的綜合國力未必會同人口、經濟與軍事一樣，劣於後者。

雖然能夠代表這兩項因素的十六國時期史料相當缺乏，但從一些蛛絲馬跡，還是可找出些許端倪。例如《晉書》載南陽王保「自號大司馬，承制置百官」，顯然有匡復中原之跡象，是故「隴右氐羌並從之，涼州刺史張寔遣使貢獻」，〔註 295〕以及《晉書‧劉曜載記》載「黃石屠各路松多起兵於新平、扶風，聚眾數千，附于南陽王保」，〔註 296〕雖然《晉書》未載司馬保有何戰略目標，但從隴右氐羌、涼州刺史張寔與黃石屠各路松多所反映之結果來看，其在「戰略目標」與「意志」上應各有一定分數。較《晉書‧姚弋仲載記》所載

〔註 294〕克萊恩，《世界各國國力評估》，頁 153。

〔註 295〕《晉書》卷三十七〈高密文獻王泰列傳‧模子保附傳〉，頁 1098。

〔註 296〕《晉書》卷一百三〈劉曜載記〉，頁 2685。

之後秦姚弋仲，先建議石虎：「宜徙隴上豪強，虛其心腹，以實畿甸」，而後又「率部眾數萬遷於清河，拜奮武將軍、西羌大都督，封襄平縣公」，〔註297〕開國前只以扈從後趙為滿足，在爭奪霸權的「戰略目標」與「意志」上即明顯劣於司馬保。

　　需注意的是，這兩組數字並非固定不變，它也會隨著情勢變化而改變。例如《晉書・慕容廆載記》載廆子翰建議「上則興復遼邦，下則并吞二部」，〔註298〕即以恢復往日東胡部落聯盟之榮景為遠程目標，且以并吞宇文與段部鮮卑為近程目標。在慕容廆、慕容皝與慕容儁三代，這個目標始終執行不輟，並在第二代後期達成近程目標。但到了第四代慕容暐繼位後，情況開始轉變，特別自大司馬慕容恪死後，朝政敗壞，不久即為前秦所滅。說明自慕容暐主政後期，其追求「興復遼邦」的「意志」已大幅減弱。〔註299〕

　　此外，各勢力、各政權的主政者能否活用所屬部落諸如集體記憶的歷史文化因素，也有利強化其內部「意志」。司隸校尉的設置與否也是一例：蓋司隸校尉始置於漢武帝朝，至東漢「并領一州」，成為察舉京師百官與近郡犯法者，並管轄京畿地區的首長。〔註300〕此制為十六國絕大多數政權所循。按史籍記載，當時華北地區的漢趙、後趙、前燕、前秦、後秦、後燕、北燕、南燕、北魏、後涼與夏國等政權皆曾在京畿地區設置司隸校尉，僅前涼、西涼、北涼與西秦未見。〔註301〕從《晉書・慕容儁載記》載「（慕容儁）即皇帝位，……改司州為中州，置司隸校尉官」；〔註302〕《晉書・地理上》載「石氏既敗，苻健僭據關中，又都長安，是為前秦。於是乃於雍州置司隸校尉」、〔註303〕《晉書・姚萇載記》載「萇僭即皇帝位于長安，……國號大秦，……以弟征虜緒為司隸校尉」等三筆記載來看，〔註304〕設置司隸校尉有宣示政

〔註297〕《晉書》卷一百十六〈姚弋仲載記〉，頁2960。
〔註298〕《晉書》卷一百八〈慕容廆載記〉，頁2805。
〔註299〕事實上，當慕容恪死前召樂安王臧謂之曰「勁秦跋扈，強吳未賓，二寇並懷進取，但患事之無由耳」，顯然已述明前燕當時應面對的目標為前秦與東晉，但這兩個目標在恪死後即失去推動「意志」了，與慕容廆、皝、儁三代相比，差異極大。參閱《晉書》卷一百十一〈慕容暐載記〉，頁2851。
〔註300〕《後漢書》志二十七〈百官四〉，頁3613。
〔註301〕牟發松等，《中國行政區劃通史：十六國北朝卷》，頁9。
〔註302〕《晉書》卷一百十〈慕容儁載記〉，頁2834。
〔註303〕《晉書》卷十四〈地理上〉，頁431。
〔註304〕《晉書》卷一百十六〈姚萇載記〉，頁2967。

權獨立的意涵。綜上所述，有關霸權的戰略目標與意志狀態比較，筆者將在第五章以「目標的有無」及「目標貫徹程度」，比較霸權的「戰略目標」績分，並以「上下意志的反映」，探究其「意志」績分。

　　由於十六國時期各霸權的競爭多為攸關政權存續的興亡之爭，屬國家戰略層次。以上所述旨在列舉後續概算各霸權綜合國力及其變化時，可能考量到的各種指標，即與國家戰略及綜合國力密切相關之政治、經濟、軍事、心理層面。作法雖曰簡陋，但在傳世史料有限的十六國史當中，這種結合社會科學理論與有限史料的辦法，應有助於對此類議題進行大體論證。

本章小結

　　本章旨在建構永嘉之禍後各霸權族系爭霸的起點，包括形成這個起點的背景，及影響爭霸的有形、無形因素，是往後各章論述的基礎。

　　誠如胡羯、鮮卑與氐羌族系生活環境互異，因而發展出不同的文化，對中原王朝造成的威脅亦有大小之別；中原王朝對之，亦報以不同的對策。這決定了永嘉之禍前的戰略形勢：胡羯族系危害既久且烈，中原王朝全力打擊並削弱後，既准其內附，又予以分割弱化，欲令其永難再起，然百密終有一疏，胡羯騎兵既為中原王朝安邊之所倚，又是平定內亂所必需，分割弱化不得，永嘉禍因遂由此生。

　　鮮卑族系因漢匈戰爭而展開與中原王朝互動，其後竟取代胡羯，成為北疆頭號威脅，然受傳統「各自畜牧營產，不相徭役」之文化，及政治機構發展較遲，未如胡羯族系完備之所限，僅檀石槐、軻比能在位時較具實力，之後即部落四散，終究在漢魏時難成巨患；慕容鮮卑雖自漢末開始接納流亡漢人，因而展開自我變革。然迄永嘉之禍前夕，僅部分內遷及扈從晉朝，發展尚屬有限。

　　氐羌族系內部較胡羯、鮮卑更為分散，中原王朝儘管因治理不善或人謀不臧，而屢屢激發其聚集反叛，但「不立君臣，無相長一，強則分種為酋豪，弱則為人附落，更相抄暴，以力為雄」的傳統文化使其力量易為敵所分化，終究難以撼動中原王朝政權根基，然數百年間陸續向華北遷徙，薰染中原文化日深，卻也為日後發展奠定了根基。

　　這三個族系在永嘉之禍後，與華北殘留之漢族勢力結合，任一勢力皆可不顧其他勢力的利益，朝向區域霸主之目標邁進。然而，某一勢力即使力戰而成區域霸主，但不久又為其他勢力取代，從 311 年永嘉之禍，到 439 年北涼併入北魏，華北地區重歸一統，這一百二十九年皆是如此。決定勝敗的有關因素極其龐雜，欲予簡化並找出關鍵要素，筆者認為或可導入現代主權國家權力競逐所探討之「綜合國力」，以求取一種和既有研究成果不同的新面貌。

　　綜合國力由「人口」、「經濟力」與「軍事力」加總，乘上「戰略目標」與「意志」之和。與摩根索所揭示的「國家權力要素」相較，克萊恩的綜合國力公式雖嫌粗略，但在傳世之十六國史料極為有限的情形下，只能就客觀所見以行概略分析。直言之，欲研究十六國時期之「人口」等五項要素，具體數據欠缺且不精確也是問題，故只能就兩對峙霸權在史籍與史料所呈現的概況，推估其在數據上所反映的對比。大抵而言，這五項要素量化之估量指標概如表 1 所示。

表 1. 綜合國力五要素估量指標

綜合國力要素	估量指標	相關次指標
人口	政治能力	人力掠遷
		政府施政
		國家安定程度
經濟	經濟能力	生產能力
		政策支持程度
軍事	武裝部隊	兵力來源
		統合戰力發揮
		作戰效能
	戰略要域控制	行動自由
		已方安全程度
		對敵牽制程度
綜合國力要素	估量指標	相關次指標
戰略目標	戰略目標	目標的有無
		目標貫徹程度
意志	意志	上下意志的反映

資料來源：筆者整理

　　對於本表的運用，筆者仿效金觀濤於〈數學模型和王朝壽命研究〉一文所揭示之概念：以「ϕ」表示整個社會的無組織力量，並以加總自經濟、政治及意識形態的計量情形，作為此「無組織力量」的總和，即：〔註305〕

　　　　$\phi = \phi$（經濟）$+ \phi$（政治）$+ \phi$（意識形態）

　　將表1之「綜合國力要素」與「估量指標」，及「估量指標」與「相關次指標」間數值之處置，按金氏「無組織力量」之計算方式，用加總方式獲得。例如「政治能力」的相關次指標有「人力掠遷」、「政府施政」與「國家安定程度」，政治能力的計量則為：

　　　　ϕ（政治能力）$= \phi$（人力掠遷）$+ \phi$（政府施政）$+ \phi$（國家安定程度）

　　經濟、軍事能力與戰略目標、意志之計量方式同樣按照此要領計算。

　　而對於數值的表示，金氏則本著物理學與生物學經常用到「一個從事件到數軸 S 的映射，使各種狀態對應數軸 S 上不同的數」之概念；他將此「S」界定為「狀態變量」，僅在描述模型中的王朝盛衰狀態；強調它有如廣義相對論中之空間曲線坐標，當中各自不同的位置與不同的數值對應，數值本身僅在使模型形象化，並無長度、角度等含義。〔註306〕

　　金氏認為大一統王朝穩定與否，除決定於上述之「無組織力量」外，還有與之相對的「一體化調節力量」：即當「無組織力量」很大，「一體化調節力量」很小時，代表王朝處在「崩潰狀態」，反之即是「大一統狀態」，在這兩個極端之間則是「可能出現分裂狀態」。〔註307〕

　　結合金氏以「無組織力量」及「一體化調節力量」之差距，作為界定王朝究係屬大一統、可能出現分裂，還是崩潰狀態之論述。筆者以爭霸雙方在同一指標所呈現的「差異程度」，作為確立霸權在表1所對應「相關次指標」之數值的標準：以「3：1」為懸殊，「2：1」為略有差距，「1：1」為概等。以此 3、2、1 數值表示差距，目的僅在使克萊恩「綜合國力衡量公式」內各個次指標所呈現的數值予以形象化，數值本身並無具體的量化含義。

　　本文即針對文獻、史料顯現該霸權在各「相關次指標」的狀態，就爭霸雙方表現在形象上的差距，判斷究係「懸殊」、「略有差距」還是「概等」，將其對應之數值加總，即為該「估量指標」數值。接著再加總各「估量指標」數

〔註305〕金觀濤等，〈數學模型和王朝壽命研究〉，頁360。
〔註306〕金觀濤等，〈數學模型和王朝壽命研究〉，頁361～362。
〔註307〕金觀濤等，〈數學模型和王朝壽命研究〉，頁362～363。

值，即為該「綜合國力要素」數值；最後再將各「綜合國力要素」數值套入克氏「綜合國力衡量公式」，即可概算出爭霸雙方之綜合國力差距。此法儘管不夠精確、易遭爭議，但鑑於雷家驥師與金觀濤皆有相當之研究成果，且為學界所重視，上述分析構想與方式或許可收些微參考之效。

第三章　霸權民族的軍事能力

　　十六國時期可說是一個「無歲不戰」的年代，軍事能力常是影響霸權決勝的關鍵，這又取決於各霸權的武裝部隊與戰略要域控制情形。基於此，本章即針對改變華北地區戰略形勢的漢趙與後趙、後趙與前燕、前燕與前秦、前秦與後秦、後燕與北魏、夏與後秦、夏與北魏之七次爭霸，論析及比較雙方決戰時的軍事能力，以作為第六章比較綜合國力的基礎。

　　受漢末魏晉以來長期戰亂影響，到了十六國時期，華北各地已是多種族群分布混雜的局面。當中既有從事農耕，以郡縣為主要居住型態的漢族，也有以游牧為多數，過著傳統部落生活的非漢族人口。在各自傳統文化與歷史因素的作用下，其建立的武裝部隊，又在兵力來源、統合戰力發揮與作戰效能呈現差異；戰略要域控制則涉及戰場形勢對爭霸雙方行動自由的影響，與「擴張軸線」及其「翼側」是否安全，[註1] 均與爭霸結果密切相關。因此，以下先論述胡羯、鮮卑與氐羌族系主要政權的武裝部隊，再論漢趙與後趙等七次爭霸，雙方戰略要域控制情形，接著按表 1 的綜合國力估量指標，歸納、比較七次爭霸中，各霸權的軍事能力對比，最後就本章所述予以小結。

〔註 1〕所謂「翼側」，即「戰略翼側」之簡稱，位於作戰線之側，因接近補給線，故應確保其安全，特別是在決戰時刻。「翼側」若受威脅，作戰線中的補給線便有遭截斷之虞，將影響作戰大軍的持續戰力獲得乃至勝敗；自古以來，始終是指揮官特需注意者。參閱何世同，《殲滅論》（臺北：上揚國際，2009 年 6 月），頁 81～82。

第一節　胡羯政權的武裝部隊

十六國時期，曾在華北建立霸業的胡羯族系政權有漢趙（304～329 年）、後趙（319～351 年）與夏國（407～431 年）。其中，漢趙雖是永嘉之禍後，華北十三股勢力中最具優勢者；但自 319 年分出後趙以來，兩者即陷入爭霸之局，最後由後趙勝出。349 年，後趙於石虎死後爆發內亂，前燕入侵並予滅之，胡羯族系暫時退出爭霸行列。直到晉孝武帝太元八年（383 年），統一華北的前秦敗於淝水，間接促使同屬胡羯族系的赫連勃勃崛起並建立夏國，〔註2〕先後展開與後秦及北魏的爭霸。這三支胡羯政權在決勝時刻的武裝部隊，乃本節所探討者。

一、沿襲游牧軍事封建傳統的漢趙軍隊

漢趙起事之初，兵力均來自匈奴五部的十餘萬眾。〔註3〕當時距南匈奴內徙附漢雖已二百五十年，「部落隨所居郡縣，使宰牧之」，但仍有不少匈奴人過著游牧生活。〔註4〕由於傳統匈奴部落具有「血緣組織與行政組織合一」、「生產組織與軍事組織合一」之二重特性，〔註5〕出身於此的匈奴士兵，與來自一般郡縣或塢堡的戰士相比，戰力較優。

劉淵以這「十餘萬眾」部落兵為基礎，起事反晉，兵源也在擴地日廣之際，更為多樣：先是「遷于左國城」時，爭取到數萬遠人歸附；之後「進據河東，攻寇蒲坂、平陽……河東、平陽屬縣壘壁盡降。時汲桑起兵趙魏，上

〔註2〕赫連勃勃係出於鐵弗劉衛辰部，其建立夏國雖在淝水之戰後二十四年的 407 年，卻與 384 年成立的後秦與北魏密切相關：蓋勃勃因父劉衛辰為北魏道武帝拓跋珪所殺，故而出亡後秦，之後又展開與後秦爭霸之局，故謂淝水之戰間接與赫連勃勃建立夏國有關。

〔註3〕從劉淵回覆劉宣「方當興我邦族，復呼韓邪之業」之提議，曰「今見眾十餘萬，皆一當晉十，鼓行而摧亂晉，猶拉枯耳」來看，此「眾十餘萬」既可「一當晉十」，又能「鼓行而摧亂晉」，應當就是漢趙最初的兵力。另從劉淵對成都王穎稱「當為殿下以二部摧東嬴，三部梟王浚」來看，這支兵力當來自五部匈奴。參閱《晉書》卷一百一〈劉元海載記〉，頁 2648～2649。

〔註4〕西晉時，五部匈奴仍過著傳統部落生活可從《晉書·北狄·匈奴列傳》載「其左部都尉所統可萬餘落，居於太原故茲氏縣；右部都尉可六千餘落，居祁縣；南部都尉可三千餘落，居蒲子縣；北部都尉可四千餘落，居新興縣；中部都尉可六千餘落，居大陵縣」，皆以「落」稱之為證。參閱《晉書》卷九十七〈北狄·匈奴列傳〉，頁 2548。

〔註5〕高敏，《魏晉南北朝兵制研究》，頁 178。

郡四部鮮卑陸逐延、氐酋大單于徵、東萊王彌及石勒等相次降之，元海悉署其官爵」。〔註6〕塢主、部酋被授官爵，底下的塢民、部眾亦可能為漢趙調用。於是，漢趙的兵源除有同屬部落性質的匈奴、鮮卑、氐族外，還有來自流民集團與各地降附的塢堡。

晉懷帝永嘉五年（311年），漢趙主劉聰遣「平西趙染、安西劉雅率騎二萬攻南陽王模于長安，……軍至于下邽，模乃降染。……送衞將軍梁芬、……等于平陽」。〔註7〕駐守關中的南陽王司馬模既投降漢趙，僚屬被送至平陽，所率士卒也可能改入漢趙麾下。由於這些晉兵係出於世代為兵的「兵戶」，漢趙既以他們為兵，不久又驅掠當地「士女八萬餘口退還平陽」，〔註8〕這八萬餘士女之中，應有部分是上述晉兵的家屬。若如此，漢趙便有沿襲晉朝兵戶制度的可能。〔註9〕這種由兵戶、部落、塢堡與流民集團提供兵源的狀態，有助於漢趙具備一支長期服役的武裝部隊。

漢趙雖同時擁有「部落兵」與「世兵」之兩種來源，但兩者並非毫無差別：前者出於傳統部落，戰鬥力較強，且多基於解放與復興匈奴而來，社會地位較高，賞賜當循游牧民族寇掠傳統，較為豐厚；但後者自魏晉以來，社會地位普遍低於一般編民，〔註10〕逃避不僅是一種常態，〔註11〕作戰表現恐怕也不如前者。

值得注意的是，投附漢趙的各地領主、將領、塢主、部大，其擁有的武力雖納入漢趙麾下，卻未見漢趙將其重編或改配其他將領的相關記載。應該與匈奴并吞別部，仍任其自由發展的傳統有關，〔註12〕故仍由原將領或領主

〔註6〕《晉書》卷一百一〈劉元海載記〉，頁2649～2650。
〔註7〕《晉書》卷一百二〈劉聰載記〉，頁2659。
〔註8〕《晉書》卷一百二〈劉聰載記〉，頁2662。
〔註9〕雖說十六國時期因局勢混亂，原本的世兵制已無維持基礎，卻也沒有任何史料能論斷此制已全然消失。因此，從關中晉兵降附漢趙來看，或可視為類似世兵制的兵源管道在華北重現。
〔註10〕唐長孺，〈兵士身分的卑微化〉，《魏晉南北朝隋唐史三論——中國封建社會的形成和前期的變化》，頁59。
〔註11〕唐長孺，〈《晉書‧趙至傳》中所見的曹魏士家制度〉，《魏晉南北朝史論叢》，頁29～33。
〔註12〕此即第二章引《史記‧匈奴列傳》「自淳維以至頭曼千有餘歲，時大時小，別散分離」之謂，說明匈奴各部落的結合仍相當鬆散，這是未將部落打散所致。隨劉淵起事的匈奴五部既然多數仍過游牧部落生活，應當也會沿襲過往傳統，運用在降附勢力上。

繼續指揮。〔註13〕這些將領、領主持漢趙旗號，接受漢趙支援，為漢趙開疆拓土，也不斷將降服與獲得的兵力納入自己麾下，漢趙武裝部隊或可劃為「核心武力」與「非核心武力」之兩種兵力結構。

　　上述「核心武力」，係劉淵初起事時的十餘萬眾。從 310 年，劉淵死前命「安昌王盛、安邑王欽、西陽王璿皆領武衛將軍，分典禁兵」，〔註14〕及之後西昌王銳與宗正呼延攸對漢趙主劉和曰：「三王總強兵於內，大司馬（劉聰）握十萬勁卒居於近郊」來看，〔註15〕這支核心武力當沿襲匈奴游牧軍事封建傳統，由少數宗室掌握，〔註16〕僅戰時才依需要配予其他將領出征。如 311 年，署「衛尉呼延晏為使持節‧前鋒大都督‧前軍大將軍，配禁兵二萬七千，自宜陽入洛川」；313 年，「（劉）聰遣劉曜及司隸喬智明、武牙李景年等寇長安，命趙染率眾赴之……以精騎五千配之而進」，〔註17〕此「精騎」應該就是禁兵。像呼延晏與趙染之類的將領平時不領禁兵，僅戰時方才配之。

　　不過到了 314 年，漢趙施行「嘉平體制」，〔註18〕「置輔漢，都護，中軍，上軍，輔軍……龍驤，武牙大將軍，營各配兵二千，皆以（劉聰）諸子為之」，〔註19〕另從太師劉志、太傅崔瑋、太保許遐對皇太弟劉乂曰「四衛精兵不減五千，餘營諸王皆年齒尚幼，可奪而取之」來看，〔註20〕這「十餘萬眾」，已隨嘉平體制，將大約五萬人改配東宮與年幼的劉聰諸子。〔註21〕

〔註13〕高敏，《魏晉南北朝兵制研究》，頁 240。
〔註14〕《通鑑》卷八十七〈晉紀九〉懷帝永嘉四年條，頁 2797。
〔註15〕《晉書》卷一百一〈劉元海載記‧和附傳〉，頁 2653。
〔註16〕漢趙核心武力既然由少數宗室掌握，顯見自南匈奴內附以來，原先二十四王長制的規模已不再，而是受後來的分割與弱化影響，有集中於少數匈奴貴族的趨勢。參閱雷家驥，〈試論西魏大統軍制的胡漢淵源〉，頁 149。
〔註17〕《晉書》卷一百二〈劉聰載記〉，頁 2658，2664。
〔註18〕嘉平體制係漢趙基於攻陷洛陽後的情勢所採行的政改措施，除置殷、衛、東梁、西河陽、北兗五州以懷新附外，將畿輔地區改為胡、漢兩系皆直隸。因推行時間為漢趙嘉平四年，雷家驥師遂稱之為「嘉平體制」。參閱雷家驥，〈漢趙國策及其一國兩制下的單于體制〉，頁 83。
〔註19〕《晉書》卷一百二〈劉聰載記〉，頁 2665。
〔註20〕《晉書》卷一百二〈劉聰載記〉，頁 2667。
〔註21〕按《通鑑》愍帝建興二年條所載，劉聰「置輔漢等十六大將軍，各配兵二千，以諸子為之」，及《晉書‧劉聰載記》載，聰「廢乂為北部王，……坑士眾萬五千餘人」，東宮與劉聰諸子所統之禁兵概有五萬。參閱《通鑑》卷八十九〈晉紀十一〉愍帝建興二年條，頁 2856；《晉書》卷一百二〈劉聰載記〉，頁 2675。

既是諸王擁有私兵的開始，〔註22〕也有回復當年匈奴二十四王長制的傾向；〔註23〕但就戰鬥力而言，這支核心武力至少有將近一半不再由能征慣戰的將領指揮，他們除部分於 316 年隨劉曜征伐關中外，應有相當數量折損於 318 年的「靳準之難」。

　　因此，當「靳準之難」演變為漢趙與後趙的爭霸後，原由都督中外諸軍事劉曜帶至關中的匈奴五部精銳應不會多於五萬。〔註24〕欲以如此兵力確保鮮卑、氐、羌等族分布的關中地區，及與後趙競逐霸權，數量明顯不足，只能儘可能爭取當地非胡羯族系支持。劉曜於 325 年推行「光初體制」，「置左右賢王以下，皆以胡、羯、鮮卑、氐、羌豪傑為之」，〔註25〕打破過去匈奴二十四王長皆以單于子弟為之的慣例，〔註26〕由胡、羯、鮮卑、氐、羌豪傑各領部眾填補兵力缺口，顯然是極不得已的作法。這些未以種族血緣為基礎，而是因部落酋大被授王長而加入的兵力，恐怕只是表面響應而已，可靠度大有問題。〔註27〕

　　此外，劉曜於 323 年「署其大司馬劉雅為太宰，加劍履上殿，入朝不趨，讚拜不名，給千兵百騎，甲仗百人入殿，增班劍六十人」，〔註28〕顯然又是「嘉平體制」將核心武力私有化的重演，這種將重要兵力不當配置的後果，適足以削弱自身戰力。

　　另從《晉書·劉曜載記》載：323 年，劉曜攻前涼時曾說：「吾軍旅雖盛，……中軍宿衛已皆疲老，不可用也」來看，〔註29〕儘管沒有證據說明漢趙有番代制度，〔註30〕這支核心武力顯然已在漢趙陣營長期服役，戰力正隨年齡增長而不斷下滑。

〔註22〕高敏，《魏晉南北朝兵制研究》，頁 241。

〔註23〕雷家驥，〈漢趙國策及其一國兩制下的單于體制〉，頁 83。

〔註24〕這支核心武力究竟有多少分配給劉曜？史籍無載。但從上述「十餘萬眾」扣除十六位大將軍所領三萬二千人，及 317 年被坑殺的東宮宿衛一萬五千人，再加上靳準之亂造成的減損，劉曜當時帶進關中的兵力應不會超過五萬人。

〔註25〕《晉書》卷一百三〈劉曜載記〉，頁 2698。

〔註26〕雷家驥，〈漢趙國策及其一國兩制下的單于體制〉，頁 89。

〔註27〕雷家驥，〈五胡軍事制度研究──以胡、羯所建前、後趙為例〉，「紀念　先師嚴耕望教授逝世週年暨論文發表會」，地點：國立中正大學文學院 211 室，主辦單位：國立中正大學歷史系、歷史研究所、歷史與文化研究中心，日期：民國 86 年 10 月 11 日，頁 5。

〔註28〕《晉書》卷一百三〈劉曜載記〉，頁 2693。

〔註29〕《晉書》卷一百三〈劉曜載記〉，頁 2695。

〔註30〕何茲全，〈十六國時期的兵制〉，頁 276。

而屬「非核心武力」者，因其領主具相當行動自由，特別是在擴大勢力範圍與強化自身兵力方面，故逐漸發展成數支獨立兵團。這種任由將領自由擴展勢力範圍，最後難免演變成將領相互襲擊、兼併，且漢趙中央又無力遏止的結果。對一個王朝而言極為不利：當形勢不利時，將領有可能改旗易幟，轉投其他勢力或倒戈自立。如《晉書・劉曜載記》：「晉將李矩襲金墉，克之。曜左中郎將宋始、振威宋恕降于石勒」，〔註31〕及「（秦州刺史）陳安使其將劉烈、趙罕襲洔城，拔之，西州氐羌悉從安。安士馬雄盛，眾十餘萬，自稱使持節・大都督・假黃鉞・大將軍・雍涼秦梁四州牧・涼王」。〔註32〕這種完全放任將領掌控部隊的管理方式，往往使所屬僅聽命此將領，當將領死亡，即可能一鬨而散。如「趙染寇北地……且將攻城，中弩而死」，〔註33〕陳安遭輔威將軍呼延清斬於澗曲後，所領部眾何去何從？或改歸何方？史籍無載，未必會重返漢趙陣營，任其改編。這支武力無法為漢趙自由運用，顯非絕對可靠。

由於漢趙這十餘萬眾核心武力實在有限，故藉「非核心武力」，以擴大戰爭面，〔註34〕乃征戰時所必須。然時間一久，核心武力不斷耗損，依附的新生兵力又不斷增加，兵力結構的一消一長，恰成為牽動漢趙國家安全的一項變數。

在兵種方面，由於南匈奴自東漢以來即不斷南徙，已不再全數從事游牧，甚至有改務農事者，因而脫離固有「兒能騎羊，引弓射鳥鼠，少長射狐菟」及「士力能彎弓，盡為甲騎」的生活型態。故早在劉淵決定出兵援助成都王穎時，便「命右於陸王劉景、左獨鹿王劉延年等率步騎二萬」，對抗安北將軍王浚的鮮卑武力，〔註35〕說明生活型態改變使匈奴戰士不再全擅長騎戰，漢趙武裝部隊已無法回到過去全騎兵的型態，而是有步兵與騎兵之分。征戰時，騎兵先發，先擊敵外圍兵力，以取有利態勢；之後，步兵繼之，專以攻城或擊敵要塞。〔註36〕亦有單遣騎兵部隊以擊敵者，如327年，劉曜「遣其

〔註31〕《晉書》卷一百三〈劉曜載記〉，頁2685。
〔註32〕《晉書》卷一百三〈劉曜載記〉，頁2691～2692。
〔註33〕《晉書》卷一百二〈劉聰載記〉，頁2666。
〔註34〕「戰爭面」係「將從事戰爭活動領域內的人、地、物等戰爭潛力，予以綿密組織，確實掌握，使之構成全面性的戰爭體制，發揮統合戰力的戰爭空間」。參閱國防大學軍事學院，《國軍軍語辭典（九十二年修訂本）》，頁2～3。
〔註35〕《晉書》卷一百一〈劉元海載記〉，頁2648。
〔註36〕從《晉書・劉聰載記》對漢趙311年攻洛陽城，呼延晏配禁兵二萬七千，自宜陽入洛川，王彌、劉曜及石勒進師會之。呼延晏先攻抵河南，「王師前後十

武衛劉朗率騎三萬襲楊難敵于仇池，弗克，掠三千餘戶而歸」。〔註37〕

於是當 328 年，劉曜於高候擊敗後趙單于元輔石虎，準備進圍洛陽時，石勒評論此役：「曜帶甲十萬，攻一城而百日不克，師老卒殆，以我初銳擊之，可一戰而擒」，及石勒大軍迎擊劉曜，發現其軍不知運用地障，反倒集中兵力在洛陽的防守上，〔註38〕證明漢趙武裝部隊戰力在末期實已大幅下滑，所部多屬烏合之眾了。

二、族類複雜的後趙（冉魏）軍隊

後趙係 319 年，從漢趙分裂出來的政權，但其建立武裝部隊可追溯自 304 年，石勒與汲桑「結壯士為羣盜」之時。〔註39〕起事初期，石勒雖高舉「為成都王穎誅東海王越、東嬴公騰」旗號，卻是在征戰時，掠奪婦女珍寶，只圖倖存當世，無遠大目標的盜賊集團。〔註40〕直到 307 年投奔漢趙，才依劉淵

二敗」，因彌等未至，晏遂先攻洛陽；但彌軍仍未至，遂還于張方故壘，直到王彌、劉曜至，方「會圍洛陽」來看，呼延晏所率者皆為騎兵，王彌、劉曜與石勒所率者應為步兵。這段記載亦顯現漢趙針對不同兵種特性，欲各別發揮其專長，所採取之運用方式。同樣的用兵模式亦出現在同年，漢趙「遣其平西趙染、安西劉雅率騎二萬攻南陽王模于長安，粲、曜率大眾繼之」，此「大眾」極可能都是步兵。由此可見漢趙進攻洛陽與長安的用兵模式多屬「先騎後步」型態。參閱《晉書》卷一百二〈劉聰載記〉，頁 2658～2659。

〔註37〕《晉書》卷一百三〈劉曜載記〉，頁 2699。

〔註38〕328 年，石勒統步騎四萬赴金墉，途中謂徐光曰：「曜盛兵成皋關，上計也；阻洛水，其次也；坐守洛陽者成擒也」，劉曜果然採用勒所認為的最差選項——陳軍十餘萬于洛陽城西。顯見曜軍不知利用成皋關與洛水所形成的地障與戰略縱深，阻擊勒軍，反集結大軍於洛陽城西，既無有利地障可茲依托，亦無法分勒兵勢逐一瓦解，劉曜與其將領之能力低下由此可見。參閱《晉書》卷一百五〈石勒載記〉，頁 2744～2745。

〔註39〕《通鑑》未述明石勒與汲桑何時起事，僅稱其於惠帝永興二年（305 年）七月投奔公師藩；但以勒 319 年稱趙王時，曰：「自孤舉軍，十六年于茲矣」往前推算，與汲桑有可能是在 304 年起事。參閱《晉書》卷一百五〈石勒載記〉，頁 2736；《通鑑》卷八十六〈晉紀八〉惠帝永興二年七月條，頁 2755～2756。

〔註40〕參閱《晉書》卷一百四〈石勒載記〉，頁 2709。至於石勒為何會在無明確目標且力量有限之時起事？應與曾遭掠賣與遊軍所困，發現安份不足以求生存有關，故不大可能會像劉淵，提出足以振奮人心的遠大目標，所求只在滿足一時之需而已。儘管《晉書·石勒載記》載，「為遊軍所困，會有群鹿旁過，軍人競逐之，勒乃獲免」，暗喻石勒早有逐鹿中原之志的可能。然實際上，此類記載應成於石勒崛起後，文人為神化其事，故有如此記述，當與事實無關。參閱雷家驥，〈後趙文化適應及其兩制統治〉，《國立中正大學學報》，人文分冊第 5 卷第 1 期（1994 年），頁 190～192。

「上可成漢高之業，下不失為魏氏」之戰略目標，作為其「非核心武力」的一部；312 年，勒以襄國為根基，始有自立之計；[註41] 329 年滅漢趙，成為華北地區霸主。不過隨著 349 年石虎去世，後趙爆發內亂，最後在 351 年為冉魏併滅。本目旨在論述後趙（含冉魏）武裝部隊發展，及其在 329 與 349 年前後，同漢趙及前燕決戰時的概況。

　　石勒起事當時，並不像劉淵以匈奴五部為後盾，只能四處吸收各方武力。故一開始，石勒的部隊即是一支多種族群的組合：先是壁于上黨，擁眾數千的張䖍督、馮莫突等之羯族部落兵團，[註42] 之後於 315 年，「徙平原烏丸展廣、劉哆等部落三萬餘戶于襄國」，乃至 318 年靳準之難，石勒「據襄陵北原，羌羯降者四萬餘落。……攻準於平陽小城，……巴帥及諸羌羯降者十餘萬落」，陸續有鮮卑、氐羌族群加入。[註43]

　　由於發展不受限制，石勒也在征戰同時，將敵方部眾納入麾下，這包括攻擊同陣營將領而得者。如 310 年，「雍州流人王如、侯脫、嚴嶷等起兵江淮間」，石勒之後「盡并其眾」；[註44] 307 年，「與閻罷攻賭圈、苑市二壘，陷之，罷中流矢死，勒并統其眾」，[註45] 及 311 年，「石勒等殺（王）彌於己吾而并其眾，表彌叛狀。（劉）聰……恐勒之有二志也，以彌部眾配之」。[註46]

　　此外，自 308 年，石勒「寇魏郡、頓丘諸壘壁，多陷之，假壘主將軍、都尉，簡強壯五萬為軍士」後，[註47] 石勒除效法劉淵授塢主、部酋官爵，另自各壘壁簡精壯為戰士。314 年，石勒「以幽冀漸平，始下州郡閱實人戶」，

〔註41〕參閱中國歷代戰爭史編纂委員會，《中國歷代戰爭史（第五冊）》（臺北：黎明文化，民國 69 年 4 月），頁 103。但該書以 311 年為石勒取襄國時間，與《通鑑》所述不符；今從《通鑑》，以 312 年為準，參閱《通鑑》卷八十八〈晉紀十〉懷帝永嘉六年條，頁 2829。

〔註42〕石勒既賜䖍督為與之相同的石氏，兩人有可能皆屬來自西域石國的羯族。此外，張䖍督既據壘壁於勒僑居之上黨郡，勒之父、祖又曾為當地的部落小率，故居於上黨的羯族應仍過傳統的部落生活。石勒納編張䖍督、馮莫突等部，可視為其擁有部落兵的開始。參閱《晉書》卷一百四〈石勒載記〉，頁 2710；雷家驥，〈後趙文化適應及其兩制統治〉，頁 180～182，195。

〔註43〕《晉書》卷一百四〈石勒載記〉，頁 2725，2728。

〔註44〕《晉書》卷一百四〈石勒載記〉，頁 2712。

〔註45〕《晉書》卷一百四〈石勒載記〉，頁 2711。

〔註46〕《晉書》卷一百二〈劉聰載記〉，頁 2659。

〔註47〕《晉書》卷一百四〈石勒載記〉，頁 2710。

〔註48〕到了 324 年，進一步「徵徐、揚州兵」，〔註49〕隨軍出征。這種協同作戰的混合編組，即如 318 年，「石季龍率幽、冀州兵會勒攻平陽」，〔註50〕石虎以所部結合州郡兵，協同進攻平陽；334 年，「時羌薄句大猶保險未賓，（石虎）遣其子章武王斌帥精騎二萬，并秦、雍二州兵以討之」，〔註51〕「精騎」應屬後趙禁衛軍，石斌討羌薄句大，就是禁衛軍協同州郡兵的作戰；347 年，「以中書監石寧為征西將軍，率并、司州兵二萬餘人為麻秋等後繼」亦屬之。〔註52〕說明後趙此時，已擁有一支來自胡夷部落、流民與塢堡的部隊，且從掌握到的州郡戶口，獲得穩定的兵源。這將有利其發動大型軍事行動，特別當石虎欲南征東晉，「敕河南四州具南師之備，并、朔、秦、雍嚴西討之資，青、冀、幽州三五發卒，諸州造甲者五十萬人」及「征士五人車一乘，牛二頭」等，〔註53〕均由此而來。

　　不過，從石虎下令「將討三方，諸州兵至者百餘萬」，並在「臨宣武觀大閱而解嚴」，〔註54〕說明到了石虎時代，已能從各州郡進行達百餘萬兵規模的臨時性軍事召集。儘管引文不免有誇大之嫌，但後趙能結合戶口，建立規模龐大的後備動員體系，確屬事實。

　　自石勒建立後趙以來，「制法令甚嚴，諱胡尤峻」，〔註55〕顯然在其軍中，也有「胡」與「非胡」之分；「胡」係北狄的泛稱，尤指匈奴，「非胡」乃漢人與其他胡夷。〔註56〕後趙軍既是各族部落戰士組成的雜胡集團，這種區分「胡」與「非胡」的作法，等於是按照族別，各別分成一支支部隊。其中，屬北狄的匈奴與羯族部落兵最被信賴，應當是後趙核心武力，他們的社會地位較高，

〔註48〕《晉書》卷一百四〈石勒載記〉，頁 2724。

〔註49〕《晉書》卷一百五〈石勒載記〉，頁 2741。

〔註50〕《晉書》卷一百四〈石勒載記〉，頁 2728。

〔註51〕《晉書》卷一百六〈石季龍載記〉，頁 2763。

〔註52〕《晉書》卷一百七〈石季龍載記〉，頁 2781。

〔註53〕《晉書》卷一百六〈石季龍載記〉，頁 2772～2773。

〔註54〕《晉書》卷一百六〈石季龍載記〉，頁 2774。

〔註55〕《晉書》卷一百五〈石勒載記〉，頁 2737。

〔註56〕由《晉書·石勒載記》「有醉胡乘馬突入止車門，勒大怒，謂宮門小執法馮翥曰：『夫人君為令，尚望威行天下，況宮闕之間乎！向馳馬入門為是何人，而不彈白邪？』翥惶懼忘諱，對曰：『向有醉胡乘馬馳入，甚呵禦之，而不可與語。』勒笑曰：『胡人正自難與言。』恕而不罪」之記載觀之，馮翥既不懂胡語，石勒亦知其不是胡人。「胡人」顯然不是廣大非漢人口的統稱，應該是以匈奴與羯人為主的代名詞。參閱《晉書》卷一百五〈石勒載記〉，頁 2737。

作戰賞賜也較豐厚。〔註57〕在戰力與士氣方面必較一般部隊為優，如《晉書・石季龍載記》載：〔註58〕

> 故東宮讁卒高力等萬餘人當戍涼州，……高力督定陽梁犢等因眾心之怨，謀起兵東還，……率眾攻陷下辯，……高力者皆多力善射，一當十餘人，雖無兵甲，所在掠百姓大斧，施一丈柯，攻戰若神，……

但其他「非胡」部隊未必有此戰力，應該屬非核心武力。他們卻沒有像漢趙任其自由發展，而是與其他部隊統一運用，所以不會形成尾大不掉之勢；但他們效忠後趙可能只圖一時的滿足，當形勢不利，極可能倒戈或自立，特別是以「各自畜牧營產，不相徭役」為傳統的鮮卑人，及「強則分種為酋豪，弱則為人附落」的羌人。

在兵權掌握方面，後趙仍同漢趙，由宗室將領指揮核心部隊。不同的是，早在石勒起事不久，即予石虎「專征之任」，〔註59〕之後更於 319 年，以石虎為「都督禁衛諸軍事」，〔註60〕成為諸將實力最強者。石勒之後雖將「禁兵萬人」及「車騎所統五十四營」的指揮權，從石虎轉至世子石弘，〔註61〕大幅削弱石虎的實力，但效果不彰。此即 332 年，右僕射程遐對石勒「中山王（石虎）勇武權智，羣臣莫有及者。……專征司歲久，威振外內，……其諸子並長，皆預兵權」之所述，〔註62〕石虎與其諸子皆擁相當兵權。於是在石勒死前，一方面「季龍矯命絕弘、（中常侍嚴）震及內外羣臣親屬」，一方面因「廣阿（距襄國約五十公里）蝗，季龍密遣其子邃率騎三千游于蝗所」，〔註63〕石虎與其諸子遂能預先完成部署，待 333 年石勒一死，旋自石弘手中奪得大權。

此後，石虎採強幹與強枝互相維繫、互相制衡的部署，軍隊幾乎全歸其諸子掌控。其中，屬禁衛軍的「中軍」由位在京城的石邃、石宣、石世等人

〔註57〕高敏，《魏晉南北朝兵制研究》，頁 203。

〔註58〕《晉書》卷一百七〈石季龍載記〉，頁 2786。

〔註59〕《晉書》卷一百七〈石季龍載記〉，頁 2762。

〔註60〕高敏認為石勒基於兄弟之誼與加強統治需要，才命石虎出任都督禁衛諸軍事，以控制軍權。筆者認為從《晉書》對石虎在 319 年之前的記載來看，石勒顯然對石虎的軍事能力頗為信賴，故「仗以專征之任」，連帶也將最重要的部落兵交其指揮，此乃極自然之事。卻也成為日後自石弘手中奪得大權與弒主篡位的遠因。參閱《晉書》卷一百五〈石勒載記〉，頁 2735；高敏，《魏晉南北朝禁衛武官制度研究》（北京：中華書局，2004 年 11 月），頁 355。

〔註61〕《晉書》卷一百五〈石勒載記〉，頁 2743。

〔註62〕《晉書》卷一百五〈石勒載記〉，頁 2752。

〔註63〕《晉書》卷一百五〈石勒載記〉，頁 2751。

指揮；「外軍」亦如石遵鎮關右、石沖鎮于薊、石苞鎮長安般之方式部署。
〔註64〕

　　在軍兵種方面，從《晉書・石季龍載記》「季龍將伐遼西鮮卑段遼，……
以桃豹為橫海將軍，王華為渡遼將軍，統舟師十萬出漂渝津，支雄為龍驤
大將軍，姚弋仲為冠軍將軍，統步騎十萬為前鋒，以伐段遼」之記載來看，
〔註65〕後趙也有水師、步兵與騎兵。其中，「舟師十萬出漂渝津」，按胡三
省引《魏土地記》所述，漂渝津位於「勃海郡高城縣東北一百里」，〔註66〕
即今天津市東南附近。由於史籍並無關於段部擁有水師的記載，此舟師行
動似乎只是後趙在無海上威脅之情形下，沿漂渝津至遼西海岸的海運行動
而已，屬後勤支援性質。因此，後趙的武裝部隊仍是以步兵與騎兵為主，
當中的步兵部隊不僅有漢人加入，〔註67〕胡夷亦有擔任步兵者。造成這種
現象應與胡夷的居住環境有關：蓋出身草原、森林地帶的胡羯與鮮卑，游
牧部落的生活環境使其擅長騎射，但氐羌族系因住在不適合馬匹馳騁的山
地，則恰恰相反。這可由《十六國春秋輯補・後秦錄》「（石）勒既死。……
弋仲率步眾四萬。遷於清河」及「太寧元年（349年），梁犢敗李農於滎陽。
石虎大懼，馳召弋仲，弋仲率其步眾八千餘人，屯於南郊」之兩筆記載，
〔註68〕印證出於羌族的姚弋仲所率之羌眾均為步兵。

　　儘管石勒在永嘉之禍後，重新恢復對各地戶口與塢堡的掌握，並建立
一支集部落兵、世兵與州郡兵的強大武力，這與兵權幾乎集中能征善戰的
石虎及其諸子有關。與漢趙實施「嘉平體制」，將一部分精銳部隊交劉聰年
幼諸子指揮相比，後趙的作法較有助於發揮作戰效能。只不過在石虎末期，
諸子各掌重兵，彼此實力相當且相互為敵，甚至自相殘殺。儘管原因出於

〔註64〕這種合作、制衡功能兼備的兵權劃分措施，雖有助於國家安定，但欲長治久
　　　　安，尚需一些軍事條件支撐：第一、需有規模龐大的軍隊，且予適當分配；
　　　　第二、沒有任何單獨一、二強藩的軍力超過中央軍；第三、任一強藩皆有獨
　　　　立戰鬥能力，勤王時須能聯合行動。不過，具備這些條件的國家，不僅易走
　　　　向軍國主義道路，一旦發生內戰，戰況必極為慘烈。石虎時代的後趙，就不
　　　　幸步上此途。參閱雷家驥，〈五胡軍事制度研究——以胡、羯所建前、後趙為
　　　　例〉，頁36；《晉書》卷一百七〈石季龍載記〉，頁2786～2789。
〔註65〕《晉書》卷一百六〈石季龍載記〉，頁2767。
〔註66〕《通鑑》卷九十六〈晉紀十八〉成帝咸康四年正月條胡註，頁3064。
〔註67〕雷家驥，〈五胡軍事制度研究——以胡、羯所建前、後趙為例〉，頁12～13。
〔註68〕〔清〕湯球，《十六國春秋輯補》卷四十九〈後秦錄〉（臺北：鼎文書局，民
　　　　國92年1月），頁373～374。

石羯缺乏穩定且可靠的繼承制度，但相殺的諸子皆擁重兵，卻是石虎死後爆發動亂的主因。

石虎死後，石世、石遵與石鑒先後繼立。先是，彭城王石遵率兵攻鄴篡位，石虎養孫，亦為胡化漢人的石閔因此戰而「總內外兵權，乃懷撫殿中將士及故東宮高力萬餘人，……樹己之恩」，[註69]顯然是兵權過度集中石虎一人的重演，石閔因而大權在握，無人可以制衡。

後趙的內亂最後演變成族群之間的殘殺。斯時，「胡人或斬關，或踰城而出者，不可勝數」，石閔遂下令：「與官同心者住，不同心者各任所之」，於是：[註70]

> 閔知胡之不為己用也，班令內外趙人，斬一胡首送鳳陽門者，文官進位三等，武職悉拜牙門。一日之中，斬首數萬。閔躬率趙人誅諸胡羯，無貴賤男女少長皆斬之，死者二十餘萬，……于時高鼻多鬚至有濫死者半。

上引之「趙人」應為胡羯族系以外的各族群，石閔此舉等於將後趙向來仰仗的胡羯核心武力徹底瓦解。即便日後進討位在襄國的石祇政權，又再重新起用胡羯戰士，配於其子太原王冉胤（當時石閔已弒石鑒篡位，改國號為魏，復姓冉氏，史稱冉魏）麾下，卻已不再是支可靠力量。[註71]冉魏失去擅長騎射作戰的胡羯部落兵後，只能仰賴步戰，[註72]致與前燕決戰前夕，無法取得相對優勢，不得不藉效果有限的地形之利，以求力挽狂瀾。

三、以運動戰發跡的夏國軍隊

夏國建立者赫連勃勃出身匈奴屠各，為劉淵近支，其父劉衛辰於前秦滅代後被封「西單于‧督攝河西雜類，屯代來城」。[註73]淝水之戰後華北各族

〔註69〕《晉書》卷一百七〈石季龍載記〉，頁2790。
〔註70〕《晉書》卷一百七〈石季龍載記〉，頁2791～2792。
〔註71〕此可由冉閔稍後敗於姚襄、悅綰、石琨聯軍的同時，「降胡栗特康等執冉胤及左僕射劉琦等送于祇，盡殺之」為證。參閱《晉書》卷一百七〈石季龍載記‧閔附傳〉，頁2794～2795。
〔註72〕此可以352年，冉閔於常山與前燕交戰，「閔與燕兵十戰，燕兵皆不勝」，《通鑑》稱其因為「閔以所將多步卒，而燕皆騎兵，引兵將趣林中」，故能獲得地形之利，可見閔部係以步兵為主，即便有騎兵，亦無法對前燕贏得優勢。參閱《通鑑》卷九十九〈晉紀二十一〉穆帝永和八年條，頁3175。
〔註73〕《魏書》卷九十五〈鐵弗劉虎列傳‧衛辰附傳〉，頁2055。

紛紛自立，劉衛辰部後遭北魏所滅，勃勃在奔逃之際，輾轉依附後秦，從中獲得武力與根據地，旋與後秦展開長期爭霸，後秦國勢因而漸衰，最後滅於東晉。夏國之後又從東晉奪得後秦所餘，並與北魏展開對峙。本目所論，旨在針對夏國於 407 至 417 年，與 425 至 431 年間，先後與後秦、北魏爭霸時的武裝部隊。

在赫連勃勃起事前，所在之朔方郡已歷經後趙、代與前秦統治。受人口多次遷徙的影響，已有種落混雜之勢。從後秦主姚興以勃勃「為持節‧安北將軍‧五原公，配以三交五部鮮卑及雜虜二萬餘落，鎮朔方」來看，當時朔方郡住民仍以部落形態聚集，過傳統的游牧生活，既是生產者，又是戰鬥員。勃勃在 407 年即以此二萬餘落為基礎，「召其眾三萬餘人偽獵高平川，襲殺高平公沒奕于而并其眾，眾至數萬」，後「討鮮卑薛干等三部，破之，降眾萬數千」，〔註74〕兵力遂漸擴大。這是一支以鮮卑人居多，匈奴、羯、氐、羌等族戰士參與下的雜胡部落兵團。〔註75〕

儘管南涼主禿髮傉檀稱這支武力為「烏合之眾」，〔註76〕赫連勃勃卻是用極殘暴的方式進行管理，〔註77〕由其成果來看，這種管理方式應有一定功效；而為解決多種族部隊不易整合的難題，勃勃將其分成數支小部隊，利用既有的騎射優勢，採取快速分合、各別打擊敵軍，從中擴大勢力範圍且不易為敵捉摸的「運動戰」，與後秦爭霸。

因此，當 407 年，勃勃「進討姚興三城以北諸戍」，諸將建議按傳統用兵原則，「宜先固根本，使人心有所憑係」時，勃勃即力主上述運動戰方針，「以雲騎風馳，出其不意；救前則擊其後，救後則擊其前，使彼疲于奔命，我則游食自若，不及十年，嶺北、河東盡我有也」之戰略構想。〔註78〕就是活用族

〔註74〕《晉書》卷一百三十〈赫連勃勃載記〉，頁 3202。

〔註75〕吳洪琳，《鐵弗匈奴與夏國史研究》（北京：中國社會科學出版社，2011 年 5 月），頁 141。

〔註76〕《晉書》卷一百三十〈赫連勃勃載記〉，頁 3203。

〔註77〕此可以《晉書‧赫連勃勃載記》有關後秦主姚興弟姚邕評勃勃「御眾殘，貪暴無親」，及「以叱干阿利領將作大匠，發嶺北夷夏十萬人」築統萬城，「阿利性尤工巧，然殘忍刻暴，乃蒸土築城，錐入一寸，即殺作者而并築之。勃勃以為忠」等記載一窺赫連勃勃面對多族群，難以管控的人力時，只能用此等殘暴方式統御，以達成目標。參閱《晉書》卷一百三十〈赫連勃勃載記〉，頁 3202，3205。

〔註78〕乍看之下，夏國的「運動戰」似與《史記》對匈奴「利則進，不利則退，不羞遁走」等行動的描述極為相似。不過，匈奴的行動屬掠奪性質的輔助性生

類複雜，不利統合戰力發揮的特性，以小部隊不斷襲擾、長期消耗敵人，從中擴大實力等手段，追求戰略目標。

在當時，這種戰法能否發揮功效？此可以 408 年，後秦左僕射齊難帥騎二萬討伐夏國之經過一究其詳。勃勃於此役：〔註79〕

> 退如河曲。難以去勃勃既遠，縱兵掠野，勃勃潛軍覆之，俘獲七千餘人，收其戎馬兵杖。難引軍而退，勃勃復追擊于木城，拔之，擒難，俘其將士萬有三千，戎馬萬匹。嶺北夷夏降附者數萬計，勃勃於是拜置守宰以撫之。勃勃又率騎二萬入高岡，及于五井，掠平涼雜胡七千餘戶以配後軍，進屯依力川。

斯時，勃勃已掌控「三城以北諸戌」；〔註80〕齊難伐夏，勃勃退保河曲。三城位在今陝西延安，河曲在「朔方東北」，〔註81〕據《元和郡縣圖志・關內道四》載，「朔方縣……後魏更置巖綠縣」，〔註82〕即今陝西靖邊以北，兩地直線距離約二百公里。〔註83〕勃勃能迅速退至河曲，顯示所部皆為輕裝騎兵，難攖齊難的二萬騎，故暫避其鋒。然此兵力竟能在長途撤退之後，迅速於敵「縱兵掠野」，已因所掠之累，無法靈活應變時，迅即「潛軍覆之，俘獲七千餘人」。之後又乘敵勢衰，奪回戰場主動權，「復擊于木城」，「擒難，俘其將士萬有三千，戎馬萬匹」，徹底擊滅齊難部眾。夏國軍隊在指揮調度與戰力發揮方面所呈現之高效能，或由此可見。

勃勃不僅於此役大獲全勝，同時還爭取到「嶺北夷夏降附者數萬計」。這種現象既符合羌族「弱則為人附落」傳統，也符鮮卑「常推募勇健能理決鬥訟相侵犯者為大人」的英雄崇拜習性，故勢力能隨軍事進展而逐漸增強。

業，目的達到隨即離去，並無拓疆略地企圖；但夏國的運動戰卻恰恰相反，其不僅要「因補於敵」，又要擴大領土，強化自身實力。這可從引文之「不及十年，嶺北、河東盡我有也」得知其發起運動戰之目的乃在於此。參閱《晉書》卷一百三十〈赫連勃勃載記〉，頁3203。

〔註79〕《晉書》卷一百三十〈赫連勃勃載記〉，頁3204。
〔註80〕《晉書》卷一百三十〈赫連勃勃載記〉，頁3202。
〔註81〕《通鑑》卷一百十四〈晉紀三六〉安帝義熙四年七月條胡注，頁3665。
〔註82〕〔唐〕李吉甫，《元和郡縣圖志》卷四〈關內道四〉（長沙：商務印書館，民國 26 年 12 月），頁99。
〔註83〕此距離係筆者依譚其驤主編之《中國歷史地圖集（第四冊）》之〈北朝魏，雍、秦、豳、夏等州，沃野、薄骨律等鎮〉地圖所呈現之遠近，就比例尺估算而得。參閱譚其驤，《中國歷史地圖集（第四冊）》（北京：中國地圖出版社，1982年 10 月），頁 54～55。

　　儘管赫連勃勃的輕裝騎兵機動快速，難以捉摸，卻不利久戰，特別是所部的羌人，見形勢不利，即可能倒戈或自立；此外，勃勃也無法一次集中強大兵力，發動大規模攻勢。409 年，「（姚）興如貳城，將討赫連勃勃，遣安遠姚詳及斂曼嵬、鎮軍彭白狼分督租運。諸軍未集而勃勃騎大至」，「興乃遣左將軍姚文宗率禁兵距戰，中壘齊莫統氐兵以繼之。文宗與莫皆勇果兼人，以死力戰，勃勃乃退」，〔註84〕勃勃雖採「內線作戰」，〔註85〕藉輕騎快速機動，阻擾後秦諸軍集結，以各個擊破。然夏軍過度分割，反而不易在任何一處集中優勢，發揮強大打擊力。故當「姚文宗率禁兵距戰，中壘齊莫統氐兵以繼之」且「以死力戰」時，夏軍最後只好退兵，凸顯這種運動戰的弱點。

　　由於後秦對夏國的運動戰始終無法有效剋制，這也造成勃勃的聲勢不斷上升，贏得更多部落降附，益加有利夏國擴大兵力。前述夏國將數萬嶺北夷夏與七千餘戶平涼雜胡，「以配後軍」，即為一例。若如此，當 411 年，「姚興將姚詳棄三城，南奔大蘇。勃勃遣其將平東鹿奕于要擊之，執詳，盡俘其眾」，及「勃勃率騎三萬攻安定，與姚興將楊佛嵩戰于青石北原，敗之，降其眾四萬五千，獲戎馬二萬匹」，〔註86〕應該可能都將其納入麾下。

　　在兵權分配方面，則如勃勃建立夏國之初，重要政軍大臣之派任：〔註87〕

　　　　以其長兄右地代為丞相‧代公，次兄力俟提為大將軍‧魏公，叱干
　　　　阿利為御史大夫‧梁公，弟阿利羅引為征南將軍‧司隸校尉，若門
　　　　為尚書令，叱以鞬為征西將軍‧尚書左僕射，乙斗為征北將軍‧尚
　　　　書右僕射，自餘以次授任。

　　另就《晉書‧赫連勃勃載記》「遣其尚書金纂率騎一萬攻平涼，姚興來救，纂為興所敗，死之。勃勃兄子左將軍羅提率步騎一萬攻興將姚廣都于定陽」、「以子璝都督前鋒諸軍事‧領撫軍大將軍，率騎二萬南伐長安，前將軍赫連昌屯兵潼關，以（王）買德為撫軍右長史，南斷青泥，勃勃率大軍繼發」

〔註84〕《晉書》卷一百十八〈姚興載記〉，頁 2993。

〔註85〕「內線作戰」係大軍作戰形態的一種，為在中央位置之作戰軍，對來自兩個（含）以上不同方向之敵軍，所進行的作戰。主要係利用敵軍暫時處於分離狀態，不利發揮統合戰力之機，將其各個擊滅；但若敵軍未呈分離狀態，則以戰略突穿方式，對敵製造分離效果，以利各個擊滅，亦屬「內線作戰」之一種。參閱國防大學軍事學院，《國軍軍語辭典（九十二年修訂本）》，頁 2～15；何世同，《戰略概論》，頁 63。

〔註86〕《晉書》卷一百三十〈赫連勃勃載記〉，頁 3205。

〔註87〕《晉書》卷一百三十〈赫連勃勃載記〉，頁 3202。

等，〔註88〕有關作戰部隊指揮官的派任記載觀察：勃勃以「次兄力俟提為大將軍」、「弟阿利羅引為征南將軍・司隸校尉」，又以兄子羅提為左將軍、「子璝都督前鋒諸軍事」、「前將軍赫連昌屯兵潼關」，他們皆屬宗室；金纂是匈奴人、〔註89〕叱干阿利雖是鮮卑人，但與從叔叱干他斗伏皆拯救勃勃有功，〔註90〕說明夏國的軍權還是集中在宗室與匈奴之手，這與兩趙的情況大致相同。

後秦長期飽受夏國運動戰侵擾，國勢漸衰。416年正月，姚興死，太子泓繼之，興諸子相爭，勃勃與氐王楊盛分道入侵，境內諸羌又叛。〔註91〕八月，「晉太尉劉裕總大軍伐泓」，〔註92〕後秦在內外交迫下為東晉所滅；惟劉裕不久「留子義真鎮長安而還」。勃勃把握晉軍內鬥，士無戰志良機，於418年乘勢占領關中，取後秦地位而代之。

此後，夏國東與北魏接壤，南與東晉對峙，便以長安與統萬分作南北軍事重鎮之「雙中心制」，防止外敵入侵。其中，因北魏距離較近，威脅較大，故置重心於北部，由勃勃親自掌握。然南北兩鎮相距四百公里，為強化統治，「乃于長安置南臺，以（太子）璝領大將軍・雍州牧・錄南臺尚書事」，〔註93〕在長安複製一套軍政機構，由赫連璝主持。

不過就在勃勃晚年，於424年欲「廢太子璝而立少子酒泉公倫」，赫連璝聞之，便「將兵七萬北伐倫。倫將騎三萬拒之，戰于高平，倫敗死。倫兄太原公昌將騎一萬襲璝，殺之，并其眾八萬五千，歸于統萬。夏主大悅，立昌為太子」，〔註94〕赫連昌得利於這次內鬥，隨後可能接替赫連璝鎮守長安，但與勃勃諸子的矛盾恐怕也因而形成，亟待勃勃調處。〔註95〕然勃勃顯然來不及

〔註88〕《晉書》卷一百三十〈赫連勃勃載記〉，頁3204，3208。

〔註89〕按姚薇元考「平涼金氏，本匈奴休屠王之後，屠各族也」，平涼當時既屬夏國，金纂有可能出身於此，應該是匈奴人。參閱姚薇元，《北朝胡姓考》，頁309。

〔註90〕《晉書》卷一百三十〈赫連勃勃載記〉，頁3201。

〔註91〕《通鑑》卷一百十七〈晉紀三十九〉安帝義熙十二年條，頁3746～3747。

〔註92〕《晉書》卷一百十九〈姚泓載記〉，頁3010。

〔註93〕《晉書》卷一百三十〈赫連勃勃載記〉，頁3210。

〔註94〕《通鑑》卷一百二十〈宋紀二〉文帝元嘉元年十二月條，頁3837。

〔註95〕由此事件中赫連璝有兵七萬，與赫連倫的騎三萬及赫連昌的騎一萬相比，赫連璝可能因鎮守長安，且具太子與大將軍身分，故領兵較多，也可能以步兵為多數；但倫、定可能駐軍夏國北部，地處河套地區，適宜騎戰，故所領為騎兵。赫連勃勃原先分配兵權可能有考量使諸子相互牽制並保持在一種均衡狀態，以防重蹈後趙末年，石虎諸子相攻的故事。然赫連璝、倫相繼被殺，

處理，便在 425 年八月去世。因此當赫連昌繼位後，隨即引發「諸子相攻，關中大亂」，[註96] 勃勃諸子各擁兵權彼此相殺，也讓這支武力形同瓦解。內戰使多年來「政刑殘虐」，[註97] 累積下的種種矛盾一夕爆發，最後引來北魏進犯。北魏司空「奚斤未至蒲阪，昌守將赫連乙升棄城西走。昌弟助興守長安，乙升復與助興自長安西走安定」；[註98] 在統萬方面，先是北魏主拓跋燾率輕騎二萬，藉黃河冰封渡河入侵，[註99] 因夏國毫無防備，北魏因之大掠而還，此皆顯現夏軍過往勇猛頑強的戰鬥意志與靈活快速的機動能力皆消逝無蹤。

　　427 年，北魏大造攻具，以騎三萬三千、步六萬及攻具再興攻勢。夏國原欲固守統萬，與平原公定所率援軍內外夾擊敵軍，後因誤判形勢，未完成集結即出城決戰，致敗於魏軍，赫連昌遂棄統萬奔赴上邽。[註100] 此亦顯示夏軍在統合戰力的發揮已大不如前，故能為敵所乘。此後，赫連定雖一度收復長安，與北魏隔河對峙，但整體兵勢已屬殘破，不久即於轉攻北涼途中，為吐谷渾所滅。

　　在兵種方面，自勃勃起事以來，皆以輕騎行運動戰，輕騎兵在其武裝部隊應屬多數，此與所用者皆出於胡夷部落有關。此外，從《晉書》與《魏書》中，少見勃勃進佔長安前以步兵作為主力之相關記載，但在《魏書‧鐵弗劉虎列傳‧昌附傳》卻有記述北魏進攻統萬，北魏「軍士負罪，亡入昌城，言官軍糧盡，士卒食菜，輜重在後，步兵未至，擊之為便。昌信其言，引眾出城，步騎三萬」。[註101] 顯然在夏國後期，步兵已在其武裝部隊中佔有相當比例，成為夏國的重要武力之一。

<hr />

　　　兵力併到赫連昌麾下且被勃勃立為太子，已將上述均衡狀態打破。其他諸子　　　恐怕也會心生不服，矛盾隨之而來，為勃勃死後之諸子相攻埋下禍根。
〔註96〕《魏書》卷九十五〈鐵弗劉虎列傳‧昌附傳〉，頁 2057。
〔註97〕語出崔浩回覆魏主拓跋燾之語，參閱《通鑑》卷一百二十〈宋紀二〉文帝元　　　嘉三年條，頁 3849。
〔註98〕《魏書》卷四〈世祖紀〉世祖始光三年十一月條，頁 71～72。
〔註99〕《魏書‧世祖紀》曰「帝率輕騎二萬襲赫連昌」，但同書〈鐵弗劉虎列傳‧昌　　　附傳〉卻稱此數為「輕騎一萬八千」，今從〈世祖紀〉。參閱《魏書》卷四〈世　　　祖紀〉始光三年十月條，頁 71；《魏書》卷九十五〈鐵弗劉虎列傳‧昌附傳〉，　　　頁 2057。
〔註100〕《通鑑》卷一百二十〈宋紀二〉文帝元嘉三、四年條，頁 3852～3857。
〔註101〕《魏書》卷九十五〈鐵弗劉虎列傳‧昌附傳〉，頁 2058。

第二節　鮮卑政權的武裝部隊

自檀石槐部落聯盟瓦解後，鮮卑族系逐漸發展成慕容、宇文、段與拓跋
等部分立的局面；其中，前三者後來統一在 337 年建立前燕的慕容部，之後
又併滅冉魏，與同時崛起的前秦爭霸華北。而位在今內蒙古的拓跋部則因晉
朝封授，以代為國號，成為華北外圍的一支強大勢力。之後，前秦勢盛，分別
於 370 與 376 年，併滅前燕與代，成為華北地區霸主。然 383 年，前秦敗於
淝水一役，慕容與拓跋部又乘機復國，建立後燕與北魏，後燕之後滅於北魏，
北魏最後統一華北。本節所論，即在探討前燕、後燕與北魏這三個鮮卑族系
政權所建立的武裝部隊。

一、具部族聯合體與生產建設兵團性質的前燕軍隊

前燕在 350 年揮軍華北前，是一支位在遼西的鮮卑部落，憑著統一周邊
諸部的成就，南下入侵已陷入亂局的後趙，之後幾乎控有遼東至洛陽以東之
地，形成燕秦爭霸之局。本目即在論述前燕的武裝部隊發展，及與後趙（冉
魏）、前秦決勝時的概況。

在慕容部建立燕國前，實乃中國大陸東北眾多部落之一。自東漢末年
以來，因軍閥割據，利用遼東、遼西土著參與作戰的現象極為普遍，他們
因此也具有一種傭兵部隊性質，不時周旋各勢力以從中獲益。〔註102〕其主
莫護跋可能就是在魏明帝時，「率其諸部入居遼西，從（晉）宣帝伐公孫氏
有功，拜率義王，始建國於棘城之北」，但二傳至慕容涉歸時，「遷邑於遼
東北」。慕容部可能因為勢弱，屢遭同在遼西的宇文與段部侵掠，不得不於
晉武帝太康二年（281 年）遷至較不利發展，但可能相對安全的遼東北地
區。而為改善此等劣勢，涉歸之子廆自太康六年（285 年）為部眾迎立後，
先是上表晉廷准許討伐宇文部不得，入寇遼西又失敗，「自後復掠昌黎，每
歲不絕。又率眾東伐扶餘，扶餘王依慮自殺，廆夷其國城，驅萬餘人而歸」，
〔註103〕乃將發展目標暫時轉向東方，藉寇掠增強實力，並從戰力較薄弱的
扶餘著手。

〔註102〕〔日〕谷川道雄，〈中国辺境社会の歴史的研究〉，昭和 63 年度科学研究費
　　　　補助金（研究課題番号：62301048）總合研究（A）研究成果報告書，京都
　　　　大学文学部，平成元年 3 月，頁 36。

〔註103〕《晉書》卷一百八〈慕容廆載記〉，頁 2803。

於是，慕容部戰勝扶餘，驅萬餘人而歸。他們既是「以弓矢刀矛為兵，家家自有鎧仗」，〔註104〕等於為慕容部增加萬餘人的兵力，對其整體戰力的提昇必有不小助益。這種藉驅、俘其他部落人力，以獲得兵源的方式，是諸多胡夷部落常用的手段。〔註105〕

按《後漢書·百官志》載：「四夷國王，率眾王，歸義侯，邑君，邑長，皆有丞，比郡、縣」，〔註106〕前述莫護跋之「拜率義王」，對魏晉政府而言，至多只相當於郡級的領袖而已；慕容涉歸「進拜鮮卑單于」與慕容廆「拜為鮮卑都督」，〔註107〕並不等於統領整個鮮卑族。換言之，這時的慕容部只是當地眾多獨立的鮮卑部落之一，這些部落實際上都歸晉朝東夷校尉監護，〔註108〕東夷校尉主要負責維持當地穩定。〔註109〕

不過，當西晉末年天下大亂，「流亡歸附者日月相繼」，或許受此影響，慕容廆之子慕容翰才提出「上則興復遼邦，下則并吞二部，忠義彰於本朝，私利歸於我國」的「假勤王行兼併」戰略。〔註110〕後來不僅改變晉廷原有的觀感，〔註111〕也提昇自身名望，加上「刑政修明，虛懷引納」，於是「流亡士庶多襁負歸之」，遂「推舉賢才，委以庶政」。在人才運用方面，則有：〔註112〕

　　以河東裴嶷、代郡魯昌、北平陽耽為謀主，北海逢羨、廣平游邃、
　　北平西方虔、渤海封抽、西河宋奭、河東裴開為股肱，渤海封弈、

〔註104〕據《三國志·烏丸鮮卑東夷傳·夫餘附傳》載：「夫餘……其人……性彊勇謹厚，不寇鈔」，當中的「不寇鈔」代表扶餘人專務生產，應少對外寇掠，故作戰經驗少，易遭外力侵犯。參閱《三國志》卷三十〈烏丸鮮卑東夷傳·夫餘附傳〉，頁841。
〔註105〕這不僅存在於當時，甚至近千年後的蒙古人也仍採取「其犯寇者殺之，沒其妻子畜產」，亦即藉「沒其妻子」，以繁衍人口，自然有助於兵員獲得。參閱〔南宋〕彭大雅，《黑韃事略（及其他四種）》（北京：中華書局，1985年），頁10。
〔註106〕《後漢書》志第二十八〈百官五〉，頁3632。
〔註107〕《晉書》卷一百八〈慕容廆載記〉，頁2804。
〔註108〕雷家驥，〈慕容燕的漢化統治與適應〉，頁17，22。
〔註109〕因此當285年，慕容廆滅扶餘，東夷校尉何龕即「遣督護賈沈將迎立（扶餘王）依慮之子為王」，遂復扶餘之國。筆者認為目的旨在確保當地各部落間的平衡，以維持安定。參閱《晉書》卷一百八〈慕容廆載記〉，頁2804。
〔註110〕《晉書》卷一百八〈慕容廆載記〉，頁2805。
〔註111〕此可以《晉書·慕容廆載記·裴嶷附傳》載：「初，朝廷以廆僻在荒遠，猶以邊裔之豪處之。（裴）嶷既使至，盛言廆威略，又知四海英賢並為其用，舉朝改觀焉」為證。參閱《晉書》卷一百八〈慕容廆載記·裴嶷附傳〉，頁2812。
〔註112〕《晉書》卷一百八〈慕容廆載記〉，頁2806。

平原宋該、安定皇甫岌、蘭陵繆愷以文章才儁任居樞要，會稽朱左
車、太山胡毋翼、魯國孔纂以舊德清重引為賓友，平原劉讚儒學該
通，引為東庠祭酒，其世子皝率國胄束脩受業焉。廆覽政之暇，親
臨聽之，於是路有頌聲，禮讓興矣。

　　儘管裴嶷、魯昌等漢人僅從事僚佐之類的工作，但在其影響下，慕容部
得悉謀略運用要領，故能週旋於四邊敵對部落，並持續貫徹前述「假勤王行
兼併」戰略，有助於提昇慕容部的地位。特別是在 318 年，晉元帝「授慕容
廆龍驤將軍·大單于」，廆得以按晉制建立將軍府，「以游邃為龍驤長史，劉
翔為主簿，命邃創定府朝儀法」；〔註113〕之後更於 321 年，「以慕容廆為都
督幽、平二州、東夷諸軍事·車騎將軍·平州牧，封遼東公·單于如故」，
「廆於是備置僚屬，以裴嶷、游邃為長史，裴開為司馬，韓壽為別駕，陽耽
為軍諮祭酒，崔燾為主簿，黃泓、鄭林參軍事」。〔註114〕上述僚佐於是從顧
問身分，提昇為車騎將軍府的重要幕僚。慕容氏地位的提高，連帶使下級機
構日漸完備，這對慕容氏穩定內部及其軍事能力的增強皆有助益。〔註115〕
回顧諸史對慕容部作戰經過的記載，已不再完全倚靠蠻力取勝，可說是漢人
擔任軍事幕僚之功。〔註116〕

　　當時，慕容部的武裝部隊幾乎來自本部落與併吞鄰近部落，〔註117〕後者
即便是被迫加入，需藉質子以宣示效忠，但他們與胡羯族系一樣，皆屬「生
活條件與戰鬥條件一致者」，加上「俗貴兵死，斂屍以棺，有哭泣之哀，至葬
則歌舞相送」，且藉「每鈔略得財物，均平分付，一決目前，終無所私」等手

〔註113〕《通鑑》卷九十〈晉紀十二〉元帝太興元年三月條，頁 2903。

〔註114〕《通鑑》卷九十一〈晉紀十三〉元帝太興四年十二月條，頁 2940。

〔註115〕雷家驥，〈慕容燕的漢化統治與適應〉，頁 26，48～49。

〔註116〕如 319 年晉東夷校尉崔毖陰結高句麗與宇文、段部，「謀滅廆以分其地」，慕容
部「諸將請擊之」，慕容廆曰：「彼軍初合，其鋒甚銳，幸我速戰。若逆擊之，
落其計矣。靖以待之，必懷疑貳，迭相猜防。一則疑吾與毖謀而覆之，二則自
疑三國之中與吾有韓魏之謀者，待其人情沮惑，然後取之必矣」，之後果然造成
高句麗與段部各自猜疑，「引兵而歸」，留下宇文部單打獨鬥的局面。慕容廆所
採取的其實就是一種心理戰思維：先使敵自我瓦解，然後再與其決戰。較高句
麗、宇文、段部單靠武力勝敵，明顯高明許多，筆者認為這與漢族士人充當軍
事幕僚有關。參閱《晉書》卷一百八〈慕容廆載記〉，頁 2806～2807。

〔註117〕雖然當時從中原流亡到遼西的漢人為數不少，姑且不論當中是否有出身於士
家者，即使有兵戶混雜其中，他們也會儘可能地掩蓋此等身分，而未加入慕
容部武裝部隊行列。參閱何茲全，〈十六國時期的兵制〉，頁 287。

段以維持部屬向心，〔註118〕儘管慕容部與他族士兵分配作法仍有差異，但皆能征善戰，一如漢魏以來的塞外游牧民族。在漢人的影響下，軍力逐漸強化；繼承慕容廆的慕容皝也在僚屬的建議下，於337年稱王，建立前燕，並仿效曹操、司馬昭故事，採取務農習戰的國防政策。〔註119〕這與之後能一一併滅包括段部及宇文鮮卑在內的周遭勢力，皆有密切關連。

因此，當349年，後趙爆發內亂，「將士顧家，人懷歸志」，〔註120〕燕主慕容儁得以「簡精卒二十餘萬」，於次年分徒河、蠮螉塞、盧龍塞三路進擊後趙（冉魏），〔註121〕然前燕的兵力來源與兵力結構亦隨著進軍華北而開始改變。

在350年進軍華北前，前燕的武裝部隊均來自慕容部及周邊各部落，並經長時間的合併與整頓，發展成如雷家驥師所述的「部族聯合體」：〔註122〕

> 它是由以慕容氏為核心的若干集團結合而成，包括：慕容氏、慕輿氏、可足渾氏等結成的慕容部核心集團，烏桓及其他鮮卑諸部的東胡系集團，夫餘和高句麗的東夷系集團，匈奴、羯及丁零、敕勒等的北胡集團，與及漢人集團。

但隨著戰事發展至黃河以南與準備「經略關西」，原先隨慕容儁攻入華北，為數二十餘萬，以騎兵為主的前燕軍隊已無法滿足陣線急速擴大所需，〔註123〕也逐漸難以適應氣候、地形皆異於華北、遼西之作戰環境。〔註124〕慕容儁於是在358年下令：〔註125〕

〔註118〕《三國志》卷三十〈烏丸鮮卑東夷傳〉，頁839。

〔註119〕雷家驥，〈慕容燕的漢化統治與適應〉，頁29。

〔註120〕《通鑑》卷九十八〈晉紀二十〉穆帝永和五年條，頁3142。

〔註121〕《通鑑》卷九十八〈晉紀二十〉穆帝永和六年二月條，頁3153。

〔註122〕雷家驥，〈慕容燕的漢化統治與適應〉，頁40。

〔註123〕按350年前燕進軍後趙前，兩國界於「樂安——凡城」，長約二百公里之線；但到了358年，其已南推到「泰山—任城—東平—濮陽」等郡之線，與東晉對峙，且向西推進到并州，與前秦接觸，整個前線已擴大到約二千公里。就各兵平均負責的正面來看，如此巨大的變動顯然已非原先的二十餘萬兵力所能承擔。參閱牟發松等，《中國行政區劃通史：十六國北朝卷》，頁196。

〔註124〕按中國大陸天候、地形與人民生活習慣言，「大別山—桐柏山—淮河」之線乃將之分割成兩種截然不同型態的分界線。當時前燕既有經略秦晉之志，必將面臨此種轉變。參閱李則芬，《兩晉南北朝歷史論文集》（臺北：臺灣商務印書館，民國76年2月），頁245。

〔註125〕《晉書》卷一百十〈慕容儁載記〉，頁2840。

州郡校閱見丁，精覆隱漏，率戶留一丁，餘悉發之，欲使步卒滿一百五十萬，期明年大集，將進臨洛陽，為三方節度。武邑劉貴上書極諫，陳百姓凋弊，召兵非法，恐人不堪命，有土崩之禍，……儁覽而悅之，付公卿博議，事多納用，乃改為三五占兵，寬戎備一周，悉令明年季冬赴集鄴都。

「令州郡校閱見丁」意指從後趙新近占領的各州郡民戶中征發步卒。由於為數需達一百五十萬人，早先流亡遼西、遼東的漢人顯然無法承受如此沉重的負擔。便沿用 314 年，石勒令「州郡閱實人口」的成果，以之征調州郡青壯從軍。這既是前燕兵力的大幅擴充，也是改變以鮮卑騎兵為主體之軍隊結構的開始。

352 年，慕容儁稱帝後下令：「汦河之師，守鄴之軍，下及戰士，賜各有差。臨陣戰亡者，將士加贈二等，士卒復其子孫。殿中舊人皆隨才擢敘」。[註126]「汦河」為今之沙河，經河北定縣之南，[註127] 即十六國時之中山郡，「汦河之師」係《晉書·慕容儁載記》載：351 年，「儁如中山，……閔懼，奔于常山，恪追及於汦水。……分軍為三部，……及戰，敗之，斬首七千餘級，擒閔，……遂進攻鄴」的部隊，[註128] 應為前燕最精銳的騎兵部隊，該部為此役的決勝關鍵，獲得的賞賜應最豐厚；其次的「守鄴之軍」乃攻陷鄴城者，為負責攻堅的部隊，多為漢人與慕容部以外的一般將領與士兵組成，這類兵源的成份較雜，他們可能不少是被迫加入，也可能有深仇於慕容部的，打勝仗的賞賜未必能保證其誓死效忠；「殿中舊人」為與此戰有關之相關臣吏，僅止於「隨才擢敘」，應不屬於武裝部隊成員。這種對所屬按親疏決定任務，又按等級區分獎賞的作法，事實上亦反映不同性質的部隊在前燕武裝部隊所佔的重要性。

因此，當前燕大量徵兵，準備用於爾後對東晉及前秦的作戰時，他們在前燕軍隊的地位當較上述「汦河之師」、「守鄴之軍」更低。這種短時間徵集而得的兵員，先前既未接受前燕統治，且又親身經歷過後趙末期與冉魏時期的種種紛亂，對戰爭極為厭倦，當作戰勝利時，或許有利於擴大戰果，但若遭敵擊敗，極可能如鳥獸散般奔逃。他們包括後趙末年，「石季龍將李歷、張

〔註126〕《晉書》卷一百十〈慕容儁載記〉，頁 2834。

〔註127〕嚴耕望，《唐代交通圖考》，頁 1631。

〔註128〕《晉書》卷一百十〈慕容儁載記〉，頁 2833。

平、高昌等並率其所部稱藩於儁，遣子入侍」後，新增的兵力。但他們「投款建鄴，結援苻堅，並受爵位，羈縻自固，雖貢使不絕，而誠節未盡」，〔註129〕前燕用他們擴大武裝部隊陣容顯然就是一種冒險。筆者認為前燕此舉應該只在獲得震懾敵人的象徵效果而已，更何況如此龐大的人力必將影響國家勞動力與國計民生，服役時間應該不會太長。

尤有甚者，當前燕進軍華北，又於滅冉魏後大量徵兵，對後勤支援更具考驗。按胡夷族群多係仰賴游牧生產與掠奪分配，來滿足生活需要，慕容部本身就是一個個具此特性的「生產建設兵團」；早期在遼東、遼西時期就是如此地生活與作戰。但當占地日廣與軍隊規模日漸擴大，作為部落長的君主，必須針對現況，解決部落軍隊及其家人的生活，於是便有「軍封制度」出現。〔註130〕

事實上，自「二京傾覆，幽冀淪陷，廆刑政修明，虛懷引納，流亡士庶多襁負歸之。廆乃立郡以統流人」及自流亡遼西之漢人中，「推舉賢才，委以庶政」以來，〔註131〕慕容部亦對其部族教以農桑，使之朝農耕化轉型。故在340年，慕容皝在致庾冰的書信曰：「自頃迄今，交鋒接刃，一時務農，三時用武，而猶師徒不頓，倉有餘粟」，〔註132〕說明當時軍中尚能自給自足。但自滅宇文部與南進華北後，上述機制已無法滿足實需。慕容皝記室參軍封裕在345年即進諫：「宜量軍國所須，置其員數，已外歸之於農」，〔註133〕將部分民間軍工商人口納入軍營，來解決後勤問題；這些人口隨軍征戰，屬前燕國防體系的一環，當然不歸地方郡縣治理。

於是隨著戰事與兵力規模的發展，有如在軍中設置「蔭戶」的現象愈見嚴重，地方政府能掌控的人口也越來越少，應當從事的賦役只能強加在一般百姓身上，〔註134〕連帶影響到整個國計民生。尚書左丞申紹因而上疏曰：〔註135〕

> 秦吳狡猾，地居形勝，非唯守境而已，乃有吞噬之心。中州豐實，

〔註129〕《晉書》卷一百十〈慕容儁載記〉，頁2839。
〔註130〕雷家驥，〈慕容燕的漢化統治與適應〉，頁59～61。
〔註131〕《晉書》卷一百八〈慕容廆載記〉，頁2806。
〔註132〕《晉書》卷一百九〈慕容皝載記〉，頁2821。
〔註133〕《晉書》卷一百九〈慕容皝載記〉，頁2825。
〔註134〕馬長壽，《烏桓與鮮卑》，頁216～217。
〔註135〕《晉書》卷一百十一〈慕容暐載記〉，頁2855～2856。

戶兼二寇，弓馬之勁，秦晉所憚，雲騎風馳，國之常也，而比赴敵後機，兵不速濟者何也？皆由賦法靡恒，役之非道。郡縣守宰每於差調之際，無不舍越殷強，首先貧弱，行留俱窘，資贍無所，人懷嗟怨，遂致奔亡，進闕供國之饒，退離蠶農之要。

前燕僕射悅綰對此亦建議燕主慕容暐：「今諸軍營戶，三分共貫，風教陵弊，威綱不舉，宜悉罷軍封，以實天府之饒，肅明法令，以清四海」，後「出戶二十餘萬」。〔註136〕按370年，苻堅滅燕，「閱其名籍，凡……戶二百四十五萬八千九百六十九」，此二十餘萬近乎全國總戶數的百分之十，嚴重程度由此可見。前燕軍經此巨變，改藉營利收入等以滿足需求，實乃不得已的作法。故當370年，前秦司徒‧錄尚書事王猛率軍滅燕，前燕軍在接戰之際，猶「鄣固山泉，賣樵鬻水，積錢絹如丘陵，三軍莫有鬭志」，〔註137〕解決後勤問題所造成的弊害實已延燒到部隊戰力。

此外，自350年前燕伐後趙、滅冉魏後，華北地區即成前燕、前秦與東晉鼎足之勢。原屬後趙、冉魏之各地將領、守宰，多投降於此三方，但卻游移不定，如前述的李歷、張平與高昌，致中原戰事不斷，加上369年晉將桓溫見前燕國勢日衰而北伐，這些都使前燕自350年進軍華北以來即少有休整機會，過去所仰賴的慕容部精銳，至此應已磨耗過甚，而難再回復往日雄風了。

二、盛而後衰的後燕軍隊

淝水之戰後，慕容垂在「修復家國之業」的號召下，〔註138〕集鮮卑、烏桓、丁零之力建立後燕，幾乎恢復了前燕時的規模，然最後卻敗於同時崛起的北魏，留下南、北燕殘局。本目即就後燕於384年建國，迄退出河北要域前，其武裝部隊的概況。

370年，前燕滅亡，前秦主苻堅「徙關東豪傑及諸雜夷十萬戶於關中，處烏丸雜類於馮翊、北地，丁零翟斌于新安，徙陳留，……諸因亂流移，避仇遠徙，欲還舊業者，悉聽之」，〔註139〕原欲鞏固前秦政權的佈局，反倒成為淝水戰後，慕容垂復燕的契機。斯時，「垂至河內，殺（苻）飛龍，悉誅氐兵，

〔註136〕《晉書》卷一百十一〈慕容暐載記〉，頁2853。
〔註137〕《晉書》卷一百十一〈慕容暐載記〉，頁2857。
〔註138〕《晉書》卷一百二十三〈慕容垂載記〉，頁3082。
〔註139〕《晉書》卷一百十三〈苻堅載記〉，頁2893。

召募遠近，眾至三萬」，又「遣田生密告（慕容）農等，使起兵趙魏以相應。於是農、宙奔列人，楷、紹奔辟陽，眾咸應之。農西招庫辱官偉于上黨，東引乞特歸於東阿，各率眾數萬赴之，眾至十餘萬」，迄垂「自稱大將軍·大都督·燕王」，兵力已至二十餘萬。〔註140〕從上述過程來看，前燕滅亡後，原先在華北的鮮卑與其他各族雖被迫遷移各地，但他們仍繼續以傳統的部落型態生活，原有的部落架構變動不大，加上時局混亂，各部落紛圖自保，自然會響應慕容氏號召，否則無法迅速集結如此龐大的兵力。這與南匈奴內附東漢兩百多年後，仍能在劉淵高舉反晉復漢旗幟，迅即建立十餘萬人武力的情況相似。

　　然而，當前燕亡時，慕容暐及其王公以下併鮮卑四萬餘戶被苻堅遷至長安，〔註141〕其他鮮卑部落又被散置各地。所以當慕容垂起事時，無法同前燕早就擁有一支龐大的鮮卑部落兵團來做為核心武力。換言之，慕容垂當時擁有的二十餘萬兵力，是集各族部落兵所成者，鮮卑本族的戰士僅佔一部分。核心武力既然如此，控制其他各族的力量必定不夠，需以更具體的封賞，來爭取他族向心，否則會有反叛可能。〔註142〕386年，慕容垂稱帝後，以其子「寶領侍中·大單于」，〔註143〕重新設置大單于乃基於兵力需要，藉賦予其他胡族更多權勢，換得所需兵力。〔註144〕這是前後燕不同之處。

　　儘管後燕武裝部隊同石勒起兵當時，皆是集各族群戰士而成，但石勒當時的華北因連年戰亂，塢壘堡壁四處分立，有利石勒各個擊破、收降，故起事後數年即幾乎掌控整個河北要域，這是當時華北宛如無政府狀態所致；但慕容垂起兵當時，河北要域有冀州牧苻丕駐守，又因分徙來自三原、九嵕、武都、汧、雍等地的氐族於諸要鎮，其中光鄴城一地，就有「四帥子弟三千

〔註140〕《晉書》卷一百二十三〈慕容垂載記〉，頁3081～3082。
〔註141〕《晉書》卷一百十一〈慕容暐載記〉，頁2858。
〔註142〕如《晉書·慕容垂載記》載：丁零「翟斌潛諷丁零及西人，請斌為尚書令。……垂猶隱忍容之，令曰：『翟王之功宜居上輔，但臺既未建，此官不可便置。』」，斌怒，密應苻丕，……」，《通鑑》記此事之因為「翟斌恃功驕縱，邀求無厭；又以鄴城不下，潛有貳心」，顯見翟斌之叛與欲求無法滿足有關，鄴城久攻不下便成為叛垂的肇因。參閱《晉書》卷一百二十三〈慕容垂載記〉，頁3085；《通鑑》卷一百五〈晉紀二十七〉孝武帝太元九年七月條，頁3382。
〔註143〕《晉書》卷一百二十三〈慕容垂載記〉，頁3087。
〔註144〕李海葉，《慕容鮮卑的漢化與五燕政權——十六國少數民族發展史的個案研究》（北京：中國社會科學出版社，2015年11月），頁123。

戶」，還有秦將「石越戍鄴，張蚝戍并州」之機動部署；〔註145〕即便苻丕後來棄鄴奔并，河北要域仍有「冀州牧苻定、鎮東苻紹、幽州牧苻謨、鎮北苻亮」分駐各地。〔註146〕換言之，淝水戰敗雖為前秦帶來極大的國安危機，但關東地區基本尚未失控。因此，慕容垂即使欲襲據洛陽，卻深恐無力確保，最後只好放棄並轉取鄴城；之後雖攻進鄴城，卻無法一舉成事，戰事因而陷入膠著。〔註147〕當時守鄴的秦兵應不多於六萬，〔註148〕這與350年，前燕主慕容儁「簡精卒二十餘萬」進攻後趙，之後「閔將蔣幹閉城距守。儁又遣慕容評等率騎一萬會攻鄴。……尋而慕容評攻克鄴城」相比，〔註149〕有著極大反差，凸顯後燕武裝部隊戰力無法滿足復國需要：既要與苻定、苻紹、苻謨、苻亮等前秦殘餘勢力交戰，又要不斷應付內部成員的反叛，造成「連歲征役，士卒疲怠」現象，〔註150〕結果即是整體戰力的不斷下滑。

尤有甚者，當淝水之戰後，前述徙于長安的四萬餘戶，概約二十萬口鮮卑人，這時人口至少已增為「三十餘萬口」，較原先至少增加三分之一，〔註151〕他們追隨慕容暐弟濟北王泓與中山王沖起兵反抗前秦，也企圖復國，最後卻因慕容垂稱帝而未合一。於是在慕容暐從叔伯慕容永的率領下來到并州，並於長子建立西燕政權，前燕復國陣營遂一分為二，慕容垂亦需分兵防患其可能造成的種種威脅。

儘管後燕於392年平丁零，394年滅西燕，既有威脅一一排除，後燕可徹底重整戰力，但北方的北魏卻在此時崛起，且「侵逼附塞諸部」，〔註152〕慕容垂決定討伐。因此，當395年五月，慕容寶等率步騎九萬八千伐北魏，

〔註145〕《晉書》卷一百二十三〈慕容垂載記〉，頁3080。

〔註146〕《晉書》卷一百二十三〈慕容垂載記〉，頁3087。

〔註147〕《晉書》卷一百二十三〈慕容垂載記〉，頁3081，3085。

〔註148〕此六萬兵力係依《晉書·苻丕載記》載：「堅敗歸長安，丕為慕容垂所逼，……丕乃去鄴，率男女六萬餘口進如潞川」推論而得，蓋此六萬口應為氐人，當中的氐兵乃苻丕守鄴所依恃的兵力。參閱《晉書》卷一百十五〈苻丕載記〉，頁2941。

〔註149〕《晉書》卷一百十〈慕容儁載記〉，頁2833～2834。

〔註150〕《晉書》卷一百二十三〈慕容垂載記〉，頁3088。

〔註151〕《魏書》卷九十五〈徒河慕容廆列傳·永附傳〉，頁2064。其人口增長之速，無怪乎胡三省於注《通鑑》時曰：「海西公太和五年，秦遷鮮卑於長安，至是財十七年爾，而種類蕃育乃如此」，參閱《通鑑》卷一百六〈晉紀二十八〉孝武帝太元十一年三月條，頁3414。

〔註152〕《通鑑》卷一百八〈晉紀三十〉孝武帝太元二十年四月條，頁3474。

〔註153〕所藉即為此等兵力。此役，北魏主拓跋珪採「羸形以驕之」策略，「悉徙部落畜產，西渡河千餘里以避之」，〔註154〕企圖誘敵深入，待敵師老兵疲再予反攻。九月，燕軍進抵臨河，受黃河所阻，雙方隔河對峙。至十月，師老兵疲果現，既有術士靳安建議退軍，又有燕將慕輿嵩等圖謀作亂，於是撤軍東返。〔註155〕此其間，燕軍本應不時派出後方警戒，以防北魏追擊，但此時寶既不知撫循士卒，又「軍無節度，將士莫為盡心」；至退抵參合陂東，纔「行十餘里，便皆解鞍寢臥」，即使最後「遣（慕容）麟率騎三萬為後殿，以禦非常」，仍毫無警覺，「縱騎遊獵」，殊不知北魏軍早因黃河冰封，掩襲而來了。燕軍於是在毫無警戒之下，遭北魏成功夜襲，隨即「一時放仗，斂手就羈」，僅「寶與德等數千騎奔免，士眾還者十一二」，其餘的四五萬人均為北魏所俘。〔註156〕本戰不僅以後燕慘敗告終，同時也是翻轉燕強魏弱形勢的標誌，對爾後華北地區戰略環境影響極大。

　　參合陂一直到北魏末年，都還是一個周圍70至80里的大波潭，故可視為一個作戰階層的地障。〔註157〕倘後燕軍妥善利用，當可牽制北魏軍行動，甚至能瓦解其夜襲攻勢，即使戰敗，未必會敗得如此之慘。從當時後燕軍指揮官幾乎毫無作為及將士無力應變來看，參合陂之戰恰恰顯示此時後燕軍的作戰效能已降至相當低劣的程度。

　　此外，在前燕後期廢除軍封制度後，曾造成戰力下滑，故前秦得以乘機滅之。但從《晉書·慕容寶載記》「（寶）遵垂遺令，校閱戶口，罷諸軍營分屬郡縣，定士族舊籍，明其官儀」，〔註158〕及《通鑑》「燕主寶定士族舊籍，分

〔註153〕此「步騎九萬八千」係依《晉書·慕容垂載記》「遣其太子寶及農與慕容麟等率眾八萬伐魏，慕容德、慕容紹以步騎一萬八千為寶後繼」之記載，加總而得。參閱《晉書》卷一百二十三〈慕容垂載記〉，頁3089。

〔註154〕《通鑑》卷一百八〈晉紀三十〉孝武帝太元二十年七月條，頁3475。

〔註155〕《通鑑》卷一百八〈晉紀三十〉孝武帝太元二十年七月條，頁3476。

〔註156〕《魏書》稱燕軍於此役「遺迸去者不過千餘人」，扣除「斂手就羈」的四五萬人與生擒的王公文武將吏數千人，顯然還有二萬餘人下落不明，這麼多人若死於夜戰，又與燕軍「一時放仗，斂手就羈」之記述矛盾，筆者認為《晉書》「寶與德等數千騎奔免，士眾還者十一二」，亦即有一二萬人隨慕容寶退回國內較為可信，故從之。參閱《魏書》卷九十五〈徒河慕容廆列傳·垂附傳〉，頁2068；《晉書》卷一百二十三〈慕容垂載記〉，頁3089。

〔註157〕何世同，《中國中古時期之陰山戰爭及其對北邊戰略環境變動與歷史發展影響》，頁214。

〔註158〕《晉書》卷一百二十四〈慕容寶載記〉，頁3093。

辨清濁，校閱戶口，罷軍營封蔭之戶，悉屬郡縣」等記載觀之，〔註159〕當慕容垂復燕期間，需藉種種封賞以爭取各部，特別是其他各族的支持，遂將原已廢除的軍封制度恢復。只不過當此制實行日久，相同的弊病又再重演，而連年征戰，又須不斷藉「軍封」以維繫戰力，致弊害越演越烈。〔註160〕筆者認為，這應該是慕容垂生前遲遲無法「罷諸軍營分屬郡縣」的真正原因。慕容寶既無乃父能力，其驟然廢除軍封，加上「法峻政嚴」，造成「上下離德」乃必然的結果。〔註161〕特別對許多因軍功而得以冒稱士族的將佐大為不利，〔註162〕連帶影響軍隊穩定。

儘管廢除軍封並未重蹈 370 年潞川之戰前，燕軍「鄣固山泉，賣樵鬻水，積錢絹如丘陵，三軍莫有鬥志」之狀況，但後勤的負擔卻轉嫁到當地百姓身上。例如《通鑑》載 396 年，「燕遼西王農悉將部曲數萬口之并州，并州素無儲偫，是歲早霜，民不能供其食，又遣諸部護軍分監諸胡，由是民夷俱怨」，〔註163〕最後造成「魏伐并州，驃騎農逆戰，敗績，還于晉陽，司馬慕輿嵩閉門距之」的結果。〔註164〕慕容農入并既有部曲數萬隨行，說明慕容寶廢除軍封並不徹底；或許就是其他將領的部曲已分屬郡縣，但貴為遼西王的慕容農卻擁部曲數萬，造成嚴重的「上下離德」後果，連帶影響作戰遂行與內部鞏固，「司馬慕輿嵩閉門距之」，或許就是此等現象的反映。

另從 396 年，慕容垂因參合陂之敗，自率大軍伐北魏，「至參合，見往年戰處積骸如山，設弔祭之禮，死者父兄一時號哭，軍中皆慟」來看，〔註165〕後燕兵制亦沿襲前燕，為具兵民合一性質的部落兵制，〔註166〕只不過後燕的部落兵是多族群的集合，與前燕以鮮卑為主體不同。

後燕儘管能藉部落兵制滿足兵力需求，但在北魏的軍事進攻下，「自常山以東，守宰或捐城奔竄，或稽顙軍門，唯中山、鄴、信都三城不下」，〔註167〕

〔註159〕《通鑑》卷一百八〈晉紀三十〉孝武帝太元二十一年六月條，頁3482。

〔註160〕馬長壽認為這種弊病已經造成後燕最大問題不再是外患，而是統治階級內部對戶口的不斷爭奪。參閱馬長壽，《烏桓與鮮卑》，頁217。

〔註161〕《晉書》卷一百二十四〈慕容寶載記〉，頁3093。

〔註162〕唐長孺，〈晉代北境各族「變亂」的性質及五胡政權在中國的統治〉，頁171。

〔註163〕《通鑑》卷一百八〈晉紀三十〉孝武帝太元二十一年七月條，頁3483。

〔註164〕《晉書》卷一百二十四〈慕容寶載記〉，頁3094。

〔註165〕《晉書》卷一百二十三〈慕容垂載記〉，頁3090。

〔註166〕高敏，《魏晉南北朝兵制研究》，頁183。

〔註167〕《魏書》卷二〈太祖紀〉皇始元年十一月條，頁28。

後燕能征集到的兵力日漸枯竭。從 397 年,「(慕容)寶悉出珍寶及宮人招募郡縣,羣盜無賴者多應之」,〔註 168〕後以「步卒十二萬,騎三萬七千,次于曲陽柏肆」來看,〔註 169〕到了後燕末年,原有的部落兵或降拓跋或分散逃亡,需藉「悉出珍寶及宮人」之手段來募集戰士。魏收在《魏書》稱這些兵力是「羣盜無賴」,或有可能是出於貶抑後燕的偏見,但這麼龐大的兵力竟在一次夜襲失敗,即「遭斬首萬餘級」,且有四千餘將校遭擒,顯然也是一支戰力低下的烏合之眾。

三、擴張與胡漢雜揉並行的北魏軍隊

北魏源於鮮卑拓跋部,曾出兵助晉對抗劉淵,其主拓跋猗盧先後為晉懷帝、愍帝封代公、代王,取得西河、朔方以東,代郡以西,方數百里之地,〔註 170〕遂以代為國號。惟 376 年亡於前秦,國一分為二,分由獨孤部劉庫仁與鐵弗部劉衛辰所統。〔註 171〕

淝水之戰後,拓跋珪於 386 年在牛川即代王位,宣告復國,〔註 172〕先後滅獨孤與鐵弗部,〔註 173〕奪回句注山南北地區與朔方,掌控今內蒙古鄂爾多斯草原後,〔註 174〕即與後燕相攻,成功取得并、幽、冀州在內之關東地區。其後宣示「躬率六軍,掃平中土,凶逆蕩除,遐邇率服」之志,以魏為國號,〔註 175〕史稱北魏。425 年,夏主赫連勃勃死,諸子相攻,魏主拓跋燾次年率軍討伐,取得關西地區之大部,成為爾後統一華北之關鍵。本目旨在論述北魏(代國)武裝部隊發展,及與後燕、夏國爭霸時的概況。

北魏武裝部隊的發展,概可分為「滅後燕入關東」與「伐夏國略關西」之兩個時期,前者乃奠基於拓跋部的長年經營,後者繫於逐後燕出河北要域後,治理關東地區時所展開的一系列變革。

〔註 168〕《魏書》卷二〈太祖紀〉皇始二年正月條,頁 29。
〔註 169〕《晉書》卷一百二十四〈慕容寶載記〉,頁 3094。
〔註 170〕《魏書》卷一〈序紀〉,頁 7。
〔註 171〕《魏書》卷二十四〈燕鳳列傳〉,頁 610。
〔註 172〕《魏書》卷二〈太祖紀〉登國元年正月條,頁 20。
〔註 173〕劉顯為劉庫仁之子,其時,劉庫仁已死,弟眷繼之,後為庫仁子顯所殺。參閱《魏書》卷二十三〈劉庫仁列傳〉,頁 605～606。
〔註 174〕中國歷代戰爭史編纂委員會,《中國歷代戰爭史(第五冊)》,頁 323。
〔註 175〕《魏書》卷二〈太祖紀〉天興元年六月條,頁 32。

　　據《魏書‧序紀》載：「至成皇帝諱毛立。聰明武略，遠近所推，統國三十六，大姓九十九，威鎮北方，莫不率服」。〔註176〕當時，北方游牧民族所謂之「國」，猶部落之「部」，此「國」與「大姓」頗類《後漢書‧烏桓鮮卑列傳》所謂「邑落各有小帥，數百千落自為一部」之「部」與「邑落」，無論是小帥還是大人，皆為平時領民、戰時領兵之氏族長。〔註177〕隨著拓跋部實力漸強，原有的「國」—「大姓」架構，乃有歸附與被征服部落的成員加入，〔註178〕當中又以高車兵最為重要。〔註179〕

　　由於高車人「各有君長，為性粗猛，黨類同心，……鬭無行陳，頭別衝突，乍出乍入，不能堅戰」，〔註180〕與游牧民族征戰專藉騎兵之機動特性，不講求兵法與戰陣相若；自388、390年，拓跋珪先後討伐解如與紇突隣部，「盡略徙其部落畜產而還」以來，〔註181〕即為北魏軍重要成員。在滅燕以前，北魏武裝部隊即以拓跋鮮卑為主力，並納編高車等胡夷部落而成，漢人頂多僅從事後勤支援，並不參與軍事作戰。〔註182〕

　　當拓跋珪復國之初，首先面臨的挑戰有來自劉顯、劉衛辰、庫莫奚、柔然（蠕蠕）與高車等部，皆位於鄂爾多斯草原及其四週，這種環境使北魏必須維持一支以騎兵為主的軍隊。其「無鋼甲利器，敵弱則進，強即退走」，是一支「驅馳若飛」的輕騎兵，儘管採「因敵取資」之後勤方式，「無輜重樵爨之苦，輕行速捷」，〔註183〕但也受制於作戰地區物資狀況，而難以久戰。〔註184〕396至398年，北魏出征後燕時，戰場是堅城佈防且河湖密佈的華北地區，騎兵長處難以發揮，戰事有淪為消耗戰之可能。

〔註176〕《魏書》卷一〈序紀〉，頁1。

〔註177〕《後漢書》卷九十〈烏桓鮮卑列傳〉，頁2979；雷家驥師，〈試論西魏大統軍制的胡漢淵源〉，頁134～135。

〔註178〕何茲全，〈府兵制前的北魏兵制〉，《何茲全文集（第二卷）》（北京：中華書局，2006年7月），頁760。

〔註179〕萬繩楠，《陳寅恪魏晉南北朝史講演錄》，頁208。

〔註180〕《魏書》卷一百三〈高車列傳〉，頁2307。

〔註181〕《魏書》卷一百三〈高車列傳〉，頁2312。

〔註182〕唐長孺，〈南北兵制的差異〉，《魏晉南北朝隋唐史三論——中國封建社會的形成和前期的變化》，頁190。

〔註183〕《魏書》卷二十四〈燕鳳列傳〉，頁609。

〔註184〕如397年，北魏軍攻中山，「是時中山猶拒守，而饑疫並臻，羣下咸思還北」即為一例。參閱《魏書》卷二〈太祖紀〉登國二年八月條，頁30。

這時的魏軍士氣如廣陽王拓跋深（淵）所書：「昔皇始以移防為重，盛簡親賢，擁麾作鎮，配以高門子弟，以死防遏，不但不廢仕宦，至乃偏得復除。當時人物，忻慕為之」，〔註185〕當兵打仗被北魏各部落視為義務及個人光榮，鮮卑貴族亦參與其中，〔註186〕加上他們經常在征戰後獲得賞賜，〔註187〕往往能充分發揮戰力。

不過在北魏定鼎河北要域前，軍隊中非拓跋部成員的可靠度仍低，例如「魏別部大人沒根有膽勇，魏王珪惡之。沒根懼誅，己丑，將兵數十人降燕，燕主寶以為鎮東大將軍‧封鴈門公。沒根求還襲魏」，及「沒根兄子醜提為并州監軍，聞其叔父降燕，懼誅，帥所部兵還國作亂」，造成「珪欲北還，遣其國相涉延求和於燕，且請以其弟為質」，成為慕容寶稍後發動「柏肆之戰」，企圖瓦解北魏攻勢的張本；〔註188〕而397年二月，後燕發動大軍於柏肆發動夜襲的情形，則如《魏書‧太祖紀》所載，儘管已「設奇陣，列烽營外，縱騎衝之，寶眾大敗，斬首萬餘級，擒其將軍高長等四千餘人」，且「獲其器仗輜重數十萬計」，〔註189〕算是打了一場大勝仗。但僅一山之隔的并州，卻是「守將封真率其種族與徒何為逆，將攻刺史元延」，而更遠方的部落，則因「柏肆之戰」造成「遠近流言」，致使：〔註190〕

> 賀蘭部帥附力眷、紇突隣部帥匿物尼、紇奚部帥叱奴根聚黨反於陰館，南安公元順率軍討之，不克，死者數千。詔安遠將軍庾岳總萬騎，還討叱奴根等，滅之。

北魏之所以發生這種狀況，或與其長年作戰，師老兵疲有關，再加上前揭第二章第一節之「鮮卑國家內聚力不足，當最高元首逝世或遭遇重大挫敗往往便分崩離析」等歷史的啟發，柏肆之戰可說是魏軍幾近功敗垂成的導火

〔註185〕《魏書》卷十八〈廣陽王列傳〉，頁429～430。

〔註186〕萬繩楠，《陳寅恪魏晉南北朝史講演錄》，頁208。

〔註187〕此可以388年，「北征庫莫奚。……獲其四部雜畜十餘萬，……班賞將士各有差」，及391年，「大破直力鞮軍於鐵歧山南，獲其器械輜重，牛羊二十餘萬。……自河已南，諸部悉平。簿其珍寶畜產，名馬三十餘萬匹，牛羊四百餘萬頭。班賜大臣各有差」為例。參閱《魏書》卷二〈太祖紀〉登國三年五、六月條，登國六年十一、十二月條，頁22，24。

〔註188〕《通鑑》卷一百八〈晉紀三十〉孝武帝太元二十一年十二月條，頁3489；《通鑑》卷一百九〈晉紀三十一〉安帝隆安元年二月條，頁3493。

〔註189〕《魏書》卷二〈太祖紀〉皇始二年二月條，頁29。

〔註190〕《魏書》卷二〈太祖紀〉皇始二年二月條，頁29。

線，〔註191〕若非元延、庾岳等將迅速撲滅反叛力量，後果將不可收拾。由此觀之，北魏此時的作戰，非拓跋部應該只能負責較不重要的支作戰任務，主作戰還是要由拓跋部進行。這直接侷限了北魏的兵力運用，並削弱其作戰效能。

此後，北魏將兵權大多交由拓跋宗室、貴族掌握。如 422 年，「詔假司空奚斤節，都督前鋒諸軍事，為晉兵大將軍‧行揚州刺史，交阯侯周幾為宋兵將軍‧交州刺史，安固子公孫表為吳兵將軍‧廣州刺史，前鋒伐劉義符」。〔註192〕其中，奚斤為代人，「登國初，與長孫肥等俱統禁兵。後以斤為侍郎，親近左右」；〔註193〕周幾亦為代人，「少以善騎射為獵郎。太宗即位，為殿中侍御史，掌宿衛禁兵，斷決稱職」；〔註194〕僅公孫表因「慕容沖以為尚書郎。慕容垂破長子，從入中山。慕容寶走，乃歸闕」，〔註195〕非出於拓跋部。

另 425 年，拓跋燾大舉征伐柔然，「東西五道並進：平陽王長孫翰等從黑漠，汝陰公長孫道生從白黑兩漠間，車駕從中道，東平公娥清次西從粟園，宜城王奚斤、將軍安原等西道從爾寒山」。〔註196〕長孫翰為代人，「率眾鎮北境，威名甚著，蠕蠕憚之。……蠕蠕每犯塞，翰拒擊有功，進爵為公」；〔註197〕長孫道生亦為代人，「太祖愛其慎重，以掌幾密，與賀毗等四人內侍左右，出入詔命。……從征蠕蠕，與尉眷等率眾出白黑兩漠間，大捷而還」；〔註198〕娥清「代人也，少有將略，累著戰功。……太宗南巡幸鄴，以清為中領軍將軍」；〔註199〕僅安原為遼東胡人，「太宗……知原驍勇，遂任以為將，鎮守雲

〔註191〕 筆者認為，就東胡部落聯盟遭匈奴單于冒頓一次成功的襲擊，及東漢末年鮮卑檀石槐死後，整個部落聯盟即分崩離析來看，似與鮮卑「大人以下，各自畜牧營產，不相係役」，彼此獨立性較高，以及「常推募勇健能理決鬥訟相侵犯者為大人，邑落各有小帥，不世繼也。數百千落自為一部」之傳統有關。換言之，鮮卑大人既有眾人推舉而產生的傳統，當這位大人死亡或因故不再受部眾信賴，部落聯盟就有瓦解或另外產生新大人的可能。北魏在柏肆之戰後所發生的內變，似與這種情況有關。
〔註192〕 《魏書》卷三〈太宗紀〉泰常七年九月條，頁 62。
〔註193〕 《魏書》卷二十九〈奚斤列傳〉，頁 697。
〔註194〕 《魏書》卷三十〈周幾列傳〉，頁 726。
〔註195〕 《魏書》卷三十三〈公孫表列傳〉，頁 782。
〔註196〕 《魏書》卷一百三〈蠕蠕列傳〉，頁 2292。
〔註197〕 《魏書》卷二十六〈長孫肥列傳‧翰附傳〉，頁 653。
〔註198〕 《魏書》卷二十五〈長孫道生列傳〉，頁 645。
〔註199〕 《魏書》卷三十〈娥清列傳〉，頁 720。

中。寬和愛下，甚得眾心。蠕蠕屢犯塞，原輒摧破之。以功賜爵武原侯，加魯兵將軍」，〔註200〕為本戰諸將中，唯一非出於拓跋部者。

由上揭二例可知，北魏選將領兵出征，皆以能征善戰且受魏主信賴，並出於拓跋部的將領為主，即使納入像公孫表、安原等別部將領，也只能當作特例，說明北魏兵權有向拓跋部集中之現象。

此外，自占領關東地區後，北魏疆域不再只有草原地帶，欲鞏固既有地域乃至對外擴張，僅憑騎兵及上述「鬭無行陳，頭別衝突，乍出乍入，不能堅戰」之傳統作戰模式已不足夠，需自我進行「軍事事務革新（Revolution in Military Affairs,：RMA）」。〔註201〕

由《魏書・太祖紀》載：401年，「詔鎮遠將軍・兗州刺史長孫肥步騎二萬南徇許昌、彭城」；404年，「置山東諸冶，發州郡徒讁造兵甲」；406年，「占授著作郎王宜弟造兵法孤虛立成圖三百六十時」之三筆記述分析。〔註202〕第一筆乃北魏首次以步兵投入作戰的記錄，說明北魏開始在中原採用步、騎協同的作戰模式。到了426年征伐夏國前，又「遣（王）斤部造攻具」，〔註203〕證明其更進一步朝適應城居環境的方向發展；第二筆為製造兵甲，強化自身武裝，甚至可作為重裝騎兵出現的標誌，與過去的輕騎兵作戰顯然有別；第三筆按《魏書・禮志四》「太祖天賜三年十月，占授著作郎王宜弟造兵法」之記載，〔註204〕《兵法孤虛立成圖》乃兵法書，是北魏講求兵法的開始。

儘管北魏進占關東地區後，須面臨來自東晉（南朝宋）、後秦與夏國的威脅，及關東人民反抗；同時也面對北方，「其西則焉耆之地，東則朝鮮之地，

〔註200〕《魏書》卷三十〈安同列傳・原附傳〉，頁714。
〔註201〕「軍事事務革新」的定義甚多，筆者認為盧福偉（Bernard Loo）「對整個軍事結構與作業方式採取全然不同的作法」與本文欲陳述的意義較為相近，儘管古代並無這個名詞，但其所揭櫫的精神應已有之。就北魏而言，即因進入與原有生活及戰鬥方式皆不同的地區，面對當地勢力挑戰與擴張需要，不得不融合其特性，遂衍生其軍事組織與用兵方式之變革。參閱盧福偉（Bernard Loo）撰，蕭光霈譯，《軍事轉型與戰略：軍事事務革新與小國（Military Transformation And Strategy）》（臺北：中華民國國防部，民國100年8月），頁8。
〔註202〕《魏書》卷二〈太祖紀〉天興四年七月條、天賜元年五月條、天賜三年四月條，頁39，41～42。
〔註203〕《魏書》卷三十〈王建列傳〉，頁711。
〔註204〕《魏書》卷一百八之四〈禮志四〉，頁2809。

北則渡沙漠，窮瀚海，南則臨大磧。……小國皆苦其寇抄，羈縻附之」的柔然可能帶來的侵害。〔註205〕大致說來，北魏當時概行「南攻北守」的邊防政策，儘管亦曾對高車、柔然發動攻勢，但目的還是以防禦為主。〔註206〕當時除於「緣邊皆置鎮都大將，統兵備禦」外，〔註207〕並輔以「每歲秋冬，遣軍三道並出，以備北寇，至春中乃班師」，〔註208〕在柔然最可能寇掠的秋冬季節，藉機動巡防方式，強化防禦效果。另從《魏書・崔浩列傳》之「今居北方，假定山東有變，輕騎南出，燿威桑梓之中，誰知多少？百姓見之，望塵震服」記載來看，〔註209〕可見作為北魏打擊主力的輕騎兵概皆集中於北魏政權中樞，有事調遣出征，既是北魏的核心武力，同時也是作戰的主力部隊。

對於關東地區治安的維護，則「自太祖平中山，多置軍府，以相威攝。凡有八軍，軍各配兵五千」，並於404年，「制諸州各置都尉以領兵」，〔註210〕軍府所領之兵歸各州都尉掌控。但他們必要時仍會適時投入其他地區作戰，《魏書・叔孫建列傳》載：「簡幽州以南戍兵集于河上，一道討洛陽，一道攻滑臺」即為一例。〔註211〕

雖然北魏已開始統治關東，對漢人仍以「服勤農桑，以供軍國」為主。〔註212〕但仍可找到漢人參戰的記錄，《魏書・刁雍列傳》載：〔註213〕

> 泰常二年，姚泓滅，與司馬休之等歸國。上表陳誠，於南境自效。太宗許之，假雍建義將軍。雍遂於河濟之間招集流散，得五千餘人，南阻大關，擾動徐克，建牙誓眾，傳檄邊境。劉裕遣將李嵩等討雍，雍斬之於蒙山。於是眾至二萬，進屯固山。……八年，太宗南幸鄴，朝於行觀。……太宗……謂之曰：「朕先遣叔孫建等攻青州，民盡藏避，城猶未下。彼既素憚卿威，士民又相信服，今欲遣卿助建等，卿宜勉之。」於是假雍鎮東將軍・青州刺史・東光侯，給五萬騎，

〔註205〕《魏書》卷一百三〈蠕蠕列傳〉，頁2290～2291。
〔註206〕何茲全，〈府兵制前的北魏兵制〉，頁769。
〔註207〕《魏書》卷一百一十三〈官氏志〉，頁2976。
〔註208〕《魏書》卷四十一〈源賀列傳〉，頁922。
〔註209〕《魏書》卷三十五〈崔浩列傳〉，頁808。
〔註210〕《魏書》卷五十八〈楊播列傳〉，頁1287；《魏書》卷一百一十三〈官氏志〉，頁2974。
〔註211〕《魏書》卷二十九〈叔孫建列傳〉，頁705。
〔註212〕《魏書》卷二十八〈劉潔列傳〉，頁688。
〔註213〕《魏書》卷三十八〈刁雍列傳〉，頁865～866。

使別立義軍。建先攻東陽，雍至，招集義眾，得五千人。遣撫慰郡
縣，土人盡下，送租供軍。

　　當時的漢人即以「義軍」之名，一方面協力北魏作戰，一方面又用來對
南方士民發揮政治作戰效果。雖然屬支作戰性質，但僅能視為特例。

　　儘管北魏控領關東地區，疆域的大幅擴增也加重其禦邊與安定內部的壓
力，既有的胡夷兵力恐已吃緊。故北魏隨後進行「軍事事務革新」、運用漢人
「義軍」，乃至「大築郭邑」，〔註214〕皆有利於決戰地區集中優勢兵力之戰略
部署。

第三節　氐羌政權的武裝部隊

　　氐羌族系自漢魏以來，即不斷遷入關隴地區，在當地的族群構成中佔有
相當比重。永嘉之禍後，一部分發展成氐族苻洪集團與羌族姚弋仲集團，之
後又以此為基礎，先後建立前秦（351～394年）與後秦（384～417年）這兩
個稱霸華北一時的政權，兩者的武裝部隊乃本節所探討者。

一、集部族聯合體與軍事封建制的前秦軍隊

　　前秦始於氐族苻洪集團，於永嘉之禍時，因苻洪「散千金，招延俊傑，
訪安危變通之術，戎晉襁負奔之」，〔註215〕發展成以氐族為主，包括羌、漢
等族在內的「部族聯合體」。〔註216〕之後隨石虎遷至枋頭，著有戰功而逐漸
強大。後趙末年，中原大亂，苻健奉父苻洪遺命，率部返還關中，建立前秦；
至苻堅時，國力漸強，於370年滅前燕，成為繼後趙以來，統一河北、山西、
中原與關中要域的華北地區霸主。然於淝水一役戰敗，引發國內紛亂，最後
為後秦所滅。

　　綜觀前秦興亡全程，概可以370年滅亡前燕分界，之前是防禦外敵及被
動平亂為主的「鞏固」階段，以後為「擴張及滅亡」階段。〔註217〕本目所論，
旨在論述前秦武裝部隊的建立與發展，並聚焦於「鞏固」階段之燕秦爭霸，
與「擴張及滅亡」階段之兩秦爭霸。

〔註214〕《南齊書》卷五十七〈魏虜列傳〉，頁984。
〔註215〕《十六國春秋輯補》卷三十一〈前秦錄一〉，頁239。
〔註216〕雷家驥，〈漢趙時期氐羌的東遷與返還建國〉，《國立中正大學學報》，人文分
　　　　冊第7卷第1期（1996年），頁207。
〔註217〕雷家驥，〈前後秦的文化、國體、政策與其興亡的關係〉，頁229。

　　西晉末年，苻洪集團於隴東發展成約二萬戶十萬人左右之規模，先是歸順漢趙，後為石虎「委以西方之事」，負責監護當地六夷流民；[註218]之後以「內實京師」為由，「徙秦雍州民羌十餘萬於關東。遷洪為龍驤將軍・流民都督，處於枋頭」。[註219]按《晉書・石勒載記》載：319年，石勒「以大單于鎮撫百蠻。……通置部司以監之」，[註220]苻洪集團遷至枋頭，也可能因之改編為眾部司之一的軍事部曲組織。他們一方面效法河、淮一帶漢人建築壘壁以自固，另方面以軍屯形態，從事農墾。[註221]此「部族聯合體」也可視為一種部落組織，[註222]儘管兵力來源複雜，卻也同胡夷部落般，具「生活條件與戰鬥條件一致」之特性，故為後趙重用。其主苻洪因之「累有戰功，封西平郡公，其部下賜爵關內侯者二千餘人，以洪為關內領侯將」。[註223]若以上述「二萬戶」為基準，苻洪集團若以每戶出一兵計之，兵力概為二萬人；若如此，所屬有十分之一因功賜爵關內侯，或可由此看出其戰力高下。

　　石虎死後，中原大亂，苻健率部眾返還關中。於351年正月，「即天王・大單于位」，[註224]建立前秦。當時關中情勢混沌不明，對這群返還故土的勢力願否支持，甚有疑問。苻健憑藉所率之十餘萬部眾，[註225]爭取到高陵的氐酋毛受、好畤的徐磋、黃白的羌酋白犢等，實力「眾各數萬」的部落，以及「三輔郡縣堡壁」的降附。[註226]可見，苻健與石勒起事初期一樣，所部皆為集胡夷部落、流民、堡壁等而成，他們皆能征慣戰。故能順利擊敗據守長安的杜洪，也擊退了進軍秦川的晉梁州刺史司馬勳。

　　當時，前秦對各降附部落與原屬後趙的舊勢力，一方面保持其原有的部落組織，以維持自治，他們同時遣子於前秦宣誓效忠，並接受前秦調度，派兵

〔註218〕雷家驥，〈漢趙時期氐羌的東遷與返還建國〉，頁199。
〔註219〕《十六國春秋輯補》卷三十一〈前秦錄一〉，頁239～240。
〔註220〕《晉書》卷一百四〈石勒載記〉，頁2730。
〔註221〕雷家驥，〈漢趙時期氐羌的東遷與返還建國〉，頁201。
〔註222〕高敏，《魏晉南北朝兵制研究》，頁174。
〔註223〕《晉書》卷一百十二〈苻洪載記〉，頁2867。
〔註224〕《通鑑》卷九十九〈晉紀二十一〉穆帝永和七年正月條，頁3161。
〔註225〕按《晉書・苻洪載記》載：「石鑒殺遵，所在兵起，洪有眾十餘萬」，就前後文之意來看，此「眾十餘萬」，當指苻洪所擁有的兵力，洪死後，由苻健繼承。參閱《晉書》卷一百十二〈苻洪載記〉，頁2868。
〔註226〕《通鑑》卷九十八〈晉紀二十〉穆帝永和六年八、九月條，頁3158～3159。

出征，但多屬一時的權宜措施，當中仍有降而復叛者。〔註227〕如354年，「（桓）溫率眾四萬趨長安，……健遣其子萇率雄、菁等眾五萬，距溫于堯柳城愁思堆。溫轉戰而前，次于灞上，……三輔郡縣多降於溫」；〔註228〕及357年，「姚襄遣姚蘭、王欽盧等招動鄜城、定陽、北地、芹川諸羌胡，皆應之，有眾二萬七千，進據黃落。生遣苻黃眉、苻堅、鄧羌率步騎萬五千討之」均屬之。〔註229〕

　　這種叛服不定狀況，的確有礙前秦政權鞏固與軍力維持。因此，自苻健以來，前秦始終依循胡羯，由宗室掌控軍隊之傳統，不僅可防止兵權旁落，亦能避免軍隊受種族因素影響，而自我分化。〔註230〕

　　若由諸將領職銜來觀察前秦軍隊的作戰編組，在上述第一例中，苻萇是大單于，負「鎮撫百蠻」之責，苻雄是都督中外諸軍事，苻菁是衛大將軍。〔註231〕苻萇是全軍總司令，指揮來自各部落的部隊；苻雄是中央軍總指揮，率領苻菁所領，平時宿衛宮廷的禁軍。這是一支集部落兵、中央軍與中央禁軍的隊伍。他們對抗的是來自東晉的桓溫，目標是外患，未影響內部各族對前秦的效忠。

　　但在第二例中，苻黃眉是衛大將軍，苻堅是龍驤將軍，鄧羌是建節將軍，〔註232〕派出的全是中央禁軍，並未納編其他部落的部隊。這或許與姚襄的行

〔註227〕如353年，征東大將軍、豫州牧張遇陰結關中豪傑，欲滅苻氏，以其地降晉。「於是孔持起池陽，劉珍、夏侯顯起鄠，喬秉起雍，胡陽赤起司竹，呼延毒起灞城，眾數萬人，各遣使來（晉）請兵」；次年東晉桓溫率軍三路伐秦，「溫率眾力戰，秦兵大敗；……進至灞上。……三輔郡縣皆來降」即為其例。參閱《通鑑》卷九十九〈晉紀二十一〉穆帝永和九年六月條、永和十年四月條，頁3183，3190。

〔註228〕《晉書》卷一百十二〈苻健載記〉，頁2870～2871。

〔註229〕《晉書》卷一百十二〈苻生載記〉，頁2878。

〔註230〕雷家驥師曾就苻健與苻生兩朝，史籍所載之大將軍、驃騎大將軍等二十二位重要將軍的族屬、身分進行分析，得到「氐族有十六人，佔了72.7%，疑為氐族及漢族者各二人，匈奴及羌族各一人，只是少數。此二十二人之中，苻氏子弟有十三人，佔59%，若與略帶姻親身份的二人與舊僚二人合計，則共有十七人，為總數77%」之結果，可視為前秦欲以氐族掌控全軍的方式，來確保軍隊結構穩固。參閱雷家驥，〈漢趙時期氐羌的東遷與返還建國〉，頁212，220。

〔註231〕苻萇、苻堅與苻菁三人當時的軍職職銜，參閱《晉書》卷一百十二〈苻健載記〉，頁2869～2870，及《通鑑》卷九十九〈晉紀二十一〉穆帝永和七年正月條，頁3162。

〔註232〕苻黃眉、苻堅與鄧羌當時軍職職銜，參見《通鑑》卷一百〈晉紀二十二〉穆帝升平元年四月條，頁3211。

動有在嶺北建立根據地，招動當地諸羌胡，不利前秦統治有關，[註233]而羌族又是前秦自苻洪集團以來的重要成員。為免造成秦軍內部分化，且地近中樞，有迅速討平必要，故直接派出最精銳的部隊應之。

由於關中地區族群複雜，建立前秦的苻洪集團又是多種族群的組合。因此，上述中央軍成員應該六夷皆有，但最精銳的中央禁軍則以氐人為主。如此部署顯然有以中央禁軍挾持中央軍，並以中央軍控制全國各地方軍，包括前述各降附部落在內之意涵。[註234]

再以上兩例對照《晉書・苻堅載記》，有關368年，苻柳等人叛亂的記載：[註235]

> 苻雙據上邽、苻柳據蒲坂叛於堅，苻庾據陝城、苻武據安定並應之，將共伐長安。……堅遣後禁將軍楊成世、左將軍毛嵩等討雙、武，王猛、鄧羌攻蒲坂，楊安、張蚝攻陝城。成世、毛嵩為雙、武所敗，堅又遣其武衛王鑒、寧朔呂光等率中外精銳以討之，左衛苻雅、左禁寶衝率羽林騎七千繼發。

這是異於外敵入侵與歸降部落叛離的內部動亂。當時，苻柳為征東大將軍・并州牧，苻雙是征西大將軍・秦州刺史，苻庾是鎮東將軍・洛州刺史，苻武是安西將軍・雍州刺史。他們既是地方牧刺，又帶征鎮安平方鎮將號，所率領的是屬於外軍的中央軍。[註236]他們聯手叛堅，使位在長安的前秦中樞處在兩面作戰的不利態勢。對此，苻堅採「拘一打一」的「內線作戰」戰法，置優先目標於西方的苻雙與苻武，之後再回頭擊滅東方的苻柳與苻庾，這或許與苻柳與苻庾位在東方，受黃河天險阻隔，不如隴右方面危殆，可稍後處置有關。卻也顯示負責拱衛京畿與宮廷的中央禁軍，在數量上明顯劣於外軍，苻堅因此才會命東方的「蒲、陝之軍皆距城三十里，堅壁勿戰，俟秦、

[註233] 姚襄欲招動之鄜城、定陽、北地羌胡，位在嶺北之洛川原，與關中地區有山脈隔絕，雖有宜牧不宜農之缺點，卻適合漢化程度較低，仍以半農半牧形態營生的羌族。或許出於此考量，被前秦視為重大威脅。參閱廖幼華，〈前後秦時期關中爭霸戰中的杏城——歷史地理角度的觀察〉，《華岡文科學報》，第二十三期（民國88年12月），頁144。

[註234] 雷家驥，〈前後秦的文化、國體、政策與其興亡的關係〉，頁245。

[註235] 《晉書》卷一百十三〈苻堅載記〉，頁2890。

[註236] 參閱何茲全，〈十六國時期的兵制〉，頁292。又，苻柳等四名叛將的軍職職銜，請參《通鑑》卷一百一〈晉紀二十三〉海西公太和二年九月條，頁3258。

雍已平，然後并力取之」。〔註237〕

　　另從叛亂的發生地與發起者身分來看，自357年苻堅篡弒苻生後，前秦宗室核心已由苻健轉移到苻雄一系，宗室內部也分裂為「親苻堅」與「反苻堅」兩大系統。凡屬「親苻堅」者，皆派以指揮最精銳且最可信任的中央禁軍，反之則任地方牧刺，指揮戰力稍差的外軍。〔註238〕這是當時苻堅在將領派遣上，所採取的一種「強幹弱枝」部署。〔註239〕然此種有礙內部團結的狀況，已隨苻柳等人兵敗被殺而趨於穩定，也代表前秦在經過十年的血腥整肅後，反苻堅系統已大幅削弱。〔註240〕因此，當369年，「遣王猛與建威梁成、鄧羌率步騎三萬，署慕容垂為冠軍將軍，以為鄉導，攻暐洛州刺史慕容筑於洛陽」，次年「遣猛率楊安、張蚝、鄧羌等十將率步騎六萬伐暐」，苻堅「躬率精銳十萬向鄴」時，〔註241〕整支軍隊已能有效掌控了。

　　自370年滅前燕後，前秦的國家戰略從守勢改為攻勢，兵力大幅擴充。〔註242〕到了376年十月，「秦王堅以幽州刺史行唐公洛為北討大都督，帥幽、冀兵十萬擊代；使并州刺史俱難、鎮軍將軍鄧羌、……帥步騎二十萬，東出和龍，西出上郡，皆與洛會」，〔註243〕相較於滅燕時的十六萬，前秦這時的兵力至少已有三十萬人。

〔註237〕《通鑑》卷一百一〈晉紀二十三〉海西公太和二年九月條，頁3259。

〔註238〕例如357年，苻堅篡位後，以「兄法為使持節‧侍中‧都督中外諸軍事‧丞相」，掌前秦軍政大權；隨堅起事的強汪則為領軍將軍，指揮中軍；苻健子苻柳雖為車騎大將軍，並未賦予都督之職，恐怕僅屬羈縻而已。參閱《晉書》卷一百十三〈苻堅載記〉，頁2884。

〔註239〕由《晉書‧苻堅載記》「洛，健之兄子也。雄勇多力，而猛氣絕人，堅深忌之，故常為邊牧」，及「堅兄法子東海公陽與王猛子散騎侍郎皮謀反，事淺，……皆赦不誅，徙陽於高昌，皮於朔方之北」等兩筆記載觀之：苻洛既為苻堅所忌，理應處於長安，以收就近監督之效，然卻「常為邊牧」並掌有實權，筆者認為此與胡夷慣常採行的「軍事封建制度」有關，可能有將其外放，以防顛覆中樞之考量；對苻陽與王皮的處置應該也相同。參閱《晉書》卷一百十三〈苻堅載記〉，頁2902；《晉書》卷一百十四〈苻堅載記〉，頁2909。

〔註240〕這包括苻堅即位不久殺氐豪樊世、特進強德等二十餘貴戚強豪以來，對氐族內部反苻堅勢力的整肅、殘殺。參閱《晉書》卷一百十三〈苻堅載記〉，頁2885～2887。

〔註241〕《晉書》卷一百十三〈苻堅載記〉，頁2891～2892。

〔註242〕雷家驥，〈前後秦的文化、國體、政策與其興亡的關係〉，頁231。

〔註243〕《通鑑》卷一百四〈晉紀二十六〉孝武帝太元元年十月條，頁3327。

到了 383 年八月，苻堅發兵滅晉，「遣征南苻融、……率步騎二十五萬為前鋒。堅發長安，戎卒六十餘萬，騎二十七萬，前後千里，旗鼓相望。……東西萬里，水陸齊進」，〔註 244〕投入兵力達一百一十二萬；若加上同時派出征討西域，「總兵七萬，鐵騎五千」的呂光兵團，〔註 245〕前秦此時能派出的兵力至少約一百二十萬人，包括步、騎、舟諸兵種，尚不含駐留國內，未出征東晉、西域的部隊。

儘管苻堅在滅燕後十三年間，將軍隊規模大幅擴充至少七倍，〔註 246〕但其兵力來源卻更為複雜：既有收編被征服者的軍隊，也有來自前秦護軍所統部族，漢人被征發者也不少。〔註 247〕雖然被收編的士兵仍具相當戰力，來自各部落的部眾也擅長戰鬥，但這種快速膨脹且未予整合、改編、訓練的軍隊，統合戰力與作戰效能皆大有問題。因此，當隴西鮮卑酋帥乞伏國仁聞苻堅被殺，乃曰：「苻氏以高世之姿而困於烏合之眾，可謂天也」，〔註 248〕道盡這支種族成份複雜的軍隊，慘遭失敗的原因。

尤有甚者，當 370 至 376 年，前秦先後滅亡前燕、代與前涼，領土驟然倍增。苻堅「徙關東豪傑十萬戶於關中，處烏丸雜類於馮翊、北地，丁零翟斌于新安，徙陳留、東阿萬戶以實青州」，〔註 249〕卻仍無法確保各地安定，於是「以關東地廣人殷，思所以鎮靜之」，與羣臣議曰：「凡我族類，支胤彌繁，今欲分三原、九嵕、武都、汧、雍十五萬戶於諸方要鎮，不忘舊德，為磐石之宗」。〔註 250〕

之後，苻堅對新征服地區進行如下的部署：〔註 251〕

> 分四帥子弟三千戶，以配苻丕鎮鄴，如世封諸侯，為新券主。……
> 分幽州置平州，以石越為平州刺史·領護鮮卑中郎將，鎮龍城；大
> 鴻臚韓胤領護赤沙中郎將，移烏丸府于代郡之平城；中書令梁讜為
> 安遠將軍·幽州刺史，鎮薊城；毛興為鎮西將軍·河州刺史，鎮枹

〔註 244〕《晉書》卷一百十四〈苻堅載記〉，頁 2917。
〔註 245〕《晉書》卷一百二十二〈呂光載記〉，頁 3054。
〔註 246〕此七倍之數係以上述 383 年前秦約一百二十萬的兵力，除以 370 年滅前燕時兵力至少有十六萬而得。
〔註 247〕雷家驥，〈前後秦的文化、國體、政策與其興亡的關係〉，頁 232～233。
〔註 248〕《晉書》卷一百二十五〈乞伏國仁載記〉，頁 3114～3115。
〔註 249〕《晉書》卷一百十三〈苻堅載記〉，頁 2893。
〔註 250〕《晉書》卷一百十三〈苻堅載記〉，頁 2903。
〔註 251〕《晉書》卷一百十三〈苻堅載記〉，頁 2903。

罕；王騰為鷹揚將軍・并州刺史・領護匈奴中郎將，鎮晉陽；二州
各配支戶三千；苻暉為鎮東大將軍・豫州牧，鎮洛陽；苻叡為安東
將軍・雍州刺史，鎮蒲坂。

按《通鑑》載，「長樂公苻丕領氐三千戶」，石越、韓胤、梁讜、苻暉與苻
叡「各配氐戶三千二百」，分鎮龍城、平城、薊城、洛陽與蒲坂；鎮枹罕的毛
興及鎮晉陽的王騰，則以「河、并二州各配氐戶三千」。〔註 252〕合計這次共
有氐族二萬五千戶從關中遷至各地。〔註 253〕其中在關東地區，共有一萬五千
六百戶分別遷徙至鄴城、薊城、洛陽、蒲坂與晉陽，超過此次遷徙戶數的百
分之六十，顯見苻堅對關東地區治安的重視。

不過，這一萬五千六百戶氐族與前秦滅燕後「閱其名籍」，「戶二百四十
五萬八千九百六十九」相比，實不成比例。筆者認為，作為少數民族的氐族
既無法在數量上取得優勢，上述遷徙方式應旨在監視與早期應變，如淝水之
戰後，丁零翟斌於河南起事，《晉書・慕容垂載記》載：〔註 254〕

> （苻丕）配垂兵二千，遣其將苻飛龍率氐騎一千為垂之副。丕戒飛
> 龍曰：「卿王室肺腑，年秩雖卑，其實帥也。垂為三軍之統，卿為謀
> 垂之主，用兵制勝之權，防微杜貳之略，委之於卿，卿其勉之。」

苻丕既委飛龍「謀垂之主，用兵制勝之權，防微杜貳之略」，即當慕容垂
反秦，可先以飛龍的一千氐騎就近牽制，俟其他後續部隊到達再合力滅之。
而將關東氐戶分駐鄴城等七處，有可能是將整個關東劃成以鄴城、龍城、平
城、薊城、晉陽、洛陽及蒲坂為重心之七個防衛區塊。當某地發生變亂，先由
當地氐兵應變、處置，待各地援兵抵達後，一舉擊滅。當時，「自長安至于諸
州，皆夾路樹槐柳，二十里一亭，四十里一驛，旅行者取給於途，工商貿販於
道」，〔註 255〕從長安到各地既有便捷的交通網，從國防角度觀之，此亦有便
捷部隊機動之功能，將有助於提昇平亂功效。

〔註 252〕《通鑑》卷一百四〈晉紀二十六〉孝武帝太元五年七、八月條，頁 3346～3347。
〔註 253〕按《晉書・地理志》載，太康元年（280 年）雍州「戶九萬九千五百」、秦州
　　　　「戶三萬二千一百」、梁州「戶七萬六千三百」，共約二十萬戶。從圖 7 來看，
　　　　此三州族群分布複雜，氐族只佔其中一部分，經過長年戰亂與多次人口遷徙，
　　　　筆者認為上述「三原、九嵕、武都、汧、雍十五萬戶」，乃氐族後來居住於
　　　　此的總戶數，非遷出關中地區的戶數。參閱《晉書》卷十四〈地理志〉，頁
　　　　430，435～436。
〔註 254〕《晉書》卷一百二十三〈慕容垂載記〉，頁 3080。
〔註 255〕《晉書》卷一百十三〈苻堅載記〉，頁 2895。

因此，當淝水之戰後，翟斌與慕容垂先後反秦於關東，迄385年八月，苻丕「率男女六萬餘口進如潞川，……入據晉陽」。〔註256〕前秦部署此地的氐戶，能在情勢混沌的當時，確保關東地區將近兩年，其作戰效能之高由此可見。

雖然苻堅在淝水之戰前已在境內完成防衛部署，但成功與否，須以關中地區的穩定為前提：當各地發生動亂且能控制時，位在關中的氐族主力才可前往平亂。不過當384年，「秦北地長史慕容泓聞燕王垂攻鄴，亡奔關東，收集鮮卑，眾至數千，還屯華陰，敗秦將軍強永，其眾遂盛」、「平陽太守慕容沖亦起兵於平陽，有眾二萬，進攻蒲坂」，〔註257〕苻堅「徵苻叡為都督中外諸軍事、……配兵五萬，以左將軍竇衝為長史，龍驤姚萇為司馬，討泓於華澤。……叡敗績，被殺。堅大怒。萇懼誅，遂叛」，〔註258〕關中關東同時爆發戰禍。苻堅不僅無力派兵增援關東，且在關中陷入兩面作戰窘境。

此後，慕容泓、沖兩軍合流，「眾至十餘萬」。〔註259〕迄385年五月，「西燕主沖攻長安，……沖縱兵暴掠，關中士民流散，道路斷絕，千里無煙。有堡壁三十餘，……冒難遣兵糧助堅，多為西燕所殺」。〔註260〕此乃氐族與鮮卑在長安的大決鬥，〔註261〕最後以關中氐人大量被殺、流散與長安失守告終。不久，苻堅於五將山為後秦主姚萇俘殺，苻丕繼位。占領長安的西燕稍後在太尉慕容永的率領下東歸，長安遂為後秦占領。

苻丕雖在眾人勸稱尊號下，「即皇帝位于晉陽南」，〔註262〕但前秦此時已一分為二：一部為晉陽的苻丕朝廷，一部由「左將軍竇衝據茲川，有眾數萬，與秦州刺史王統、河州刺史毛興、益州刺史王廣、南秦州刺史楊璧、衛將軍楊定」組成，〔註263〕總兵力雖有三十餘萬，〔註264〕但分散兩部，統合戰力既難發揮，彼此相通亦極不便。

此外，自苻堅死後，前秦宗室已無人再有相等的號召能力，致各方力量不易整合，對作戰影響甚鉅：如385年，「堅尚書令、魏昌公苻纂自關中來奔，

〔註256〕《晉書》卷一百十五〈苻丕載記〉，頁2941。
〔註257〕《通鑑》卷一百五〈晉紀二十七〉孝武帝太元九年三月條，頁3377。
〔註258〕《晉書》卷一百十四〈苻堅載記〉，頁2920。
〔註259〕《通鑑》卷一百五〈晉紀二十七〉孝武帝太元九年四月條，頁3378。
〔註260〕《通鑑》卷一百六〈晉紀二十八〉孝武帝太元十年五月條，頁3396。
〔註261〕中國歷代戰爭史編纂委員會，《中國歷代戰爭史（第五冊）》，頁304。
〔註262〕《晉書》卷一百十五〈苻丕載記〉，頁2941。
〔註263〕《通鑑》卷一百六〈晉紀二十八〉孝武帝太元十年十月條，頁3406。
〔註264〕《晉書》卷一百十五〈苻丕載記〉，頁2944。

拜太尉，進封東海王」，然其「部下壯士三千餘人，丕猜而忌之」；〔註265〕次年，「西燕慕容永遣使詣秦主丕假道東歸，丕弗許，與永戰于襄陵，秦兵大敗」，〔註266〕苻丕戰後「懼為纂所殺，率騎數千南奔東垣。晉揚威將軍馮該自陝要擊，敗之，斬丕首」。顯然苻丕退守并州所率領的兵力，經一年多與後燕、西燕交戰，能掌握的兵力恐怕僅剩「騎數千」，故對苻纂帶來的「部下壯士三千餘人」有所戒懼。凸顯苻纂率部來奔可能僅表面宣示效忠，保存實力的意味甚濃；苻纂既是如此，同在并州的前秦各部可能不少亦具類似傾向。否則以并州地勢易守難攻，氐族戰士又能征慣戰，加上慕容垂以河北要域為攻略重心，并州相對安定，苻丕在此近十萬人的兵力實在沒有其他理由瓦解得如此之快。〔註267〕

　　此後，自苻丕死，「苻纂及弟師奴率丕餘眾數萬，奔據杏城。苻登稱尊號，……丕之臣佐皆沒於慕容永」，〔註268〕杏城方面後為後秦所滅。前秦此後可恃者，僅隴右諸部與壘壁，但他們也有各據山頭、彼此相殺或降附後秦的現象，整體形勢更加不利。苻登只能藉「因其所稱而授」官號之方式，維持表面上的共主地位而已。〔註269〕不過，苻登對所部的掌控，隨著與後秦長期交戰，亦有逐漸衰微的趨勢。按《通鑑》載389年八月，「登據苟頭原以逼安定。諸將勸後秦主萇決戰，……乃留尚書令姚旻守安定，夜，帥騎三萬，襲秦輜重于大界，克之，……擒名將數十人，驅掠男女五萬餘口而還」，〔註270〕前秦部署在大界有五萬餘口，與後秦的「騎三萬」相比，兵力差距

〔註265〕《晉書》卷一百十五〈苻丕載記〉，頁2943，2947。
〔註266〕《通鑑》卷一百六〈晉紀二十八〉孝武帝太元十一年十月條，頁3420。
〔註267〕按《晉書·苻丕載記》載：「堅之死也，丕復入鄴城，將收兵趙魏，西赴長安。會幽州刺史王永、平州刺史苻沖頻為垂將平規等所敗，乃遣昌黎太守宋敞焚燒和龍、薊城宮室，率眾三萬進屯壺關，遣使招丕。丕乃去鄴，率男女六萬餘口進如潞川。驃騎張蚝、并州刺史王騰迎之，入據晉陽，始知堅死問，舉哀于晉陽，三軍縞素。王永留苻沖守壺關，率騎一萬會丕，勸稱尊號，丕從之」，苻丕初抵晉陽時，有眾九萬及騎一萬，均為當初苻堅欲鞏固關東，自關中遷徙而來，以氐族為主的人口，應該都具有相當的戰鬥力。參閱《晉書》卷一百十五〈苻丕載記〉，頁2941。
〔註268〕《晉書》卷一百十五〈苻丕載記〉，頁2947。
〔註269〕如389年，楊定攻隴城與冀城，克之，「定自稱秦州牧·隴西王；秦因其所稱而授之」即為一例。參閱《通鑑》卷一百七〈晉紀二十九〉孝武帝太元十四年九月條，頁3442。
〔註270〕《通鑑》卷一百七〈晉紀二十九〉孝武帝太元十四年八月條，頁3441。

不大。但他們與「名將數十人」皆未發揮效用。胡三省對此雖以「重戰輕防，此苻登所以敗也」論之，〔註271〕但此「名將數十人」對前、後秦相攻持觀望態度，恐怕才是苻登喪失大界輜重與「男女五萬餘口」的真正主因。這種自我內耗再加上「苻登屢為姚萇所挫，故有懼萇之心」，〔註272〕使得前秦一直無法扭轉劣勢，甚至到最後還需請求西秦主乞伏乾歸出兵救援，〔註273〕成為其最後敗亡的主因之一。

二、以部族聯合體為本質的後秦軍隊

後秦始於羌族姚弋仲集團。於永嘉之禍時，因姚弋仲「東徙榆眉，戎夏繦負隨之者數萬」，〔註274〕發展成以羌族為主的「部族聯合體」。333年為後趙主石虎遷至清河之灄頭，〔註275〕與位在枋頭的苻洪集團一同拱衛鄴城安全。〔註276〕後趙末年，因參與平定東宮譎卒之亂而為石虎重用，此後直到弋仲子姚襄率眾進屯關右，於三原為苻堅所殺，襄弟姚萇率集團投降前秦止，一直都是具有相當戰力的軍事部曲組織。故除姚萇及部分幹部如薛讚、權翼等為前秦任命為中央官員或將軍外，整個集團被拆散安置各地。〔註277〕直到384年姚萇叛秦起兵，展開兩秦爭霸，發展成以西州豪族為主的新結盟集團。這是一支以「部族聯合體」為主，兼有姚秦宗室因素加入其中的「軍事封建制」。〔註278〕本目所論，即為兩秦與秦夏爭霸時，後秦的武裝部隊概況。

後秦建國肇因於384年，慕容泓、沖先後起兵叛秦。苻堅遣其子苻叡率軍討伐，並以姚萇為司馬，因苻叡「果勇輕敵，不恤士眾」，且不聽萇「鮮卑有思歸之心，宜驅令出關，不可遏也」之建議。〔註279〕於是：〔註280〕

〔註271〕《通鑑》卷一百七〈晉紀二十九〉孝武帝太元十四年八月條胡注，頁3441。

〔註272〕《通鑑》卷一百八〈晉紀三十〉孝武帝太元十七年七月條胡注，頁3460。

〔註273〕《晉書》卷一百十五〈苻登載記〉，頁2954。

〔註274〕《晉書》卷一百十六〈姚弋仲載記〉，頁2959。

〔註275〕〔唐〕李延壽，《北史》卷九十三〈僭偽附庸列傳·姚萇附傳〉（北京：中華書局，1974年10月），頁3075。

〔註276〕姚弋仲集團所在之灄頭，即今河北省棗強縣，苻洪集團所在的枋頭，即今河南省濬縣附近，兩者皆在後趙首都鄴城二百公里範圍內，石虎既將其部署於此，或有拱衛政權中樞安全之考量。

〔註277〕雷家驥，〈前後秦的文化、國體、政策與其興亡的關係〉，頁248。

〔註278〕雷家驥，〈前後秦的文化、國體、政策與其興亡的關係〉，頁256。

〔註279〕《晉書》卷一百十四〈苻堅載記〉，頁2920。

〔註280〕《晉書》卷一百十六〈姚萇載記〉，頁2965～2966。

為泓所敗，叡死之。萇遣龍驤長史趙都詣堅謝罪，堅怒，殺之。萇
懼，奔於渭北，遂如馬牧。西州豪族尹詳、趙曜、王欽盧、牛雙、
狄廣、張乾等率五萬餘家，咸推萇為盟主。萇將距之，天水尹緯說
萇曰：「……秦亡之兆已見，……明公宜降心從議，以副羣望，……」
萇乃從緯謀，以太元九年自稱大將軍・大單于・萬年秦王，大赦境
內，年號白雀，稱制行事。以……南安姚晃、尹緯為左右司馬，天
水狄伯支、焦虔、梁希、龐魏、任謙為從事中郎，姜訓、閻遵為掾
屬，王據、焦世、蔣秀、尹延年、牛雙、張乾為參軍，王欽盧、姚
方成、王破虜、楊難、尹嵩、裴騎、趙曜、狄廣、党刪等為帥。……
進屯北地，屬兵積粟，以觀時變。……北地、新平、安定羌胡降者
十餘萬戶。堅率諸將攻之，不能克。

　　上引「五萬餘家」與「十餘萬戶」乃後秦建國後最早的武力，他們由羌、
胡、漢、氐等族組成，原先散布在關中各地，以一個個獨立部落或塢堡的形
式存在，淝水之戰後，他們欲在混亂的局勢中自保，遂以類似羌族「盟詛」
的方式聚集而成一「部族聯合體」。〔註281〕雖然部眾族源複雜，但因羌族自
漢代以來，一直在關中地區佔有相當比例，故此部族聯合體，當以羌人為多
數。

　　也因此，《晉書》諸姚載記對其軍事活動與重要將領的記述，皆以姚氏
宗屬與羌人為主。後秦對兵權的掌控應步武前秦舊法，由姚氏宗屬及羌人
指揮、掌握其「核心武力」，並以其他族系加入者為「非核心武力」，不過從
《晉書・姚萇載記》的記述還是可以看出羌族傳統對此部族聯合體的影響：
〔註282〕

　　初，關西雄傑以苻氏既終，萇雄略命世，天下之事可一旦而定。萇
　　既與苻登相持積年，數為登所敗，遠近咸懷去就之計，唯征虜齊難、
　　冠軍徐洛生、輔國劉郭單、冠威彌姐婆觸、龍驤趙惡地、鎮北梁國
　　兒等守忠不貳，並留子弟守營，供繼軍糧，身將精卒，隨萇征伐。
　　時諸營既多，故號萇軍為大營，大營之號自此始也。

　　羌族既有「弱則為人附落，更相抄暴，以力為雄」傳統。上述「關西雄
傑」之所以會以「苻氏既終，萇雄略命世，天下之事可一旦而定」，於姚萇起

〔註281〕雷家驥，〈前後秦的文化、國體、政策與其興亡的關係〉，頁 249。
〔註282〕《晉書》卷一百十六〈姚萇載記〉，頁 2968。

事時，紛紛加入其部族聯合體，當基於自保需要，或對姚萇有所期待。然而，當「萇既與苻登相持積年，數為登所敗」，期待難免落空；部分「關西雄傑」遂「咸懷去就之計」，乃極正常之事。

不過，就齊難、徐洛生、劉郭單、彌姐婆觸、趙惡地、梁國兒等「守忠不貳」將領所屬的族群析之，齊難為氐人，彌姐婆觸為羌人，梁國兒為西胡，其他可能皆為羌胡，當是最初隨姚萇起事的十餘萬戶胡夷。他們顯然較受姚萇信賴，故可視為後秦的「核心武力」。這些酋豪藉由封授將軍的程序，使其部落或部曲得以轉為軍隊。〔註283〕他們一部隨軍作戰，一部「留子弟守營，供繼軍糧」，顯然也是「生產組織與軍事組織合一」的機構，〔註284〕每個機構當稱為「營」，當中由姚萇親領者稱為「大營」，其他將領指揮者稱為「諸營」。

隨著後秦略地日廣，且在兩秦爭霸中漸佔上風，後秦武裝部隊這種作戰與後勤合一的作法逐漸無法滿足需求，必須進行改變。〔註285〕按《晉書·姚萇載記》：392年，「萇寢疾，……召其太子興詣行營。……萇下書，兵吏從征伐，戶在大營者，世世復其家，無所豫」；〔註286〕《晉書·姚興載記》：394年，「斬登。散其部眾，……分大營戶為四，置四軍以領之」；〔註287〕及《晉書·姚泓載記》：417年，「劉裕進據鄭城。泓使……尚書姚白瓜徙四軍雜戶入長安」等記載。〔註288〕姚興繼位後，將「大營」與「諸營」一分為四，亦即將當時控領

〔註283〕雷家驥，〈前後秦的文化、國體、政策與其興亡的關係〉，頁255。

〔註284〕任重，〈十六國城市史二題〉，《福建論壇·人文社會科學版》，2002年第6期（2002年6月），頁89。

〔註285〕筆者認為這種改變的契機乃在於作戰範圍日廣與兵力規模漸增，原先由各營自負後勤的辦法已不敷作戰實需，需指定將領與部隊專責辦理，如《晉書·姚興載記》載：「鮮卑薛勃叛奔嶺北，上郡、貳川雜胡皆應之，遂圍安遠將軍姚詳於金城。遣姚崇、尹緯討之。勃自三交趣金城，崇列營挌之，而租運不繼，三軍大飢。緯言於崇曰：『輔國彌姐高地、建節杜成等皆諸部之豪，位班三品，督運稽留，令三軍乏絕，宜明置刑書，以懲不肅。』遂斬之。諸部大震，租入者五十餘萬」之事，若原由各營「供繼軍糧」的辦法足夠支應，為何另需彌姐高地與杜成等「位班三品」之將領負督運之責？顯然原先的辦法已無法滿足實需，新措施又未上軌道，故有「租運不繼，三軍大飢」發生，成為日後改變軍隊結構的契機。參閱《晉書》卷一百十七〈姚興載記〉，頁2978。

〔註286〕《晉書》卷一百十六〈姚萇載記〉，頁2971～2972。

〔註287〕《晉書》卷一百十七〈姚興載記〉，頁2976。

〔註288〕《晉書》卷一百十九〈姚泓載記〉，頁3017。

的關隴地區分成四個區塊，由四個軍各駐其一。而「雜戶」既有「種族複雜」與「身分低下」之意涵，當係來自俘虜；〔註289〕後秦有可能循後趙、前秦舊法，由雜戶接替原先各營所負責的生產、後勤工作。〔註290〕

　　這種變化事實上與前燕軍隊從「生產建設兵團」性質，到建立「軍封制度」類似，雖有助於減輕後勤負擔，有利集結更優勢的兵力作戰，但無法改變「強則分種為酋豪，弱則為人附落」傳統。因此，當407年，赫連勃勃建立夏國，與後秦展開爭霸，不到十年，先後消滅秦軍近十萬人，搶掠人口兩萬多戶，牲畜不計其數，並威脅後秦嶺北地區安全，〔註291〕既造成內部不安，也等於削弱姚興的威權，故有「興遣平北姚沖、征虜狄伯支、輔國斂曼嵬、鎮東楊佛嵩率騎四萬討勃勃。沖次于嶺北，欲回師襲長安，伯支不從，乃止，懼其謀泄，遂鴆殺伯支」之事發生。〔註292〕相較於394年姚興即位之初，其叔碩德將佐謂之曰：「公威名宿重，部曲最強，今喪代之際，朝廷必相猜忌，……宜奔秦州，觀望事勢」。碩德曰：「太子志度寬明，必無疑阻。今苻登未滅而自尋干戈，所謂追二袁之蹤，授首與人。吾死而已，終不若斯」，〔註293〕其差別豈可以道里計！

　　尤有甚者，當後秦調整軍隊組織架構後，原先兼責作戰與後勤的各營，在其架構底下配有雜戶，雖可改善武裝部隊擴大後，因後勤負荷增加所衍生的「租運不繼」問題，卻也加大各營的「鈍重性」，造成軍隊難以靈活調轉，完全顛覆過往「所居無常，依隨水草」般具備的強大機動力。

　　因此，當赫連勃勃建立夏國，以小部隊編成的輕騎兵對其進行長期運動戰時，無法在機動力方面贏得優勢的秦軍遂接連敗戰，連帶造成內外交迫局面，最後為東晉所滅。

第四節　霸權對戰略要域的控制

　　華北地區概由中原、河北、山西、關中要域組成，八個參與爭霸的政

〔註289〕唐長孺，〈晉代北境各族「變亂」的性質及五胡政權在中國的統治〉，頁159～160。
〔註290〕雷家驥，〈前後秦的文化、國體、政策與其興亡的關係〉，頁257。
〔註291〕吳洪琳，《鐵弗匈奴與夏國史研究》，頁57。
〔註292〕《晉書》卷一百十八〈姚興載記〉，頁2992。
〔註293〕《晉書》卷一百十七〈姚興載記〉，頁2975。

權或是控領其中一部分，或是位處要域邊緣。欲成功建立霸業，皆需奪取對方所控，並將己方控領地域極大化。其中，爭霸雙方儘管擁有強大武力，但在山川地勢與陣線形狀的阻隔、影響下，仍需加以克服，方可確保行動安全與自由，且使戰力發揮到極致。

本節旨就漢趙與後趙、後趙與前燕、前燕與前秦、前秦與後秦、後燕與北魏、夏與後秦、夏與北魏的七次爭霸，探究爭霸雙方的戰略要域控制情形，以完整其決勝時的軍力比較。

一、處角形對峙態勢的兩趙（漢趙—後趙）爭霸

漢趙在 304 年起事時，劉淵高呼「上可成漢高之業，下不失為魏氏」，企圖滅晉以建立新王朝。先是，「遣其建武將軍劉曜寇太原、泫氏、屯留、長子、中都，皆陷之」，〔註294〕擴張軸線由「山西要域」向南直指「中原要域」，其後因并州刺史劉琨據守晉陽，〔註295〕威脅到漢趙左翼，劉淵於是接受侍中劉殷、王育「誠能命將四出，決機一擲，梟劉琨，定河東，建帝號，鼓行而南，克長安而都之，以關中之眾席卷洛陽」之進諫。〔註296〕於 307 年「使劉聰攻壺關，命（石）勒率所統七千為前鋒都督」，之後又命「勒與劉零、閻羆等七將率眾三萬寇魏郡、頓丘諸壘壁」。〔註297〕藉開展「河北要域」之支作戰，以孤立劉琨，進而確保其翼側安全，雖使漢趙一度在華北地區各大小勢力中最具優勢，卻也成為靳準之難後，居「關中要域」及「中原要域」西半部的漢趙，與控領「河北要域」、「山西要域」及「中原要域」東半部的後趙爭霸之張本。

綜合《晉書・地理志》「劉曜徙都長安，其平陽以東地入石勒。勒平朔方，又置朔州」、〔註298〕《晉書・劉曜載記》「署其大將軍、廣平王岳為征東大將軍，鎮洛陽。會三軍疾甚，岳遂屯澠池。石勒遣石生……，軍勢甚盛。

〔註294〕《晉書》卷一百一〈劉元海載記〉，頁 2650。
〔註295〕《晉書》卷一百一〈劉元海載記〉，頁 2650。
〔註296〕就劉殷與王育的進諫內容分析，其雖建議劉淵「命將四出」，但就「梟劉琨，定河東」與「鼓行而南」言，當時的擴張軸線有指向東北方的劉琨與南方的洛陽之兩個方面。由於漢趙的戰略目標係「上可成漢高之業，下不失為魏氏」，奪得洛陽的意義顯然高於晉陽，故指向洛陽的行動應是主作戰，「梟劉琨」則屬支作戰。參閱《晉書》卷一百一〈劉元海載記〉，頁 2650。
〔註297〕《晉書》卷一百四〈石勒載記〉，頁 2650。
〔註298〕《晉書》卷十四〈地理志〉，頁 429。

曜將尹安、趙慎等以洛陽降生，岳乃班師，鎮於陝城」、〔註299〕《晉書·石勒載記》之319年石勒稱趙王時，「南至盟津、西達龍門」；324年，「石生攻劉曜河內太守尹平於新安，……自是劉、石禍結，兵戈日交，河東、弘農間百姓無聊矣」等記載，〔註300〕可知319至324年間，漢趙與後趙以「龍門—新安」南北之線，與朔方以南，杏城以北的東西之線為界，即圖10所示之「漢趙—後趙角形邊境線」。

圖10. 319至324年間漢趙與後趙對峙態勢示意圖

資料來源：筆者參考下列資料自繪：
　　　　1.《晉書》卷十四〈地理志〉，頁429。
　　　　2. 牟發松，《中國行政區劃通史：十六國北朝卷》，頁36～39。
　　　　3. 譚其驤，《中國歷史地圖集（第四冊）》，頁7～8。

〔註299〕《晉書》卷一百三〈劉曜載記〉，頁2685～2686。
〔註300〕《晉書》卷一百四〈石勒載記〉，頁2730，2741。

　　這種對峙情形，恰為一種不利漢趙的「角形態勢」。〔註301〕由於位在這條「角形邊境線」外側的後趙，〔註302〕對漢趙形成如紅色箭頭所指之向心攻擊的戰略包圍態勢，位在此線內側的漢趙，恰陷入一種兩面作戰，難以集中戰力於單一方面的窘境。

　　上引「劉、石禍結，兵戈日交，河東、弘農間百姓無聊矣」，說明雙方主戰場位在河東郡與弘農郡。即圖11所示，位於「中原要域」西側的「三川河谷」；既是漢趙從「關中要域」進出中原的必經之地，也是有利漢趙確保「關中要域」安全，應掌握的「戰略縱深」。〔註303〕

　　「三川河谷」位在滎陽以西至關中要域之間，黃河、洛水與伊水流過其間，河川之間又有吳山、崤山、熊耳山與伏牛山穿插其中。〔註304〕除洛陽周邊地勢開闊外，四周為山地、河川切割，地勢險要。其險峻程度，由嚴耕望對崤山的敘述可知：〔註305〕

　　　　崤有東西兩山，其道險峻，自古見稱，所謂崤函之固也。西征記曰：

〔註301〕所謂「角形態勢」係指大軍（或國家）擁有兩個或兩個以上，能對敵軍（國）造成「戰略包圍」的進攻方向。對遭敵戰略包圍的一方而言，這種被迫從事的兩面作戰，顯然是一種相當不利的態勢（如下圖所示）。參閱何世同，《戰略概論》，頁85。

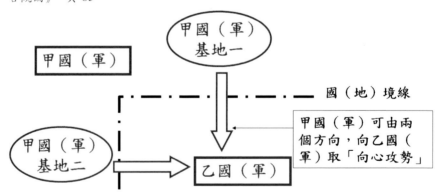

〔註302〕所謂「角形邊境線」，係造成「角形態勢」的敵我接觸線，對擁有角形邊境線之一方而言，其可從兩方面取攻勢，對敵形成戰略包圍態勢。參閱國防大學軍事學院，《國軍軍語辭典（九十二年修訂本）》，頁2～18。

〔註303〕所謂「戰略縱深」，係戰略部署或戰略任務要求達到之縱向深度，亦指遠離邊緣地帶的戰略腹地。對守方而言，有足夠的戰略縱深，將有助於爭取時間，遲緩敵人攻勢，營造有利於己之態勢。參閱國防大學軍事學院，《國軍軍語辭典（九十二年修訂本）》，頁2～17。

〔註304〕饒勝文，《布局天下：中國古代軍事地理大勢》，頁254～257。

〔註305〕嚴耕望，《唐代交通圖考》，頁55。

「自東崤至西崤三十里，東崤長坂數里，峻阜絕澗，車不得方軌。
西崤全是石坂，十二里，絕險不異東崤。」……分南北兩道。北道
東入澠池縣境，經縣治及新安縣至洛陽。南道東南經永寧縣治……，
亦至洛陽。……至遲漢已並存。

這種由數道東西向地障構成的地理形勢：當後趙大軍向西進攻時（如圖
11 之紅色箭頭），必須沿河分道行進；倘漢趙部署優勢兵力於當中的「新安—
宜陽」之線（如圖 11 之藍色實線），將有利擊破各部敵軍，有助於確保其東
部門戶安全。

圖 11. 三川河谷形勢示意圖

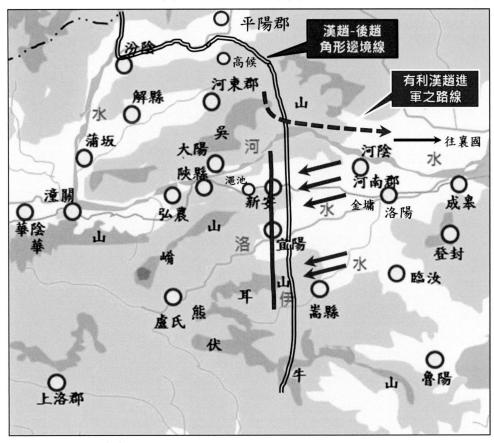

資料來源：筆者參考下列資料自繪：
1. 饒勝文，《布局天下——中國古代軍事地理大勢》，頁 254。
2. 譚其驤，《中國歷史地圖集（第三冊）》，頁 35～36。

　　另由圖 10 可知，在「三川河谷」以東，雖有洛陽迄滎陽一線可茲屏障，然只限於黃河南岸而已。黃河北岸自上黨郡以東，太行山脈以南，因無顯著地障可牽制外敵入侵，可對河北要域發揮高屋建瓴效果。可謂兩趙相爭，不利後趙防衛的弱點。〔註 306〕

　　然而，當 325 年，「（劉）曜遣劉岳攻石生於洛陽，……鎮東呼延謨率荊司之眾自崤澠而東。……石季龍率步騎四萬入自成皋關，……岳師敗績，……季龍又敗呼延謨，斬之。曜親率軍援岳，季龍率騎三萬來拒。……乃退如澠池」。〔註 307〕漢趙未能把握上述利害，先引敵進入三川河谷，利用其遭分割之良機，逐一擊破。卻選擇後趙兵力集中的洛陽決戰，故有此敗。不得不將陣線自新安向西後退到約二十五公里的澠池，連帶喪失洛陽以西至三川河谷間一部分的戰略縱深。

　　328 年，後趙意圖繞過三川河谷，由蒲坂進入關中，劉曜率中外精銳親征，雖一度收復滎陽以西之地，卻未沿前述上黨郡以東，太行山脈以南之走廊（如圖 11 之藍色虛線），向東推進。對此，《晉書‧劉曜載記》記載如下：〔註 308〕

> 石勒遣石季龍率眾四萬，自軹關西入伐曜，河東應之者五十餘縣，進攻蒲坂。曜將東救蒲坂，……盡中外精銳水陸赴之，……季龍懼，引師而退。追之，及于高侯，大戰，敗之，斬其將軍石瞻，枕尸二百餘里，……曜遂濟自大陽，攻石生于金墉，決千金堨以灌之……聞季龍進據石門，續知勒自率大眾已濟，始議增滎陽戍，杜黃馬關。俄而洛水候者與勒前鋒交戰，擒羯，送之。曜問曰：「大胡自來邪？其眾大小復如何？」羯曰：「大胡自來，軍盛不可當也。」曜色變，使攝金墉之圍，陳于洛西，南北十餘里。

　　漢趙儘管已在高侯大敗石虎，卻未乘勝追擊，一舉攻抵襄國，卻選在無有利地勢依托的洛陽決戰，加上劉曜於激戰中遭敵俘虜，軍勢隨之瓦解，不

〔註 306〕此地對後趙的影響，可從 328 年，石虎於高侯（在平陽郡以南），遭劉曜擊敗後，徐光對石勒曰：「劉曜乘高侯之勢，不能進臨襄國，更守金墉，此其無能為可知也」。說明漢趙可藉高侯之勝與地勢之利，揮軍直指襄國，以收速勝之效。山西要域在黃河北岸與太行山脈形成的走廊，乃不利後趙確保河北要域的關鍵，故可視為其與漢趙爭霸之弱點。參閱《通鑑》卷九十四〈晉紀十六〉成帝咸和三年十一月條，頁 3013。
〔註 307〕《晉書》卷一百三〈劉曜載記〉，頁 2697～2698。
〔註 308〕《晉書》卷一百三〈劉曜載記〉，頁 2700。

得不在退出中原要域的同時，連帶放棄關中要域。此即《晉書‧石勒載記》所
載：〔註309〕

> 勒……諸軍集于成皋，步卒六萬，騎二萬七千。……曜陳其軍十餘
> 萬于城西，……大戰于西陽門。……曜軍大潰，石堪執曜，送之以
> 徇于軍，斬首五萬餘級，枕尸于金谷。……劉曜子熙等去長安，奔
> 於上邽，遣季龍討之。

此後，「關中擾亂，將軍蔣英、辛恕擁眾數十萬，據長安，遣使招勒，勒
遣石生率洛陽之眾以赴之」。〔註310〕有利地勢既已盡失，漢趙此後只能憑關
中以西的隴右地區與之頑抗，無力再圖恢復了。

二、處山河隘道之交的趙燕（後趙—前燕）爭霸

後趙滅亡漢趙，成為「永嘉之禍」以來，第一個華北地區霸主。當時，
「其地南逾淮、漢，東濱於海，西至河，西北盡燕、代」，〔註311〕同時控領關
中、中原、山西及河北要域。東北方則如圖12，與前燕交界於燕山山脈南北
麓的「樂安—凡城」之線。〔註312〕349年，石虎死後，後趙國內大亂，燕主
慕容儁「將圖兼并之計，……簡精卒二十餘萬以待期」。〔註313〕

對後趙而言，掌控燕山山脈各谷陘與臨榆關及其聯外通道，乃確保河北
要域安全之首。〔註314〕薊縣以南，太行山脈以東，雖平原廣闊，但河流交錯
且河湖密佈，對軍事行動的影響，則如嚴耕望引古人所述：「深不可以舟行，
淺不可以徒涉，雖有勁兵，不能渡也」，〔註315〕事實上只有沿太行山脈東麓
之狹窄地帶（如圖12之藍色虛線），才適合大軍向南通行。

因此，確保薊縣，使敵不能到達這道狹窄地帶，乃後趙接下來的防衛重
心；若薊縣不保，只能利用太行山脈地勢與河川的阻隔，對南下鄴城之敵，
行逐次抵抗。〔註316〕

〔註309〕《晉書》卷一百五〈石勒載記〉，頁2744～2745。
〔註310〕《晉書》卷一百三〈劉曜載記〉，頁2701。
〔註311〕《讀史方輿紀要》卷三〈歷代州域形勢三〉，頁122。
〔註312〕牟發松等，《中國行政區劃通史：十六國北朝卷》，頁75。
〔註313〕《晉書》卷一百十〈慕容儁載記〉，頁2831。
〔註314〕嚴耕望，《唐代交通圖考》，頁1741。
〔註315〕嚴耕望，《唐代交通圖考》，頁1548～1549。
〔註316〕「逐次抵抗」係在敵軍進攻之必經路線上，藉縱深地區一面抵抗，一面向後脫
　　　　離戰鬥，以空間換取時間，遲滯敵軍行動，並在避免決戰之狀況下，使敵蒙受

圖 12. 349 至 351 年間後趙與前燕對峙態勢暨河北要域形勢示意圖

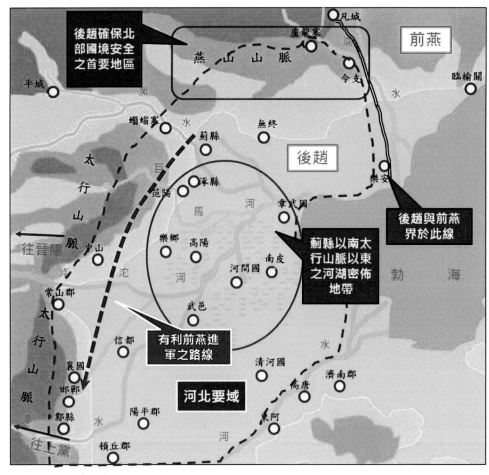

資料來源：筆者參考下列資料自繪：
　　1. 饒勝文，《布局天下——中國古代軍事地理大勢》，頁 52～63。
　　2.《讀史方輿紀要‧輿圖要覽》卷一〈京師第一〉，頁 5538～5539。
　　3. 牟發松等，《中國行政區劃通史：十六國北朝卷》，頁 75。
　　4. 嚴耕望，《唐代交通圖考》，頁 1548～1549。
　　5. 譚其驤，《中國歷史地圖集（第三冊）》，頁 37～40。

　　當時，後趙以「鄧恆據安樂（樂安），兵強糧足」。〔註317〕樂安位於濡水出海口附近，後趙駐軍於此，可同時牽制通過燕山山脈，沿濡水河谷南下，及自遼西通過臨榆關，向西進擊之敵。

<hr />

　　　最大損害。參閱國防大學軍事學院，《國軍軍語辭典（九十二年修訂本）》，頁 6～24。
〔註317〕《通鑑》卷九十八〈晉紀二十〉穆帝永和五年四月條，頁 3142。

　　然就燕山山脈各谷陘的位置來看，其由西至東，則如圖 13 所示：有濕餘水（今桑乾河）經蠮蜍塞（今居庸關）、鮑丘水（今潮河）經禦夷北塞，及濡水（今灤河）經盧龍塞之三道谷陘。〔註318〕由圖 14 通過今北京市昌平區南口鎮，進出燕山山脈的高速公路位置觀之，可看到濕餘水切割燕山山脈谷陘所構成的通道，前燕大軍當年可能沿此路徑（如圖 14 之黃色箭頭），由薊縣西北方進入河北要域。後趙僅駐軍於樂安雖可牽制沿濡水南下之敵，但對濕餘水與鮑丘水方面，則因距離過遠致無法及時應變。

圖 13. 燕山山脈形勢暨 349 年前燕與後趙對峙態勢示意圖

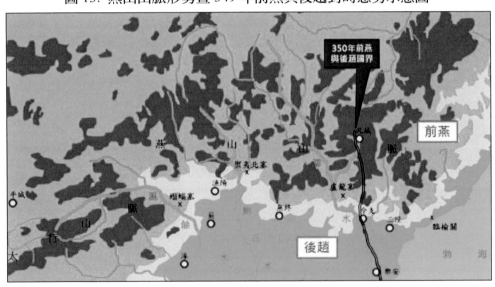

資料來源：筆者參考下列資料自繪：
1. 嚴耕望，《唐代交通圖考》，圖二十二。
2. 〔北魏〕酈道元，《水經注》卷十四〈濕餘水〉、〈鮑丘水〉、〈濡水〉（臺北：世界書局，民國 77 年 4 月），頁 179，180，188。
3. 牟發松等，《中國行政區劃通史：十六國北朝卷》，頁 75。
4. 中國歷代戰爭史編纂委員會，《中國歷代戰爭史（第五冊）》，附圖 5～190。
5. 譚其驤，《中國歷史地圖集（第四冊）》，頁 50～51。

〔註318〕《水經注》卷十四〈濕餘水〉、〈鮑丘水〉、〈濡水〉，頁 179，180，188。

圖 14. 濕餘水（今桑乾河）切割燕山山脈所形成的谷陘

資料來源：筆者 2019 年 4 月 26 日攝於北京市昌平區老爺山頂。

　　然後趙並未置戍於濕餘水與鮑丘水方面。因此，當 350 年二月，「燕王儁使慕容霸將兵二萬自東道出徒河，慕輿于自西道出蠮螉塞，儁自中道出盧龍塞」，兵分三路，經蠮螉塞、盧龍塞與臨榆關進軍華北，鄧恆部無法憑樂安駐軍，同時牽制如此多方來襲的敵人；加上趙軍此時無心應戰，於是當東道「霸軍至三陘，趙征東將軍鄧恆惶怖，焚倉庫，棄安樂遁去」；次月，「燕兵至無終，（後趙幽州刺史）王午留其將王佗以數千人守薊，與鄧恆走保魯口。乙已，儁拔薊，執王佗，斬之」〔註319〕後趙北方重鎮薊城落入前燕之手，其北方第一道防線宣告瓦解。

　　沿太行山脈東麓的狹窄地帶則是前燕接下來要克服的目標。其中的中山郡位在這條狹窄地帶的中心，《讀史方輿紀要》稱此地「憑鎮、冀之肩背，控幽燕之肘腋。關山險阻，西足以臨雲、代；川陸流通，東可以兼瀛海。語其地勢，亦河北之雄郡也」，由此溯滱河河谷而上太行山脈，可對西北方的雲、代

〔註319〕《通鑑》卷九十八〈晉紀二十〉穆帝永和六年二月條，頁 3153。

用兵，據之可掌控太行山脈，威脅南下北上之敵的「戰略翼側」；故裴行儉曰：「欲固河北之藩垣，先絕雲、蔚之窺伺；欲絕雲、蔚之窺伺，先壯定州之局鑰」。〔註320〕因此，前燕欲南下進軍鄴都，必須克服周邊之「關山險阻」。由於并州刺史張平與庫傉官偉已於 351 年先後投降前秦、前燕，他們儘管只是圖中立以自固，但冉魏卻也喪失太行山脈屏障，只能據中山郡周邊的「淺山地區」頑抗，〔註321〕整體形勢明顯不利冉魏，只不過是將戰局儘可能拉長而已。

三、以山地河谷為決勝關鍵的燕秦（前燕─前秦）爭霸

　　前燕滅冉魏後，國境遂與前秦、東晉接壤，也揭開與這兩國的爭戰之局。355 年，「晉蘭陵太守孫黑、濟北太守高柱、建興太守高瓮各以郡叛歸于儁」，〔註322〕是前燕向黃河南岸發展的開始；此後迄 366 年，推進至淮水北岸，與東晉隔河對峙為止。〔註323〕

　　而位在河北要域與關中要域之間的山西要域，則因「張平據新興、鴈門、西河、太原、上黨、上郡之地，壁壘三百餘，夷、夏十餘萬戶，拜置征鎮，欲與燕、秦為敵國」，〔註324〕燕、秦亦皆有意爭取，遂成為牽動燕秦形勢的一個變數。358 年二月，於「秦王堅自將討張平」時，投降前秦，至同年九月，「燕主儁使司徒評討張平於并州」，竟又投降前燕，「燕以段剛為太守，遣督護韓苞將兵共守平陽」。〔註325〕然張平始終在燕、秦之間反覆，時隔不久，即「襲燕平陽，殺段剛、韓苞；又攻鴈門，殺太守單男」，又招引前秦進兵入并，「平復謝罪於燕以求救，燕人以平反覆，弗救也，平遂為秦所滅」，〔註326〕平陽因而等於前秦伸入并州的前進據點。

〔註320〕《讀史方輿紀要》卷十四〈北直五〉定州條，頁 616。
〔註321〕「淺山地區」係指山地之邊緣區域，通常林木密佈，與平原地形不同。對軍事行動的阻礙恰如 351 年前燕輔國將軍慕容恪參軍高開所謂：「吾騎兵利平地，若（冉）閔得入林，不可復制」。參閱國防大學軍事學院，《國軍軍語辭典（九十二年修訂本）》，頁 5～20；《通鑑》卷九十九〈晉紀二十一〉穆帝永和八年四月條，頁 3175。
〔註322〕《晉書》卷一百十〈慕容儁載記〉，頁 2835。
〔註323〕牟發松等，《中國行政區劃通史：十六國北朝卷》，頁 199。
〔註324〕《通鑑》卷一百〈晉紀二十二〉穆帝升平元年九月條，頁 3216～3217。
〔註325〕〔清〕洪亮吉，《十六國疆域志》卷三〈前燕〉（臺北：藝文印書館，民國 55 年），頁 16～17。
〔註326〕《通鑑》卷一百一〈晉紀二十三〉穆帝升平五年九月條，頁 3236。

圖 15. 山西要域形勢暨 369 年前燕與前秦對峙態勢示意圖

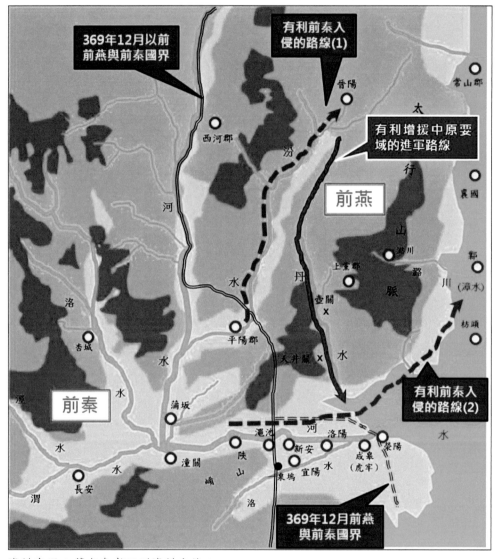

資料來源：筆者參考下列資料自繪：

    1. 嚴耕望，《唐代交通圖考》，圖三。

    2. 牟發松等，《中國行政區劃通史：十六國北朝卷》，頁 200。

    3. 中國歷代戰爭史編纂委員會，《中國歷代戰爭史（第五冊）》，附圖 5～
       196，5～197。

    4. 譚其驤，《中國歷史地圖集（第四冊）》，頁 46～47，52。

    隨著前燕向并州與黃河以南發展，戰火亦逐漸延燒至中原要域。364 年，
「二月，燕太傅評、龍驤將軍李洪略地河南」，「四月，……燕人遂拔許昌、汝

南、陳郡」；〔註327〕次年，「燕太宰恪、吳王垂（霸）共攻洛陽。……三月，克之，……略地至淯、潁，關中大震」，〔註328〕前秦主苻堅「親屯陝城以備之」，〔註329〕此時，燕秦於黃河兩岸，如圖15示意，概以澠池、淯山與宜陽一泉塢南北之線為界。〔註330〕

369年，東晉大司馬桓溫率軍北攻前燕，燕軍連連敗退，情勢危殆，「遣使乞師於堅，請割虎牢以西之地」，然前燕事後反悔。〔註331〕遂成為是年底，前秦伐燕的藉口。

由地勢來看，太行山脈乃確保河北要域的最後防線；山西與中原要域是前燕防衛河北要域必須確保的「戰略縱深」。當時，燕秦對峙於「平陽—澠池」之線，澠池以東的中原要域皆屬前燕。由於平陽郡為前秦所有，故秦軍可沿汾水河谷直取晉陽，進而控制并州，亦可沿黃河南北兩岸向東進攻，經太行山脈以南，直下鄴城，如兩趙爭霸時，有利漢趙進攻襄國的路線（如圖15之兩道紅色虛線）。然平陽與晉陽直線距離約三百公里，且是由海拔二百公尺上升到二千公尺的仰攻，費時較久，晉陽守軍也可由丹水河谷得到洛陽友軍增援，而有利於固守；〔註332〕若秦軍沿黃河向東直指鄴城，卻有遭燕軍沿丹水河谷南下側擊，有補給線遭威脅或截斷的風險（如圖15之藍色箭頭）。因此，前燕慕容筑率軍鎮守洛陽，〔註333〕可同時兼顧晉陽與鄴城的安全，形勢恰如前述349年，後趙「鄧恆據安樂，兵強糧足」，可同時因應來自兩方面的威脅。但就整體形勢來看：洛陽顯然較晉陽容易奪取：蓋洛陽距燕秦國界約七十五公里，晉陽則是三百公里，沿黃河東攻地勢平坦，利於大軍通行，但晉陽則反是。

〔註327〕《通鑑》卷一百一〈晉紀二十三〉哀帝興寧二年條，頁3244～3245。

〔註328〕《通鑑》卷一百一〈晉紀二十三〉哀帝興寧三年條，頁3249。

〔註329〕《晉書》卷一百十三〈苻堅載記〉，頁2889。

〔註330〕按《十六國疆域志·前燕》載：「宜陽有一泉塢，……慕容暐戍此以備秦」，可知洛河流域於宜陽一泉塢以東之地屬前燕。參閱《十六國疆域志》卷三〈前燕〉，頁18。

〔註331〕《晉書》卷一百十三〈苻堅載記〉，頁2891。

〔註332〕當時前燕亦在晉陽部署重兵且糧秣充足。參閱《通鑑》卷一百二〈晉紀二十四〉海西公太和五年九月條，頁3283。

〔註333〕按《晉書·苻堅載記》載：369年十一月，「王猛與建威梁成、鄧羌率步騎三萬，……攻暐洛州刺史慕容筑於洛陽。暐遣其將慕容臧率精卒十萬，將解筑圍」，前燕顯然在洛陽駐有重兵，且於東方另行部署大軍，藉黃河及其兩岸便利通行之特性，迅速增援。參閱《晉書》卷一百十三〈苻堅載記〉，頁2891。

於是當 369 年十一月,「王猛與建威梁成、鄧羌率步騎三萬,署慕容垂為冠軍將軍,以為鄉導,攻暐洛州刺史慕容筑於洛陽。暐遣其將慕容臧率精卒十萬,將解筑圍」。〔註334〕王猛則是採「圍點打援」戰法,〔註335〕使梁成等以精銳萬人卷甲赴之,大破臧於滎陽。筑懼而請降,猛陳師以受之,留鄧羌鎮金墉,猛振旅而歸」。〔註336〕

前燕失去洛陽後,并州等於陷入西、南兩面受敵威脅的「角形態勢」,明顯有利前秦。370 年七月,前秦「又遣(王)猛率楊安、張蚝、鄧羌等十將率步騎六萬伐暐」,楊安沿汾水攻晉陽,王猛沿丹水,先取壺關、上黨後出潞川(在漳水上游,今山西省黎城縣附近),〔註337〕接著再沿潞川穿越太行山脈取鄴都。其中,楊安主在分燕軍之勢,並協力掩護秦軍主力通過潞川時,其北翼的安全。〔註338〕

不過在王猛率軍攻抵潞川前,尚有天井關與壺關需要克服,然負責此地的上黨太守慕容越因交戰遭秦軍所執,所屬郡縣悉降。斯時,能屏障鄴都安全者,僅餘潞川一地。對此,「暐使慕容評等率中外精卒四十餘萬距之」,但最後「評師大敗,死者五萬餘人,評等單騎遁還。猛遂長驅至鄴,堅復率眾十萬會攻暐」。〔註339〕至此,前燕亦如冉魏喪失太行山脈之屏障般,無法確保河北要域,最後遂遭前秦併滅。

四、內外線交替下的兩秦(前秦—後秦)爭霸

淝水之戰後,前秦境內各族紛紛自立,先後有後燕、西燕、後秦、西秦、

〔註334〕《晉書》卷一百十三〈苻堅載記〉,頁 2891。
〔註335〕「圍點打援」係「以部分兵力包圍城市或要點,誘敵增援,集中主力殲滅援敵於運動中。目的不在於打被圍敵,而在打援敵」。在中國古代,這類戰法經常被使用,筆者於第一章註 88 引何世同師對長平之戰的研究即為一例。參閱國防大學軍事學院,《國軍軍語辭典(九十二年修訂本)》,頁 6～17。
〔註336〕《晉書》卷一百十三〈苻堅載記〉,頁 2891。
〔註337〕見《晉書》卷一百十三〈苻堅載記〉,頁 2891～2892。史籍雖未述明楊安攻晉陽之路線,但從并州地勢與汾水河谷之交通,及嚴耕望於《唐代交通圖考》曰:「長安、太原道,當沿渭水北岸東行,渡黃河,……接汾水河谷而上,此地理條件所限,古今殆大署相同也」,概可推論其乃沿此路徑進軍。參閱中國歷代戰爭史編纂委員會,《中國歷代戰爭史(第五冊)》,附圖 5～197;嚴耕望,《唐代交通圖考》,頁 91。
〔註338〕中國歷代戰爭史編纂委員會,《中國歷代戰爭史(第五冊)》,頁 254。
〔註339〕《晉書》卷一百十一〈慕容暐載記〉,頁 2857。

代（北魏）與後涼復、建國，東晉亦乘亂圖謀規復中原，前秦於是在各方勢力不斷侵襲下，逐漸退返關中地區，各反秦勢力因之展開併吞與反併吞之戰。其中以兩秦（前秦—後秦）、燕魏（後燕—北魏）、夏秦（夏國—後秦）與夏魏（夏國—北魏）爭霸對華北地區戰略形勢影響最鉅，以下謹依時間先後，論述戰略要域控制對這四次爭霸的影響。

384 年，姚萇叛離前秦，建立後秦，前秦亟欲滅之，於是展開兩秦爭霸。當時，關中地區係前秦在中，後秦與西燕分處西、東，後秦遣使通和西燕，共抗前秦的局面。自 385 年六月，西燕入據長安，並於次年三月「帥鮮卑男女四十餘萬口去長安而東」，長安隨後為姚萇進占，〔註 340〕關中地區遂以長安為中心，形成後秦在中，前秦分據關中西部與關東部分地區，夾擊後秦的局面。

此後，前秦在關東的部分因遭後燕與西燕打擊，逐漸衰弱。最後，前秦主苻丕於襄陵敗於西燕，於南奔東垣時，遭晉將馮該所殺，於是除魯王苻纂及其弟師奴率數萬眾渡黃河，奔據杏城外，其餘臣佐皆沒於西燕。兩秦爭霸遂發展成以後秦在中，控有長安及包括安定、北地、新平在內的嶺北地區；前秦分處關中東部的杏城及其西的隴東部分地區，亦即如圖 16 所示，前秦處外線，後秦處內線的形勢。

其中，位在杏城方面的苻纂，可藉洛水河谷，進襲後秦東部，而在隴東地區的前秦主苻登，則可沿涇水與渭水河谷，威脅後秦西部，兩部更可發揮氐羌善於克服「土地險阻」特性，跨越嶺北山地阻隔，合兵打擊後秦（有利前秦入侵之路線即圖 16 顯示之三條紅色虛線）。〔註 341〕因此，對後秦而言，如何化解兩面同遭三路威脅的不利態勢，乃戰勝前秦之首要。

〔註 340〕《通鑑》卷一百六〈晉紀二十八〉孝武帝太元十年六月、孝武帝太元十一年三、四月條，頁 3397，3414～3415。
〔註 341〕《通鑑》載：387 年，「後秦征西將軍姚碩德為楊定所逼，退守涇陽。定與秦魯王纂共攻之，戰于涇陽，碩德大敗。後秦主萇自陰密救之，纂退屯敷陸」即為一例，按涇陽屬隴東郡，位在安定西北之涇水河谷，敷陸位於雍州東北之鄜城縣，兩地直線距離將近三百公里，且無河谷或其他通道連接，氐羌族系善於克服地障之能力由此可見。參閱《通鑑》卷一百七〈晉紀二十九〉孝武帝太元十二年四月條，頁 3429。

圖 16. 386 年兩秦於關中地區爭霸形勢示意圖

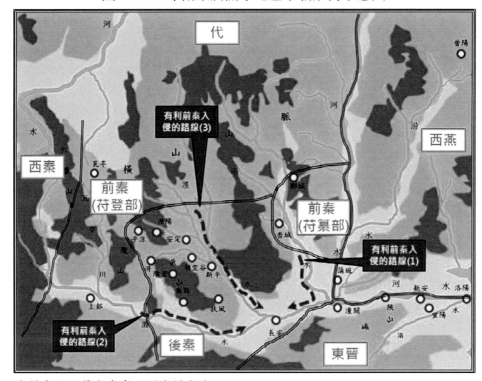

資料來源：筆者參考下列資料自繪：
1. 牟發松等，《中國行政區劃通史：十六國北朝卷》，頁 233～234，331。
2. 譚其驤，《中國歷史地圖集（第四冊）》，頁 13～14，54～55。

　　後秦於是採東守西攻策略，自鄰近地區遷徙戶口至長安，藉充實人口，以強化東部地區的防禦能力，〔註342〕並對苻登所在的隴東取攻勢，牽制其兵力於該方面。直到 387 年八月，「登征虜、馮翊太守蘭犢率眾二萬自頻陽入于和寧，與苻纂首尾，將圖長安」，卻發生「師奴勸其兄纂稱尊號，纂不從，乃殺纂，自立為秦公。蘭犢絕之」之自我分化情事，遂「皆為姚萇所敗」，〔註343〕前秦的東部據點杏城因而喪失。之後，無論是 389 年，前秦并州刺史楊政、

〔註342〕由於西燕與前秦於關中東部交戰，且長安先後遭西燕屠城及鮮卑東還影響，造成當地人口銳減，姚萇若欲強化該地防務，須先充實人口，否則仍無力固守。於是在 386 年六月「徙安定五千餘戶于長安」，復於次年正月「徙秦州豪傑三萬戶于安定」，此即胡三省所曰：「蓋萇起兵以安定為根本，而欲都長安，故因道里遠近為次以漸徙之」之謂。參閱《通鑑》卷一百六〈晉紀二十八〉孝武帝太元十一年六月條，頁 3417；《通鑑》卷一百七〈晉紀二十九〉孝武帝太元十二年正月條及胡注，頁 3427。
〔註343〕《晉書》卷一百十五〈苻登載記〉，頁 2950。

冀州刺史楊楷以收集自苻丕敗後所遺之數萬戶流民，接受苻登之命共攻長安；
〔註344〕還是390年，「登將軍魏褐飛攻姚當成于杏城，為萇所殺」，〔註345〕
皆顯示後秦東部地區已基本安全，有利集中兵力於隴東方面。

　　此後，兩秦於涇水與渭水河谷陷入拉鋸，難見勝負。當時，隴東之南安，
安定至新平間部分地區與汧縣、雍縣屬前秦，〔註346〕後秦則控有嶺北地區之
平涼、安定、新平，與秦州之天水、略陽等郡，〔註347〕雙方陣線概如圖17所
示，形成後秦居外線，以長安、新平、安定、平涼、陰密為據點，對處於內
線，以胡空堡、大界、雍縣為重心的前秦，形成了包圍態勢。

　　因此，對前秦而言，如何打破此等形勢，乃苻登的當務之急。於是在389
年，藉後秦屢屢戰敗之機，遣將「攻萇將吳忠、唐匡于平涼，克之，以尚書
苻碩原為前禁將軍、滅羌校尉，戍平涼。登進據苟頭原以逼安定」；〔註348〕
由於安定「郡外阻河朔，內當隴口，襟帶秦、涼，擁衛畿輔，關中安定，繫
於此也」，〔註349〕戰略地位重要。姚萇於是「留尚書令姚旻守安定，夜襲登
輜重於大界」，〔註350〕此雖苻登「重戰輕防」所致，〔註351〕卻也迫其無法
再將兵力前進部署，只能向後退據平涼，並以之為根本，〔註352〕連帶也喪
失居內線，有利先制打擊的優勢。〔註353〕

　　此後，當393年十二月，姚萇死，苻登於次年二月「盡眾而東，攻屠各姚
奴、帛蒲二堡，克之」，〔註354〕對新平形成壓力的同時，於四月「從六陌趣廢
橋」，將攻勢調轉至渭水方面。〔註355〕前秦軍於是在遭後秦尹緯、姚詳等將拒

〔註344〕《通鑑》卷一百七〈晉紀二十九〉孝武帝太元十四年十月條，頁3442。
〔註345〕《晉書》卷一百十五〈苻登載記〉，頁2952。
〔註346〕牟發松等，《中國行政區劃通史：十六國北朝卷》，頁233～234。
〔註347〕牟發松等，《中國行政區劃通史：十六國北朝卷》，頁331。
〔註348〕《晉書》卷一百十五〈苻登載記〉，頁2951。
〔註349〕《讀史方輿紀要》卷五十八〈陝西七〉，頁2774。
〔註350〕《晉書》卷一百十六〈姚萇載記〉，頁2968。
〔註351〕《通鑑》卷一百七〈晉紀二十九〉孝武帝太元十四年八月條胡注，頁3441。
〔註352〕《通鑑》卷一百八〈晉紀三十〉孝武帝太元十八年七月條胡注，頁3463。
〔註353〕例如391年，「秦主登攻安定，後秦主萇如陰密以拒之，……萇敗登於安定
　　　　城東，登退據路承堡」，即因苻登改以平涼為根本後，需長途跋涉東攻安定，
　　　　不僅喪失先制之利，且易遭受陰密之敵牽制。參閱《通鑑》卷一百七〈晉紀
　　　　二十九〉孝武帝太元十六年十二月條，頁3455。
〔註354〕《晉書》卷一百十五〈苻登載記〉，頁2953。
〔註355〕按《讀史方輿紀要·陝西二》載：六陌「在馬嵬坡西」，馬嵬城「在咸陽西，
　　　　去長安百餘里」，廢橋則在興平縣西北，應屬水源地。據此，六陌與廢橋相

止,「爭水不得,眾渴死者十二三」之不利態勢下,與之決戰而戰敗。〔註356〕符登遂「奔平涼,收集遺眾入馬毛山」,並「遣子汝陰王宗質於隴西鮮卑乞伏乾歸,結婚請援」,〔註357〕原先作為地跨華北四大要域之地區霸主的前秦,因接連戰敗,可茲立足與屏障的要域不斷退縮、易手,顯然已無力復興了。

圖 17. 389 年兩秦於關中地區爭霸形勢示意圖

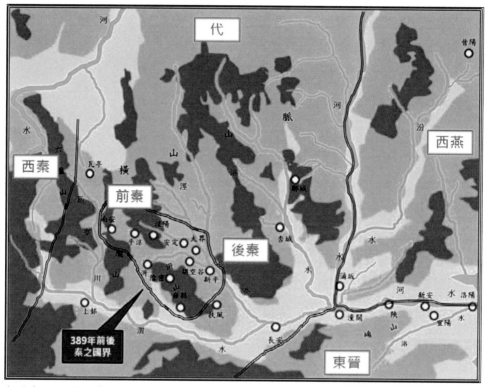

資料來源:筆者參考下列資料自繪:
    1. 牟發松等,《中國行政區劃通史:十六國北朝卷》,頁 233～234,331。
    2. 譚其驤,《中國歷史地圖集(第四冊)》,頁 13～14,54～55。

五、以中樞所在為決勝核心的燕魏(後燕—北魏)爭霸

    淝水之戰後,前秦「諸軍悉潰,惟慕容垂一軍獨全」,之後雖「以兵屬堅」,〔註358〕卻也取得復國的機會。垂於是在 384 年,於滎陽「自稱大將軍・大都

距概約五十公里,皆位處渭水流域。參閱《讀史方輿紀要》卷五十三〈陝西二〉,頁 2550～2552。
〔註356〕《晉書》卷一百十五〈符登載記〉,頁 2953。
〔註357〕《晉書》卷一百十五〈符登載記〉,頁 2954。
〔註358〕《晉書》卷一百十四〈符堅載記〉,頁 2919。

督‧燕王，承制行事，建元曰燕元」，〔註359〕揭開後燕對抗前秦之開國戰爭序幕。然為時不久，統籌前秦關東事務的長樂公苻丕因退入并州，致河北要域冀州諸郡縣於 385 至 386 年間次第歸於後燕。387 年南渡黃河，進入山東半島，獲得濟北、濟南兩郡；392 年滅丁零，得黎陽、頓丘、貴鄉、東燕、陳留、濟陰、滎陽七郡；迄 394 年滅西燕後，句注山以南的山西要域，亦歸後燕所有。〔註360〕至此已幾乎恢復前燕時期的規模，儼然是華北地區最大強權。

與此同時，位在後燕北方的北魏雖有滅燕之志，但礙於後燕強大及雙方合作需要，故暫且擱置；〔註361〕慕容垂則有扶持北魏，以為塞北附庸之期望，〔註362〕雙方在表面上雖維持友好關係，卻也受北魏國力漸強之影響而改變。391 年七月，北魏主遣其弟觚出使後燕，因「燕主垂衰老，子弟用事，留觚以求良馬。魏主珪弗與，遂與燕絕」，〔註363〕可謂雙方相互為敵的開端。395 年四月，「魏王珪叛燕，侵逼附塞諸部」，〔註364〕激化兩國對立；次月，慕容寶率步騎九萬八千伐魏，遂展開燕魏爭霸。

在慕容寶伐魏直前，燕魏雙方形勢概如圖 18 所示，界於燕山與陰山山脈一帶。由地理形勢可知，掌握這兩座山脈，即等於取得進出彼方的自由。其中，燕山山脈為後燕掌控，陰山山脈及并州句注山以北之地屬北魏，皆非大軍容易穿越之處。不過在這兩座山脈中間，有一道由雁門郡至晉陽，沿汾水與滹沱河谷構成的隘道，可視為燕魏進出彼方最便捷的「接近路線」，〔註365〕

〔註359〕《晉書》卷一百二十三〈慕容垂載記〉，頁 3082。

〔註360〕年發松等，《中國行政區劃通史：十六國北朝卷》，頁 285。

〔註361〕事實上自 387 年，北魏滅劉顯後，道武帝拓跋珪即有滅燕企圖，然因後燕強大，乃暫以鄰近小國為目標，以為爾後擴張奠基。此可證諸於《魏書‧昭成子孫列傳‧秦明王翰附傳》載：388 年，「太祖將圖慕容垂，遣儀觀釁。……及還，報曰：『垂死乃可圖，今則未可。』太祖作色問之。儀曰：『垂年已暮，其子寶弱而無威，謀不能決。慕容德自負才氣，非弱主之臣。釁將內起，是可計也。』太祖以為然」，珪既「以為然」，說明他認同且採納拓跋儀的建議。參閱《魏書》卷十五〈昭成子孫列傳‧秦明王翰附傳〉，頁 370；中國歷代戰爭史編纂委員會，《中國歷代戰爭史（第五冊）》，頁 325。

〔註362〕何世同，《中國中古時期之陰山戰爭及其對北邊戰略環境變動與歷史發展影響》，頁 210。

〔註363〕《通鑑》卷一百七〈晉紀二十九〉孝武帝太元十六年七月條，頁 3452。

〔註364〕《通鑑》卷一百八〈晉紀三十〉孝武帝太元二十年四月條，頁 3474。

〔註365〕「接近路線」係「供適當大小與類型部隊，可通達地形要點或目標之運動路線」，為有利野戰大軍行動之通道，攸關雙方有利態勢之爭取與確保。參閱國防大學軍事學院，《國軍軍語辭典（九十二年修訂本）》，頁 5～6。

亦為雙方爭霸所需奪取或固守的第一要點。為行文方便，以「雁晉走廊」稱
之。

圖 18. 395 年後燕與北魏對峙態勢示意圖

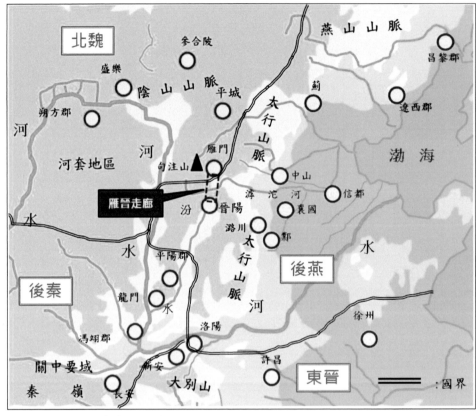

資料來源：筆者參考下列資料自繪：
1. 饒勝文，《布局天下——中國古代軍事地理大勢》，頁 142～155。
2. 牟發松等，《中國行政區劃通史：十六國北朝卷》，頁 288。
3. 中國歷代戰爭史編纂委員會，《中國歷代戰爭史（第五冊）》，附圖 5
～205。
4. 譚其驤，《中國歷史地圖集（第四冊）》，頁 13～14。

其次，若後燕掌控「雁晉走廊」，欲對北魏取攻勢，接下來即須克服陰山
山脈地障，如此方可威脅北魏的重要牧場；〔註366〕若北魏無法固守，最後只

〔註366〕由《魏書・太祖紀》載：386 年，「八月，劉顯遣弟亢泥迎窟咄，以兵隨之，
來逼南境。於是諸部騷動，……帝慮內難，乃北踰陰山，幸賀蘭部，阻山為
固」，由於陰山山脈以北乃廣大的內蒙古草原，可見此「阻山為固」，乃北魏
道武帝欲固守陰山，以抵禦敵方攻勢；可見陰山山脈的戰略價值。參閱《魏
書》卷二〈太祖紀〉登國元年八月條，頁 21。

能退至河套地區，並以黃河作為最後防線。反之，若北魏控制「雁晉走廊」，後燕在并州的疆域將暴露在北魏的威脅之下，只能將防線東推至太行山脈，若太行山脈再不保，河北要域包括後燕權力核心所在的中山、信都、鄴城等地，將暴露在北魏的威脅下。〔註367〕尤有甚者，若燕山山脈亦失，北魏不僅可對後燕取得「角形態勢」，且可威脅薊城安全，慕容氏退往遼西根據地的通道將有被截斷之虞。

395年，慕容寶率軍伐魏，「魏聞寶將至，徙往河西。寶濟師臨河」且「（魏）帝親治兵於河南」，〔註368〕燕軍事實上已突破第一、二道防線，與退至河套地區的魏軍隔黃河對峙。然此時，燕軍「懼不敢濟」，且遭魏「略陽公元遵七萬騎塞其中山之路」，「於是（燕）士卒駭動，往往間言，皆欲為變」，〔註369〕故有後來的參合陂之敗。

次年，慕容垂死，前述「罷諸軍營分屬郡縣」等致燕政日壞，遂有并州之民「潛召魏軍」，〔註370〕北魏於是展開伐燕戰事。

397年六月，「（魏）遣將軍王建等三軍討（慕容）寶廣寧太守劉亢泥，斬之，徙其部落。寶上谷太守慕容普隣（詳），捐郡奔走」，〔註371〕燕山山脈於是為北魏所占；七月，「魏伐并州，驃騎農逆戰，敗績，還于晉陽，司馬慕輿嵩閉門拒之。農率騎數千奔歸中山，行及潞川，為魏追軍所及，餘騎盡沒，單馬遁還」。〔註372〕北魏在短短兩個月內先後奪下燕山山脈與并州，對後燕形成「角形態勢」，不僅對薊城安全構成威脅，慕容氏退往遼西根據地的通道也有遭截斷之虞。這時，後燕尚能牽制北魏攻勢者，只剩河北要域西側的太行山脈。然而，當「寶引羣臣於東堂議之。……於是修城積粟，為持久之備」，〔註373〕竟主動放棄太行山脈天險，僅圖以堅固城防，消耗魏軍

〔註367〕饒勝文，《布局天下──中國古代軍事地理大勢》，頁142～153。
〔註368〕《晉書》卷一百二十三〈慕容垂載記〉，頁3089；《魏書》卷二〈太祖紀〉登國十年八月條，頁26。
〔註369〕《晉書》卷一百二十三〈慕容垂載記〉，頁3089；《魏書》卷二〈太祖紀〉登國十年九月條，頁26；《魏書》卷九十五〈徒河慕容廆列傳・垂附傳〉，頁2067。
〔註370〕此係前述遼西王慕容農將部曲數萬口至并州，引發民怨所致。參閱《通鑑》卷一百八〈晉紀三十〉孝武帝太元二十年四月條，頁3483。
〔註371〕《魏書》卷二〈太祖紀〉皇始元年六月條，頁27。
〔註372〕《晉書》卷一百二十四〈慕容寶載記〉，頁3094。
〔註373〕《晉書》卷一百二十四〈慕容寶載記〉，頁3094。

戰力，待其戰力不繼之時，自動退兵。於是河北要域西部及北部門戶皆洞開，後燕此後只能憑堅固城防頑抗，完全喪失戰略主動。

不過，自396年「冬十月乙酉，車駕出井陘」，同時「自常山以東，守宰或捐城奔竄，或稽顙軍門，唯中山、鄴、信都三城不下」，迄398年正月，「慕容德走保滑臺，（拓跋）儀克鄴」，〔註374〕北魏歷時一年又兩個月，才完全占據河北要域，相較於先前突破燕山山脈與并州僅費時三個月，〔註375〕差異甚大。即便後趙末年，前燕於河北要域發動滅冉魏之戰，前後亦僅耗時六個月。〔註376〕

為何北魏面臨與後趙末期類似情況，於相同地區作戰，反倒耗時較久？筆者認為這與薊城仍在後燕掌握之下有關：蓋薊城為河北要域中部樞紐，其東河湖密佈，不利大軍通行（薊城周邊形勢如圖13示意），正處在後燕的遼西根據地與政治中心中山、鄴等城之間。用「野戰戰略」的「補給線」概念來看薊城的戰略價值：遼西根據地可謂後燕的「基地」，以薊城為中心點的補給線既是滿足中山、鄴、信都守軍持續戰力需求，亦為此三城退返遼西根據地所必經之交通樞紐。故《通鑑》載：「燕太子寶恥於參合之敗，請更擊魏。司徒德言於燕主垂曰：『虜以參合之捷，有輕太子之心，宜及陛下神略以服之，不然，將為後患。』垂乃……以陽城王蘭汗為北中郎將，代長樂公盛鎮薊」；〔註377〕之後當慕容寶敗於柏肆，「率萬餘騎奔薊。寶子清河王會，先守龍城，聞寶被圍，率眾赴難」，〔註378〕此皆凸顯薊城在後燕防禦體系當中的重要程度。也正因後燕仍擁有薊城，使北魏在河北要域的戰事曠日彌久，衍生諸多問題，連帶刺激其日後展開自我變革。

〔註374〕《魏書》卷二〈太祖紀〉皇始元年十月、天興元年正月條，頁28，31。

〔註375〕按《魏書·太祖紀》載：396年，「夏六月癸酉，……寶上谷太守慕容普隣，捐郡奔走」，迄同年「九月戊午，次陽曲，……命諸將引騎圍脅，……寶并州牧遼西王農大懼，將妻子棄城夜出，東遁，并州平」而得，前後恰歷時三個月。參閱《魏書》卷二〈太祖紀〉皇始元年六、九月條，頁27。

〔註376〕按《通鑑》載，350年「二月，燕王儁使慕容霸將兵二萬自東道出徒河」起，迄次月於清梁遭敵夜襲，「儁引兵還薊」，暫停攻勢，前後歷時一個月。此後，後趙即陷入石祇與冉閔相攻。至352年四月，「燕王儁遣慕容恪等擊魏」，迄同年八月，「（冉）魏長水校尉馬願等開鄴城納燕兵」止，前燕滅冉魏總共耗時六個月。參閱《通鑑》卷九十八〈晉紀二十〉穆帝永和六年二、三月條，頁3153～3155；《通鑑》卷九十九〈晉紀二十一〉穆帝永和八年四至八月條，頁3175～3179。

〔註377〕《通鑑》卷一百八〈晉紀三十〉孝武帝太元二十年十二月條，頁3478。

〔註378〕《魏書》卷九十五〈徒河慕容廆列傳·寶附傳〉，頁2069。

六、以突破山隘阻隔為中心的夏秦（夏國─後秦）爭霸

　　赫連勃勃於 407 年起事後，以所鎮之朔方為基礎，迅速奪下高平周邊，「進討姚興三城已北諸戍」，[註379] 成功控制「三城─高平」之線以北地區，東與北魏隔黃河對峙，南與後秦隔橫山山脈（為今屈吳山、雲霧山、梁山等接連而成）相抗。[註380]

　　由圖 19 可知：當時，夏國控領河套地區，西北東三面皆為黃河圍繞，以外又被賀蘭山、陰山等山脈環繞。[註381] 東邊的北魏，因屢遭北方的柔然侵擾，雖暫不對夏國構成威脅，[註382] 但保持現況不改，日後也有遭外敵併滅可能，勃勃之父劉衛辰即為一例。因此，以南方的後秦為目標，既有利夏國自保，亦是圖發展所必須。故 407 年，赫連勃勃與諸將研擬擴張戰略時，即將擴張軸線指向長安，以奪得「關中要域」為首要目標。

　　關中位於「汧、雍以東至河、華」，即今之陝西中、南部與甘肅東部一帶，地「膏壤沃野千里」，[註383] 對中原具能進能退、可攻可守之高屋建瓴態勢，是適合建立王業的所在。就赫連氏擴張的軍事行動言，夏國首需突破河套以南的橫山山脈阻隔，亦即取得進出關中所必經之洛水、涇水與瓦亭川河谷的控制權。前述赫連勃勃「以雲騎風馳，出其不意；救前則擊其後，救後則擊其前，使彼疲于奔命」者，蓋用兵於此三道河谷而言，[註384] 東邊的洛水河谷與西邊的瓦亭川河谷相距約四百五十公里，有利夏國對後秦發起運動戰（如圖 19 之三條藍色虛線）。

〔註379〕《晉書》卷一百三十〈赫連勃勃載記〉，頁 3202。
〔註380〕嚴耕望，《唐代交通圖考》，頁 315。
〔註381〕嚴耕望，《唐代交通圖考》，頁 315。
〔註382〕中國歷代戰爭史編纂委員會，《中國歷代戰爭史（第六冊）》（臺北：黎明文化，民國 70 年 10 月），頁 101。
〔註383〕《史記》卷一百二十九〈貨殖列傳〉，頁 3261。
〔註384〕按《晉書·赫連勃勃載記》載，「勃勃與姚興將張佛生戰于青石原」，青石原依《資治通鑑》胡注，應在安定、平涼之間，位於涇水河谷；「興遣將齊難率眾來伐，勃勃退如河曲」，河曲位於洛水河谷；勃勃「遣其尚書金纂率騎一萬攻平涼」，平涼即位在瓦亭川河谷；「勃勃兄子左將軍羅提率步騎一萬攻興將姚廣都于定陽」，定陽位於洛水河谷。此乃當時夏與後秦的主戰場。參閱《晉書》卷一百三十〈赫連勃勃載記〉，頁 3204；《通鑑》卷一百一十四〈晉紀三十六〉安帝義熙三年十一月條胡注，頁 3659。

圖 19. 河套地區與關中要域形勢暨 407 年夏與後秦對峙態勢示意圖

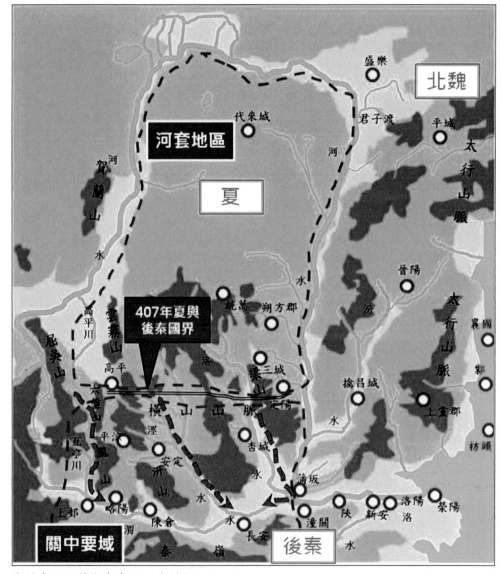

資料來源：筆者參考下列資料自繪：
　　1. 饒勝文，《布局天下——中國古代軍事地理大勢》，頁 20。
　　2.《讀史方輿紀要·輿圖要覽》卷一〈陝西第五〉，頁 5670。
　　3.《十六國疆域志》卷十六〈夏國〉，頁 8。
　　4. 嚴耕望，《唐代交通圖考》，頁 315。
　　5. 譚其驤，《中國歷史地圖集（第四冊）》，頁 15～16，54～55。

　　由 409 年，「秦王興遣其弟平北將軍沖、征虜將軍狄伯支等帥騎四萬，擊夏王勃勃。沖至嶺北，謀還襲長安，伯支不從而止，……秦王興聞姚沖之謀，

賜沖死」觀之，〔註385〕赫連勃勃對後秦的運動戰顯然已造成其內部不穩。迫使後秦將陣線內縮，改採守勢：在涇水河谷方面，以「曹熾、曹雲、王肆佛等各將數千戶避勃勃內徙，興處佛于湟山澤，熾、雲於陳倉」；瓦亭川方面，則因「勃勃寇隴右，攻白崖堡，破之，遂趣清水。略陽太守姚壽都委守奔秦州」；洛水河谷方面，其時由姚詳鎮於杏城，因「赫連勃勃所逼，糧盡，委守南奔大蘇」。〔註386〕迄415年，「攻姚興將姚達于杏城，二旬，克之」，〔註387〕夏國才占領位在橫山山脈南麓，瀕臨洛水河谷的杏城，代表夏國完全控制橫山山脈三道進出關中要域的通道，有利其奪取關中要域。〔註388〕

次年，赫連勃勃率軍乘虛進攻上邽，之後又攻下陰密、安定、雍城，已對長安形成角形態勢之時，〔註389〕雖因未克郿城及後方的安定倒戈，使攻勢戛然而止，但整體形勢已明顯有利於夏。因此，當417年劉裕滅秦並倉促返國後，勃勃即以此為基礎，奪下劉裕的戰果，占領關中要域，且向東攻取蒲坂與陝城等地，〔註390〕成為東晉滅秦的最後勝利者，亦成功取代了後秦原有地位。

七、受外在形勢牽制的夏魏（夏國—北魏）爭霸

夏魏爭霸肇因於425年，赫連勃勃死，夏國紛亂，北魏兵分南北兩路

〔註385〕《通鑑》卷一百一十五〈晉紀三十七〉安帝義熙五年條，頁3669～3670。
〔註386〕《晉書》卷一百十八〈姚興載記〉，頁2994～2995。
〔註387〕《晉書》卷一百三十〈赫連勃勃載記〉，頁3206。
〔註388〕據《元和郡縣圖志·關內道三》坊州條載：「魏晉陷于夷狄，不置郡縣。劉、石、苻、姚時，于今州理西七里置杏城鎮，常以兵守之」，「鎮」乃當時對聚居民族複雜且常與敵國發生軍事爭奪之邊境地帶，為行軍事管理所設置的一種特殊地方行政機構，因「不置郡縣」，當地鎮將事實上亦統土地治民事，權力相當大，故可見此地戰略價值之高。由其位置與周邊地勢來看，應為沿洛水河谷進出關中要域之重地。參閱《元和郡縣圖志》卷三〈關內道三〉，頁70；嚴耕望，《中國地方行政制度史乙部——魏晉南北朝地方行政制度》（臺北：中央研究院歷史語言研究所，民國79年5月），頁766；馮君實，〈魏晉官制中的護軍〉，《魏晉南北朝史論文集》（濟南：齊魯書社，1991年5月），頁113。
〔註389〕《晉書》卷一百三十〈赫連勃勃載記〉，頁3207。
〔註390〕按《魏書·世祖紀》載：426年，「帝以屈丐（勃勃）既死，諸子相攻，遣……宋兵將軍周幾率洛州刺史于栗磾襲陝城」。可見417年赫連勃勃東伐劉裕子義真時，不僅如《晉書·赫連勃勃載記》載，黃河以北「以侯提為并州刺史，鎮蒲坂」，黃河南岸則往東推進至陝城。參閱《魏書》卷四上〈世祖紀〉始光三年九月條，頁71；《晉書》卷一百三十〈赫連勃勃載記〉，頁3209。

進犯，因之形成一攻一守態勢，這不僅是攸關夏國存亡，亦是北魏能否促成統一華北形勢的關鍵之戰。當時，雙方在平陽以北，以黃河為界，〔註391〕以南則以「擒昌城—新安」之線為界，〔註392〕雙方對峙態勢如圖 20 示意。

　　儘管夏魏爭霸與前述的兩秦爭霸皆以關中要域為主，但因北魏當時需同時因應北方的柔然與來自黃淮以南的南朝宋之威脅，使得夏魏爭霸形勢較兩秦爭霸複雜。換言之，赫連勃勃之死雖有利北魏滅夏，但柔然與南朝宋卻也可能藉機入侵，使北魏陷入三面作戰窘境。此外，夏國儘管勢弱，亦可與柔然或南朝宋聯合，共謀北魏。因此，夏魏爭霸不僅存在於兩方實際對抗的河套與關中地區，北魏與柔然、南朝宋為敵，亦可能牽動整個形勢。

　　早在 418 年，夏國占領長安後，羣臣即勸赫連勃勃定都於此。從勃勃「荊吳僻遠，勢不能為人之患。東魏與我同壤境，去北京裁數百餘里，若都長安，北京恐有不守之憂。朕在統萬，彼終不敢濟河」之回覆來看，〔註393〕夏國當時以北魏及南朝宋為假想敵，定統萬為都，旨在確保河套地區安全，另於長安置南臺，以確保關中要域安全，此與兩地受橫山山脈阻隔，需分開部署有關，若任一地區遭外敵入侵，另一方可藉前述之洛水、涇水與瓦亭川河谷之利，立即調兵援助。

　　於是，北魏乃於 426 年九月，「遣（奚）斤率義兵將軍封禮等督四萬五千人襲蒲坂」，〔註394〕宋兵將軍周幾「率洛州刺史于栗磾以萬人襲陝城」，〔註395〕其後，「魏主至君子津，會天暴寒，冰合」，乃「帥輕騎二萬濟河襲統萬」。〔註396〕目的在同時用兵於夏國南北，使其無法兼顧。

〔註391〕按《十六國疆域志》載：「勃勃以并州刺史鎮蒲坂，……統縣可考者三：……蒲坂、汾陰……舊屬河東郡；……擒昌城，……舊屬平陽郡」，概可知平陽郡之擒昌城以西、以南之地屬夏，該城乃夏在山西要域內，與北魏接攘之東北角。參閱《十六國疆域志》卷十六〈夏國〉，頁 8。

〔註392〕夏在襲擊東晉後，其在中原要域與北魏界於何處？《通鑑》載「司馬道恭，自東垣帥三千人屯（金墉）城西」，胡三省考證諸史，認為東垣在新安界，概於陝城以東約七十五公里處，東垣以東既無夏國活動記載，此地應為夏國之極東。參閱《通鑑》卷一百一十八〈晉紀四十〉恭帝元熙元年條胡注，頁 3788。

〔註393〕《晉書》卷一百三十〈赫連勃勃載記〉，頁 3210。

〔註394〕《魏書》卷二十九〈奚斤列傳〉，頁 699。

〔註395〕《魏書》卷三十〈周幾列傳〉，頁 726。

〔註396〕《通鑑》卷一百二十〈宋紀二〉文帝元嘉三年十月條，頁 3852。

圖 20. 425 年夏與北魏對峙態勢示意圖

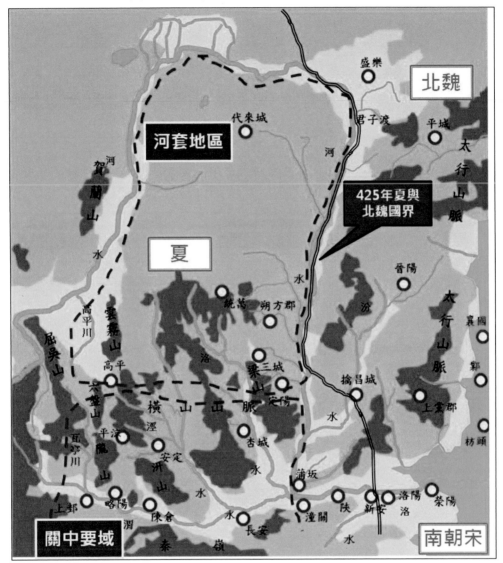

資料來源：筆者參考下列資料自繪：

1. 饒勝文，《布局天下——中國古代軍事地理大勢》，頁 20。
2. 《讀史方輿紀要・輿圖要覽》卷一〈陝西第五〉，頁 5670。
3. 《十六國疆域志》卷十六〈夏國〉，頁 8。
4. 嚴耕望，《唐代交通圖考》，頁 315。
5. 譚其驤，《中國歷史地圖集（第四冊）》，頁 15～16，54～55。

雖然蒲坂、陝城方面因夏國「守將赫連乙升棄城西走。昌弟助興守長安，乙升復與助興西走安定」，[註397] 喪失關中要域大半，但在統萬方面則僅「分軍四出，略居民，殺獲數萬，生口牛馬十數萬，徙萬餘家而還」，[註398] 留下一個殘局，固然與統萬城堅，魏軍準備未周，故而退兵有關，[註399] 應該也與當時已進入冬季，常是北方遊牧民族寇掠時期，不得不退兵因應有關。

427 年四月，北魏再興攻勢。是役，「奚斤與夏平原公定相持於長安」，[註400] 統萬方面則是：[註401]

> 分諸軍，司徒長孫翰、廷尉長孫道生、宗正娥清三萬騎為前驅，常山王素、太僕兵堆、將軍元太毗步兵三萬為後繼，南陽王伏真、執金吾桓貸、將軍姚黃眉步兵三萬部攻城器械，將軍賀多羅精騎三千為前候。五月，車駕西討赫連昌。……濟君子津。三城胡酋鵲子相率內附。帝次拔隣山，築城，舍輜重，以輕騎三萬先行。……六月甲辰，昌引眾出城，大破之。……昌將麾下數百騎西南走，奔上邽，……神廳元年……赫連昌退屯平涼。

與此同時，「昌弟平原公定拒司空奚斤於長安城，娥清率騎五千討之，西走上邽」。[註402] 儘管北魏幾乎已將夏國逐出關中與河套地區，卻又留下「赫連昌退屯平涼」與赫連定「西走上邽」的殘局，使夏國能在隴山與瓦亭川流域南北兩端之上邽與平涼保有日後反攻的根據地。此或許與遊牧民族視掠奪為「輔助性生業」有關，[註403] 但卻是一種不完全的勝利。

[註397] 《魏書》卷四上〈世祖紀〉始光三年十一月條，頁 71～72。

[註398] 《魏書》卷九十五〈鐵弗劉虎列傳·昌附傳〉，頁 2057。

[註399] 按《魏書·世祖紀》載：「(始光)四年春正月……遣就陰山伐木，大造攻具」，距前次入侵統萬，僅相隔兩個月，大造攻具乃因進攻統萬而為。參閱《魏書》卷四上〈世祖紀〉始光四年正月條，頁 72。

[註400] 《通鑑》卷一百二十〈宋紀二〉文帝元嘉四年四月條，頁 3855。

[註401] 《魏書》卷四上〈世祖紀〉始光四年四、五、六月條及神廳元年二月條，頁 72～73。

[註402] 《魏書》卷四上〈世祖紀〉始光四年六月條，頁 73。

[註403] 由《魏書·世祖紀》載：魏軍入統萬城後，「虜昌羣弟及其諸母、姊妹、妻妾、宮人萬數，府庫珍寶車旗器物不可勝計，……獲馬三十餘萬匹，牛羊數千萬。以昌宮人及生口、金銀、珍玩、布帛班賚將士各有差。……辛酉，班師，留常山王素、執金吾桓貸鎮統萬」來看，北魏似乎已滿足於眼前的收穫，而不再繼續追擊殘敵，恰與遊牧民族寓作戰於生產之傳統相符。參閱《魏書》卷四上〈世祖紀〉始光四年六月條，頁 72～73。

此後，儘管「監軍侍御史安頡出戰，擒昌。昌餘眾立昌弟定為王，走還平涼」，〔註404〕北魏似以為勝券在握，轉而注意其他方面，未就赫連定退據平涼及魏軍「糧竭馬死，遂深壘自固」等問題，謀徹底解決。〔註405〕於是當奚斤率軍在缺糧缺水的不利狀態下，「追定於平涼」，反遭夏軍襲擊，致「斤眾大潰，斤與娥清、劉拔為定所擒，士卒死者六七千人」後，〔註406〕「丘堆先守輜重在安定，聞斤敗，棄甲東走蒲坂」，〔註407〕整個關中要域又遭夏國奪回。

其後直到430年，「世祖聞赫連定與劉義隆懸分河北，乃治兵，欲先討赫連」，〔註408〕方纔結束此殘局。此前，一方面因「赫連定遣使朝貢，帝詔諭之」，〔註409〕另方面則因先後用兵柔然與南朝宋所致。當南北兩大威脅已排除，結束夏國殘局乃成為極自然之勢。

第五節　爭霸雙方的軍事能力比較

上述各節旨在論述各霸權的武裝部隊及決勝當時的戰略要域控制情形，皆為衡量軍事能力高下的主要材料。本節分就前揭之七次爭霸，按表1「武裝部隊」與「戰略要域控制」分項之各個指標，比較其決勝當時的軍事能力。其中，「武裝部隊」主在分析「兵力來源」、「統合戰力發揮」與「作戰效能」；「戰略要域控制」則以控領要域對「行動自由」、「己方安全程度」及「對敵牽制程度」之分析為主。由此產生的各種數值則以第二章小結所揭示之概念為準，亦即按雙方差異程度區分，以「3：1」為懸殊，「2：1」為略有差距，「1：1」為概等，數值本身僅是一種形象符號，並無具體的量化含義；至於與作戰有關的「士氣」，則在第五章的「意志」因素中探討。

一、兩趙爭霸中的軍事能力比較

兩趙爭霸發生在319至329年之間。當時，漢趙在關中地區，兵力除劉

〔註404〕《魏書》卷四上〈世祖紀〉神廳元年二月條，頁73。
〔註405〕《魏書》卷二十九〈奚斤列傳〉，頁699。
〔註406〕《魏書》卷二十九〈奚斤列傳〉，頁699～700。
〔註407〕《魏書》卷四上〈世祖紀〉神廳元年三月條，頁73。
〔註408〕《魏書》卷三十五〈崔浩列傳〉，頁821。
〔註409〕《魏書》卷四上〈世祖紀〉神廳元年四月條，頁74。

曜自并州帶來的五萬「核心武力」外，餘皆為當地的鮮卑、氐、羌戰士。儘管大多來自部落，均因「生活條件與戰鬥條件一致」而能征慣戰，作戰效能當無疑問。然前者因長年服役軍中，戰力正隨年齡增長而不斷下滑；後者則多聽命部落酋大、王長，雖然他們在「光初體制」下，擁有等同過去匈奴王長般的地位與威權，但若情勢逆轉，特別是具「無相長一」及「以力為雄」傳統的羌人，這些與漢趙的過往無甚淵源的鮮卑、氐、羌王長，恐怕只在表面支持漢趙而已。若如此，漢趙的兵源即有中斷之虞。

後趙兵力有來自各胡夷部落、流人集團與徵召各地，他們也是長期服役，但不像漢趙的五萬匈奴部落兵因「靳準之難」，遠離原部落，無法番代；後趙的胡夷部落、流人集團仍可正常供應新陳代謝兵力。值得注意的是，自 314 年，石勒「以幽冀漸平，始下州郡閱實人口」以來，開始重建戶籍，對獲得穩定兵源，極有助益。也因此，當 324 年後趙開始徵「徐、揚州兵」，可說是後趙在兵員數量佔優勢的開始，他們儘管戰鬥力不如部落兵與長年四處作戰的流人，卻可在數量上取勝。

在「戰略要域控制」方面，漢趙處在「角形邊境線」內側，已陷入一種兩面同遭威脅的不利態勢。雖可藉「三川河谷」之利，分割後趙兵勢，以利各個擊破，或是利用當時已占領的滎陽，拉大戰略縱深。然在 328 年雙方決戰之時，劉曜卻毫無作為，既選在無有利地勢依托的洛陽西決戰，也未依徐光建言，自高侯沿黃河北岸這條捷徑，直指襄國，完全沒有善用有利地勢以行決戰的見識。所為既無法確保自身安全，也難以威脅敵方。

因此，筆者試據上述研究心得，粗略比較兩趙「武裝部隊」的「兵力來源」數值：劉曜異地重建漢趙，兵力來源已非原先并州的五部匈奴，而是後來歸附的氐、羌、鮮卑等豪傑，他們對劉曜未必心悅誠服，提供漢趙兵力可能係基於一時利害，兵源顯然不可靠，與後趙能藉已掌握的戶籍建立兵源管道，並藉官僚系統獲得士兵相比，顯然有極大落差，故可將這項指標的數值比概為 1：3；「統合戰力發揮」則因 328 年當時，漢趙有相當兵力來自關隴的氐、羌、鮮卑等豪傑，他們數量雖多，但可靠程度不如五部匈奴之眾，在戰力整合上恐亦劣於制度粗具，但掌控較為嚴密的後趙，故將此數值之比概為 1：2；在整體的「作戰效能」方面，漢趙能在高侯戰勝後趙，卻因劉曜指揮不當而慘敗，這方面的指數應以漢趙較高，可概為 2：1；故漢趙與後趙「武裝部隊」數值為（1+1+2）比（3+2+1），即 2：3。

另就「戰略要域控制」的「行動自由」分析：因「角形態勢」的影響，漢趙備多力分，稍劣於後趙，數值概為 1：2；在「己方安全程度」，漢趙既具主動，且未利用高侯方面捷徑威脅後趙，安全程度已因己方錯誤而被拉平，故為 1：1；「對敵牽制程度」則因雙方皆有防禦上的弱點，亦為 1：1；故兩趙「戰略要域控制」數值為（1+1+1）比（2+1+1），即 3：4。綜合這兩組數據，可得兩趙爭霸時，漢趙與後趙的軍事能力比為 5：7。就上述之「3：1」為懸殊，「2：1」為略有差距，「1：1」為概等之形象來看，此「5：7」可謂漢趙的軍事能力略劣於後趙。

二、趙燕爭霸中的軍事能力比較

趙燕爭霸發生在 349 至 352 年之間。雖然早在石勒時期已有強大的部落兵團及完善的動員體制，故在兵源上有著一定優勢；然其兵權幾乎全歸石虎諸子掌控，因石虎死後彼此相攻，加上後來冉閔與石祇對戰，自我削弱戰力，等同瓦解此動員體制。此外，儘管駐在鄴城附近的苻洪與姚弋仲集團皆具相當戰力，可有效彌補後趙軍自我相殘後之不足，然此兩集團皆謀返關中，對趙燕決戰均未參與。尤有甚者，當冉閔掌權之初，以「胡之不為己用」，遂令「趙人誅諸胡羯」，等於是將石勒起事以來一貫倚恃的胡羯部落兵誅除淨盡。因此，即使冉閔寡除石祇殘餘勢力，但兵力卻已大量減損，復因胡羯兵團已失，作戰效能當遠不如前燕。〔註410〕另按《通鑑》載：「魏主閔既克襄國，因遊食常山、中山諸郡」，〔註411〕後勤支援顯然也已不濟。

前燕武裝部隊則是歷慕容廆、皝兩代之經營，已建成一支以鮮卑族系成員為主體的部落兵團，其「俗善騎射」且在慕容皝時期統一周邊的段、宇文等部，故能於 350 年二月，乘後趙內部紛亂，兵分三路進入華北，雖於攻占

〔註410〕按《晉書·石季龍載記·閔附傳》載：「時慕容儁已克幽薊，略地至于冀州。閔帥騎距之，與慕容恪相遇於魏昌城。……十戰皆敗之。恪乃以鐵鎖連馬，簡善射鮮卑勇而無剛者五千，方陣而前。閔……斬鮮卑三百餘級。俄而燕騎大至，圍之數周。閔眾寡不敵，躍馬潰圍東走，行二十餘里，馬無故而死，為恪所擒」，在雙方決戰於魏昌城時，閔應尚有兵數萬，然與燕軍交戰，竟「十戰皆敗」，且又其五千人所組成的方陣牽制，無力反擊稍後襲擊之燕騎，閔部當時作戰效能之低下由此可見。參閱《晉書》卷一百七〈石季龍載記·閔附傳〉，頁 2796。

〔註411〕《通鑑》卷九十九〈晉紀二十一〉穆帝永和八年三月條，頁 3175。

薊城後因冉閔、石祇相攻而暫停攻勢，卻有利其整頓兵力。迄 352 年四月，趙燕決戰於常山時，燕「分軍為三部，倚角以待之」，說明其軍雖兩度一分為三，但皆能協同一致，統合戰力顯然可有效發揮；冉閔雖能合其兵勢，以萬死之心衝其中軍，〔註412〕但兵力結構因失卻騎兵在先，已無優勢可言。整體而論，在常山決戰當時，冉魏武裝部隊已明顯居於劣勢。

而在「戰略要域控制」方面，由於後趙未在燕山山脈設防，故前燕得以兵分三路進軍河北要域，並以薊城為基地，對前燕爾後南下之後勤支援極為有利；此外，由於冉魏稍後亦失去并州，及太行山脈可提供之利益，只能在不利防守的淺山地區決戰，說明常山決戰當時，冉魏在戰略要域控制上的不利。

故比較冉魏與前燕之常山決戰當時，「武裝部隊」的「兵力來源」數值，因冉閔下令殘殺胡羯在先，等於切斷最可靠的戰士來源，之後雖予恢復，但與前燕相比，已形成極大反差，此數值之比應可 1：3 概之；冉魏軍隊踟躕淺山圖謀困敵，是統合戰力低下，無法各別施展的象徵，遠劣於前燕的「分軍為三部，倚角以待之」，故「統合戰力發揮」應可以 1：3 概之；在「作戰效能」方面，雙方既在兵種、作戰經驗與之前的作戰表現上多有差異，這部分同樣應為 1：3；故冉魏與前燕的「武裝部隊」數值為（1+1+1）比（3+3+3），即是 1：3。

而「戰略要域控制」的「行動自由」，冉魏既失山脈屏障，又無力抵擋前燕攻勢，行動自由遠不如前燕，此數值之比可為 1：3；冉魏既失行動自由，欲維持己方安全亦不可得，故「己方安全程度」應是 1：3；但在「對敵牽制程度」上，因冉魏尚能活用步兵作戰特性，於適合發揮戰力之淺山決戰，仍能對前燕構成一定程度的牽制，可以 1：2 概之；故魏（趙）燕「戰略要域控制」數值為（1+1+1）比（3+3+2），即 3：8。綜合這兩組數據，可得魏燕決戰時，冉魏（後趙）與前燕的軍事能力比為 4：11，概約 1：3，說明冉魏的軍事能力遠劣於前燕。

三、燕秦爭霸中的軍事能力比較

燕秦爭霸發生在 369 至 370 年間。當時，前燕繼承後趙石勒以來恢復的戶籍，有利動員龐大兵力，再加上其固有的鮮卑部落戰士，兵力來源至少有

〔註412〕《晉書》卷一百十〈慕容儁載記〉，頁 2833。

一百七十萬之規模。〔註413〕然這支兵力在長年作戰後，雖戰果豐碩，但諸多腐敗弊端亦隨之而生。即便有如此程度之兵力供給能量，但內部問題也讓建立如此龐大的部隊變得不可能。359年，「兵集鄴城，盜賊互起，每夜攻劫，晨昏斷行」即為一例，雖不得不祭出「寬常賦，設奇禁，賊盜有相告者賜奉車都尉」之手段以圖遏止，〔註414〕說明此時的燕軍已與早先「軍令嚴明，諸將無所犯」的形象相去甚遠。〔註415〕特別自「悉罷軍封」後，連帶打破燕軍原有之「生產建設兵團」功能，不得不藉「鄣固山泉，賣樵鬻水」之營收手段以填補後勤缺口，連帶削弱自身戰力。369年，「晉大司馬桓溫、……率眾五萬伐暐，……暐遣其將慕容厲與溫戰于黃墟，厲師大敗」，甚至要借助外援，「使其散騎侍郎樂嵩乞師於苻堅」，〔註416〕說明燕軍此時戰力已與之前進攻冉魏（後趙）當時相去甚遠。

因此，當370年，前秦滅燕的戰事爆發後，儘管前燕兵權盡歸慕容評掌握，但原先的戰將慕容垂、德兄弟已因內鬥而投奔前秦，加上自身戰力因罷軍封而遭削弱，即使「暐遣慕容評等率中外精卒四十餘萬距之」，但在將非良將、士非猛士，僅圖聚兵於山河之交的潞川，欲以「持久制之」方式待敵，如此之師，焉能不敗！

前秦則自351年苻健率眾入關西後，不斷經營，迄苻堅之世，不斷鞏固內部，軍力已日漸壯大。軍隊雖來自各部落，但皆能征善戰，此可以前引諸戰事為證。因此，前秦乃能藉以克服地理障礙：先是攻佔洛陽，取得有利攻燕的「角形態勢」；其後又使敵在無法兼顧其兩路進軍的同時，決定不採任何先制打擊措施，僅圖以固守潞川方式自保，前秦可謂未戰即盡得攻戰之地利矣！

故比較燕秦潞川決戰當時，「武裝部隊」的「兵力來源」數值，前燕雖有優於前秦的潛能，惟內政腐敗、後勤出現問題而不易發揮，但至少皆為部落兵，且在數量上取勝，故與前秦相比可概為 2：1；前燕兵力雖遠勝於前

〔註413〕此係以350年，慕容儁「簡精卒二十餘萬」，加上儁「復圖入寇，兼欲經略關西」，「令州郡校閱見丁，……欲使步卒滿一百五十萬」而得者，儘管「欲使步卒滿一百五十萬」後來因民生考量而遭否決，但凸顯前燕亦具備此動員潛能。參閱《晉書》卷一百十〈慕容儁載記〉，頁2840。

〔註414〕《晉書》卷一百十〈慕容儁載記〉，頁2842。

〔註415〕《晉書》卷一百十〈慕容儁載記〉，頁2833。

〔註416〕《晉書》卷一百十一〈慕容暐載記〉，頁2853。

秦，卻只集中潞川一地，放棄主動出擊，不同於前秦能兵分兩路，形成夾擊之勢，「統合戰力發揮」顯然以前秦較優，可為 1：2；當兩軍接戰之際，前燕仍「鄣固山泉，賣樵鬻水」，絲毫不見備戰作為，欲成功殲敵恐不可能，與前秦相比形成極大反差，「作戰效能」應為 1：3；故前燕與前秦的「武裝部隊」數值為（2+1+1）比（1+2+3），即 2：3。

而「戰略要域控制」的「行動自由」，由於前燕已主動放棄戰略縱深，侷限在潞川與前秦決戰，自我喪失行動自由，故此數值應為 1：3；369 年失去洛陽後，前燕既有角形態勢之不利，且為力謀恢復，甚至自我放棄主動，將發起攻勢的主動權拱手讓人，等於在「己方安全」與「對敵牽制」上自我設限，故「己方安全程度」與「對敵牽制程度」皆應為 1：3；故燕秦「戰略要域控制」數值為（1+1+1）比（3+3+3），即 1：3。綜合這兩組數據，可得燕秦決戰時，前燕與前秦的軍事能力比為 1：2，顯現前燕的軍事能力略劣於前秦。

四、兩秦爭霸中的軍事能力比較

兩秦爭霸發生在 384 至 394 年之間。當時，淝水之戰剛結束，華北情勢混亂，各族紛紛自立，原為華北地區霸主的前秦處於多面作戰窘境，原先達一百二十萬之數，來源複雜的龐大兵團，此時降至以氐族戰士為主，戰力雖仍強勁，但戰線過廣已無法全面兼顧。此外，自西燕東遷，後秦進佔長安後，前秦遂遭分割為并州及隴東二部，相隔既遠且連繫困難，[註417] 統合戰力自難發揮。尤其當 386 年襄陵之役敗於西燕，「苻纂及弟師奴率丕餘眾數萬，奔據杏城」，「丕之臣佐皆沒慕容永」及次年苻纂部於內鬥後遭姚萇所滅，前秦主苻登只能糾合隴東諸部與後秦相抗。儘管所處地形有利其「依固自守」，然時日既久，受「其兵不能持久，而果於觸突」之因素影響，與同屬氐羌族系的後秦爭霸，遂演變成一種長期消耗戰，端賴領導人能否穩固內部，始能獲得最後勝利。因此，從苻登 393 年「以竇衝為右丞相，尋而衝叛，自稱秦王，建年號。登攻之于野人堡，衝請救于姚萇」，及次年兩秦於廢橋決戰前，登「留其弟司徒廣守雍，太子崇守胡空堡。廣、崇聞登敗，出

〔註417〕《通鑑》載 386 年，前秦主苻丕「以衛平為撫軍將軍、河州刺史，呂光為車騎大將軍、涼州牧。使者皆沒於後秦，不能達」即為一例。參閱《通鑑》卷一百六〈晉紀二十八〉孝武帝太元十一年四月條，頁 3415。

奔，眾散」觀之，〔註418〕前秦末年，其軍隊距分崩離析實已不遠，難再有效整合了。

　　後秦軍隊雖也是集關中地區諸氐、羌、鮮卑等部落所成者，作戰效能相近，但能否同姚氏併肩作戰，和形勢有利與否及戰爭時間長短相關。由於後秦陣營有齊難、徐洛生、劉郭單、彌姐婆觸、趙惡地與梁國兒等將守忠不貳，且「留子弟守營，供繼軍糧」，既保有一定之核心武力，且又能確保持續戰力於不墜，此乃前秦在喪失大界輜重，又不時爆發內部分裂所難以匹敵者。

　　在「戰略要域控制」方面，前秦自喪失杏城之東部據點後，已形成後秦處外線，前秦處內線，有如遭後秦戰略包圍的形勢。前秦雖力圖打破，但受符登「重戰輕防」等因素影響，反遭姚萇成功夜襲大界輜重，不得不向後退據平涼，更加失去先制打擊的機會，直到廢橋一役遭後秦擊敗，戰力已屬殘破。

　　故比較兩秦廢橋決戰當時，「武裝部隊」的「兵力來源」數值，前秦與後秦皆以氐羌為主，受傳統文化影響，部落之聚合難以持久，前秦屢屢戰敗，連帶動搖其結盟部落的合作意志，兵力來源自然受到波及，不若後秦尚有齊難等將領的矢志效忠，並藉打勝仗以鞏固內部向心，對兵源獲得定有助益，故前秦與後秦比較這項數值，可曰1：2；「重戰輕防」雖屬符登屢敗主因，但他與姚萇一樣，都是率領由各部落組成的結構鬆散組織，既有的分歧似不受誰屬而影響，故「統合戰力發揮」與「作戰效能」數值應互呈伯仲，皆為1：1；故前秦與後秦的「武裝部隊」數值為（1+1+1）比（2+1+1），即3：4。

　　而「戰略要域控制」的「行動自由」，前秦既遭後秦戰略包圍，且無力突破，任何積極作為皆難施展，此數值應為1：3。儘管如此，但以兩秦武裝部隊數值差距不大，前秦雖處內線，就安全程度言未必全然不利，故「己方安全程度」可概為1：2。然「對敵牽制程度」則受前秦之不斷衰弱，與後秦因勝仗而爭取到更多部落歸附，兩者顯有較大差距，為1：3；故兩秦「戰略要域控制」數值為（1+1+1）比（3+2+3），即3：8。綜合這兩組數據，可得兩秦決戰時，前秦與後秦的軍事能力之比為1：2，說明前秦的軍事能力略劣於後秦。

〔註418〕《晉書》卷一百十五〈符登載記〉，頁2953。

五、燕魏爭霸中的軍事能力比較

　　燕魏爭霸發生在 395 至 397 年之間。在此之前，後燕武裝部隊係淝水戰後，華北情勢混亂，各族各部落為謀自保，聚集於慕容垂麾下而成者。包括《晉書・慕容垂載記》所述之上黨庫辱官偉、東阿乞特歸等十餘萬眾皆屬之。其皆能征善戰，故有利瓦解苻堅在淝水之戰前，於關東地區部署，以苻丕、石越、韓胤、梁讜、苻暉與苻叡分鎮龍城、平城、薊城、洛陽與蒲坂的防衛體系。這時，後燕所憑藉者，除慕容垂等人的領導，還有各所屬部落同舟共濟以圖安全的渴望。但是當眼前的威脅排除後，自保目的即告達成，慕容垂欲再贏得其支持，唯有給予更豐厚的賞賜，否則即有謀反倒戈之虞。384 年，「翟斌恃功驕縱，邀求無厭」不得，遂「密與前秦長樂公丕通謀，使丁零決隄潰水」即為一例，〔註419〕這也使慕容垂不得不恢復前燕時期的軍封制度，以鞏固內部向心。慕容垂於是在復國的同時，既需處置內部反叛，又需不斷給予種種賞賜以顧全大局。但從 395 年參合陂之役，「軍無節度，將士莫為盡心」，師老兵疲致燕軍以慘敗收場，再加上不少精銳或戰死，或遭北魏屠殺，雖有後繼者補充缺額，但從後來在河北要域的表現來看，其作戰效能已大幅減弱。

　　尤有甚者，自慕容垂一死，整支軍隊失去眾望所歸核心；再加上慕容寶繼位後，廢除軍封制度，遽以「法峻政嚴」替之，「上下離德」現象連帶衝擊各部落向心，也影響其統合戰力發揮，慕容農於并州與北魏一戰即敗，連帶喪失整個并州，即是這種結果的反映。

　　北魏自 386 年拓跋珪復國後，即先後克服來自劉顯、劉衛辰、庫莫奚、柔然與高車等部的威脅，由於當兵打仗被各部落成員視為義務與個人光榮，再加上鮮卑貴族參與其中，且能在戰勝後獲得應有的賞賜，與後燕僅靠不斷給予誘因以維繫軍力的情形差距甚大。雖然燕魏所部多來自部落，皆有「生活條件與戰鬥條件一致」的特性，但北魏地處鄂爾多斯草原，所處環境有利建立一支優於後燕的騎兵，對北魏後來的成就霸業，甚具助益。〔註420〕然而，北魏軍在柏肆之戰遭後燕夜襲所引發的種種內變，亦顯現在拓跋珪復國初期，內部在整合上的不足，連帶不利其統合戰力發揮。

〔註419〕《通鑑》卷一百五〈晉紀二十七〉孝武帝太元九年七月條，頁 3382。
〔註420〕中國歷代戰爭史編纂委員會，《中國歷代戰爭史（第五冊）》，頁 349。

在「戰略要域控制」方面，當後燕敗於參合陂後，基本已喪失進攻北魏腹地的能力，「雁晉走廊」成為雙方對峙的前沿。此後，當 397 年，北魏先後控領燕山山脈與并州，加上後燕主動放棄太行山脈，只圖利用堅城、夜襲消耗敵軍戰力的被動防禦，〔註 421〕無任何積極作為，最後除確保薊城，維持退往遼西根據地的通道外，已無任何可恃地利可言。

故比較燕魏在河北要域決戰當時，「武裝部隊」的「兵力來源」數值：後燕既因連年征戰致師老兵疲，加上參合陂一役遭受重挫，各部落「上下離德」，已削弱其握有關東與遼西腹地之利，致無法在兵源取得優勢，但北魏因人口較少，亦無法在此有所突出，故後燕與北魏之比應為 1：1。雖說後燕內部問題不斷，但北魏也有類似狀況，此皆嚴重影響兵力的整合與運用，故「統合戰力發揮」應該也是 1：1。不過，後燕軍先是師老兵疲，後繼者戰場表現同樣欠佳，與北魏呈現較大差距，故「作戰效能」應為 1：3，故後燕與北魏的「武裝部隊」數值為（1+1+1）比（1+1+3），亦即是 3：5。

而在「戰略要域控制」方面，後燕因失去并州在先，之後又主動放棄太行山脈，只圖以堅城困敵，故就「行動自由」與「對敵牽制程度」言，後燕與北魏應該皆為 1：3；但對「己方安全程度」而言，因後燕能有效確保薊城，北魏無法短時間突破，致形成南、北燕殘局，故本數值應為是 1：1，故燕魏「戰略要域控制」數值為（1+1+1）比（3+1+3），即 3：7。綜合這兩組數據，可得燕魏決戰時，後燕與北魏的軍事能力之比為 6：12，即 1：2，顯現後燕的軍事能力略劣於北魏。

六、夏秦爭霸中的軍事能力比較

夏秦爭霸發生在 407 至 415 年之間，後秦最後雖為東晉所滅，但卻肇因長時間的夏秦爭霸，後秦國力遭嚴重削弱。當時，夏國所擁有的武裝部隊也是一支集多種族部落而成者，整合不易，赫連勃勃則是將其分成數支小部隊，運用遊牧民族善於騎射的特性，採用快速分合、各別打擊敵軍，且難以捉摸的長期運動戰。這種戰法對已調整大營架構，各軍各營配有雜戶，已加大鈍重性的後秦軍而言，恰有利夏國贏得「不對稱優勢」，也使夏國能在戰力屈居劣勢之際，緩慢地扭轉形勢於對己有利方面。

〔註 421〕雖然 397 年二月，慕容寶募集步騎十五萬於柏肆，夜襲北魏，是一種攻勢作為，但後燕當時既失戰略主動，這種作為事實上只能算是攻勢防禦的一種，目的還是在守。

此外，夏國武裝部隊儘管成員複雜，但在赫連勃勃殘暴管理與連戰連勝的交互影響下，聲勢逐漸升高，統治也日漸穩固，與性質相近的後秦軍因接連戰敗，致內部不穩，形成極大反差。

在「戰略要域控制」方面，赫連勃勃起事後不久，即迅速控制「三城—高平」之線以北的廣大地區，此地不僅有賀蘭山、陰山及橫山山脈屏障，且地勢有利兵力分合，對夏國從事運動戰與抵擋外敵入侵極具助益。此外，夏國亦從掌控洛水、涇水與瓦亭川之三道河谷，穿越橫山山脈，打開南下關中要域的通道，對後秦造成備多力分效果，此皆有利夏國在爭霸中贏得優勢。

故比較夏秦在關中要域爭霸當時，「武裝部隊」的「兵力來源」方面，夏國只有「三交五部鮮卑及雜虜二萬餘落」，遠不及擁有關隴地區且人力豐厚的後秦，故夏秦「兵力來源」數值應為 1：3；但在「統合戰力發揮」與「作戰效能」方面，因勃勃能有效掌控所屬，發揮戰力，且贏得不對稱優勢，惟需長時間完成，兩者顯然未達極懸殊之結果，故保守皆以 2：1 概之。故夏國與後秦的「武裝部隊」數值為（1+2+2）比（3+1+1），即為 1：1。

而「戰略要域控制」的「行動自由」，夏國掌控三條進出關中要域通道，致後秦不斷處在被動，故與後秦之比可謂 3：1；而在「己方安全程度」與「對敵牽制程度」方面，雖然以夏國為優，卻只能用長時間蠶食的方式逐一克服，夏國顯然僅略居優勢而已，或可概以 2：1；彙整上述夏秦「戰略要域控制」數值，可得（3+2+2）比（1+1+1），即 7：3 之結果。綜合這兩組數據，可得夏秦爭霸時，夏國與後秦的軍事能力之比為 2：1，說明夏國的軍事能力略優於後秦。

七、夏魏爭霸中的軍事能力比較

夏魏爭霸發生在 426 至 431 年之間，當時雖受周邊形勢影響，戰事時斷時續，但最後仍因北魏排除柔然方面的危害（後述），始決定夏魏爭霸之優劣形勢，這又取決於兩國的軍力高下，仍適用上列軍力比較模式。

夏國在未控領整個關中要域前，以輕騎進行運動戰為主要模式，但自東晉奪得關中與河東部分地區後，對外擴張即告一段落，開始增加步兵部隊，以利國土防衛。因此，當 426 年十一月，太武帝拓跋燾率輕騎二萬濟河奇襲統萬，儘管收獲頗豐，卻受阻於堅固城防，而留下「統萬未可得也，他年當與

卿等取之」之憾語，〔註422〕證明夏國這樣的步騎編組是適當的。不過在統合戰力發揮方面，當赫連勃勃在位時，各族各部落皆聽命於勃勃的殘暴統治，或許勃勃亦採取相應的獎勵措施，方能收截長補短之效。但勃勃一死，繼位者既無勃勃的威權，再加上勃勃諸子相攻，已危及國家穩定，北魏遂以「政刑殘虐，人神所棄」為由，〔註423〕發動滅夏之戰。

北魏自占據河北要域後，仍不時與北方的柔然交戰，加上國家對戰士的尊崇與獎賞，軍力未見削弱；且又針對滅燕之戰，包括「鬥無行陳，頭別衝突，乍出乍入，不能堅戰」在內的種種問題，立即於戰後展開編組步兵、「發州郡譎造甲兵」、「造兵法孤虛立成圖三百六十時」等「軍事事務革新」，以徹底強化軍力。

在「戰略要域控制」方面，夏魏爭霸主要發生在河套與關中地區，儘管北魏迅速進佔河套地區，及得而復失關中，但夏國顯然未再師法赫連勃勃取道瓦亭川、涇水與洛水之故智，活用這三條未為北魏運用的通道，對河套地區發動反攻，反而坐待日後遭北魏反擊關中的後果，實乃不智。北魏即便暫時處於有利態勢，卻未一股作氣，留下平涼、上邽一隅，平白給予赫連定日後奪回關中的機會，致戰事延宕多年，亦無必要。

故比較夏魏爭霸當時，「武裝部隊」的「兵力來源」數值，夏國雖擁有關隴之眾，但與據關東及塞北的北魏相比，仍屬劣勢，但北魏尚有來自柔然的威脅，雖具優勢，卻不得不分割其兵力，雙方兵力來源比可概為1：2；夏國因勃勃諸子相攻，力量分散且無法整合，明顯劣於已完成軍事事務革新的北魏，故「統合戰力發揮」之比應為1：3；儘管形勢不利夏國，但赫連定仍能乘機奪回關中，顯然其「作戰效能」當有一定優勢且與北魏不分軒輊，應為1：1；故夏國與北魏的「武裝部隊」數值為（1+1+1）比（2+3+1），即1：2。

而在「戰略要域控制」的「行動自由」方面，夏國仍掌握三道進出關中要域通道，且能利用北魏所犯錯誤奪回關中，行動自由程度至少不相上下，應為1：1，在「己方安全程度」方面，儘管夏國後來喪失統萬，退居隴右繼續頑抗，仍存續達四年之久，甚至還收復關中，此數值應以夏國為優，概為2：1，「對敵牽制程度」因雙方皆掌握一部分戰略要點，卻都無法速戰速決，對敵牽制應屬概等，為1：1，故夏魏「戰略要域控制」數值為（1+2+1）比

〔註422〕《通鑑》卷一百二十〈宋紀二〉文帝元嘉三年十一月條，頁3852。
〔註423〕《通鑑》卷一百二十〈宋紀二〉文帝元嘉三年六月條，頁3849。

（1＋1＋1），即 4：3。綜合這兩組數據，可得夏魏爭霸時，夏國與北魏的軍事能力之比為 1：1，可謂概等。

綜合以上七次爭霸有關軍事能力方面的各項指標之比，可將之彙整如表 2 所示。

表 2. 七次爭霸中之各霸權軍事能力比較

爭霸名稱	參與霸權	估量次指標與比較數值		估量指標與比較數值		數值差距	比較結果
兩趙爭霸	漢趙	兵力來源	1	武裝部隊	2	5：7	漢趙軍事能力略劣於後趙
		統合戰力發揮	1				
		作戰效能	2				
		行動自由	1	戰略要域控制	3		
		己方安全程度	1				
		對敵牽制程度	1				
	後趙	兵力來源	3	武裝部隊	3		
		統合戰力發揮	2				
		作戰效能	1				
		行動自由	2	戰略要域控制	4		
		己方安全程度	1				
		對敵牽制程度	1				
趙燕爭霸	後趙	兵力來源	1	武裝部隊	1	4：11	後趙軍事能力遠劣於前燕
		統合戰力發揮	1				
		作戰效能	1				
		行動自由	1	戰略要域控制	3		
		己方安全程度	1				
		對敵牽制程度	1				
	前燕	兵力來源	3	武裝部隊	3		
		統合戰力發揮	3				
		作戰效能	3				
		行動自由	3	戰略要域控制	8		
		己方安全程度	3				
		對敵牽制程度	2				

燕秦爭霸	前燕	兵力來源	2	武裝部隊	2	1：2	前燕軍事能力略劣於前秦
		統合戰力發揮	1				
		作戰效能	1				
		行動自由	1	戰略要域控制	1		
		已方安全程度	1				
		對敵牽制程度	1				
	前秦	兵力來源	1	武裝部隊	3		
		統合戰力發揮	2				
		作戰效能	3				
		行動自由	3	戰略要域控制	3		
		已方安全程度	3				
		對敵牽制程度	3				
兩秦爭霸	前秦	兵力來源	1	武裝部隊	3	1：2	前秦軍事能力略劣於後秦
		統合戰力發揮	1				
		作戰效能	1				
		行動自由	1	戰略要域控制	3		
		已方安全程度	1				
		對敵牽制程度	1				
	後秦	兵力來源	2	武裝部隊	4		
		統合戰力發揮	1				
		作戰效能	1				
		行動自由	3	戰略要域控制	8		
		已方安全程度	2				
		對敵牽制程度	3				
燕魏爭霸	後燕	兵力來源	1	武裝部隊	3	1：2	後燕軍事能力略劣於北魏
		統合戰力發揮	1				
		作戰效能	1				
		行動自由	1	戰略要域控制	3		
		已方安全程度	1				
		對敵牽制程度	1				

	北魏	兵力來源	1	武裝部隊	5		
		統合戰力發揮	1				
		作戰效能	3				
		行動自由	3	戰略要域控制	7		
		已方安全程度	1				
		對敵牽制程度	3				
夏秦爭霸	夏國	兵力來源	1	武裝部隊	1	2：1	夏國軍事能力略優於後秦
		統合戰力發揮	2				
		作戰效能	2				
		行動自由	3	戰略要域控制	7		
		已方安全程度	2				
		對敵牽制程度	2				
	後秦	兵力來源	3	武裝部隊	1		
		統合戰力發揮	1				
		作戰效能	1				
		行動自由	1	戰略要域控制	3		
		已方安全程度	1				
		對敵牽制程度	1				
夏魏爭霸	夏國	兵力來源	1	武裝部隊	1	1：1	雙方概等
		統合戰力發揮	1				
		作戰效能	1				
		行動自由	1	戰略要域控制	4		
		已方安全程度	2				
		對敵牽制程度	1				
	北魏	兵力來源	2	武裝部隊	2		
		統合戰力發揮	3				
		作戰效能	1				
		行動自由	1	戰略要域控制	3		
		已方安全程度	1				
		對敵牽制程度	1				

資料來源：筆者整理。

本章小結

霸權民族多以游牧方式營生，致能以「生活條件與戰鬥條件一致」的部落特性及優於漢人的作戰效能，作為立足華北的重要憑藉。然在深入華北與建立政權後，因本族人口無法滿足後續爭霸需要，需結合當地諸族人力，方可擴大其軍隊規模，此乃當時各政權共有的現象。然如此一來，霸權在「武裝部隊」的數值比，皆多少受到影響致差距不大。除前燕在趙燕爭霸中，所面對者為大量喪失胡羯部落兵的冉魏，呈「1：3」之懸殊形象外，餘皆落在「1：2」至「1：1」，即第二章小結所述的「略有差距」與「概等」形象之間。

不過在「戰略要域控制」方面，除兩趙爭霸與夏魏爭霸均為接近「概等」之形象外，餘均呈現較大的落差：趙燕爭霸與兩秦爭霸皆為「3：8」、燕秦爭霸為「1：3」、燕魏爭霸為「3：7」、夏秦爭霸為「7：3」，均落在「略有差距」至「懸殊」的形象之間，說明在軍事能力居優勢者多善於利用有利的地理形勢。

探討完最後底定爭霸勝負的軍事能力後，筆者將於第四章，循軍事作戰勝敗與後勤支援良窳密切相關之觀點，即就維繫戰爭最重要的人力與物力因素出發，分別論析、比較各霸權在七次爭霸中的政治與經濟能力。